KB021617

이야기로 배우는

부동산학개론

필수지식과 다양한 사례를 통해 배우는 부동산 필독서

이야기로 배우는
부동산학개론

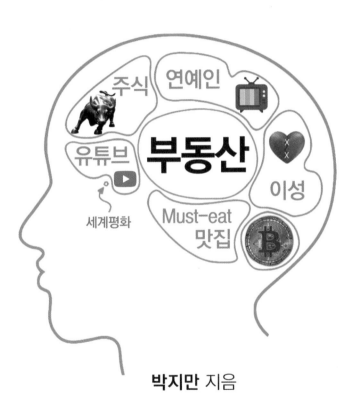

주식 연예인

유튜브 부동산

세계평화 이성

Must-eat
맛집

박지만 지음

REAL ESTATE
made easy

생각나눔

CONTENTS

제1장 들어가는 글   9

BOX 굿모닝시티 사기 분양 사건과 선분양 제도 ················ 18
BOX 등기사항증명서(舊 등기부등본)의 공시력과 공신력 ··· 20
BOX 기획부동산 ······························· 23

제2장. 부동산 히스토리   29

제3장. 부동산의 특성   41

1. 부동성   43

(1) 부동성과 외부효과 ····························· 45
(2) 교육과 교통, 편의와 쾌적 ······················ 46
(3) 집적의 경제(Economy of Agglomeration) ············· 47

2. 부증성과 영속성   50

3. 고가성(高價性)   57

(1) 임대차시장과 매매시장의 구분 ··················· 58
(2) 신축 시장과 기성 시장의 구분 ··················· 59
(3) 금융의 중요성 ······························ 60

제4장. 부동산 공법   63

1. 개관   65

(1) 건축행위/부동산개발과 인·허가제도 ··············· 65
   BOX 자유의 제한과 해제의 형태 ················· 72
(2) 부동산 공법의 구성 ························· 72

2. 건축법   **75**

   (1) 안전과 기능 ……………………………………………………… 76

   (2) 건폐율과 용적률 ……………………………………………… 76

   (3) 일조권(Right to Light) …………………………………… 78

   (4) 건축물의 용도 (건축법 시행령 별표 제1호) ……………… 82

3. 도시계획법   **83**

   (1) 도시와 도시계획 ……………………………………………… 83

   (2) 국토의 계획 및 이용에 관한 법률 (약칭: 국토계획법) ………… 85

   (3) 국토계획법– 용도지역제(Zoning) ……………………… 88

   (4) 국토계획법– 도시계획시설 ………………………………… 105

      BOX 장기미집행 도시계획시설 일몰제와

             도시자연공원구역 지정 ……………………… 113

   (5) 국토계획법– 지구단위계획 ………………………………… 115

   (6) 수도권정비계획법 …………………………………………… 121

      BOX 자연보전권역 내에서 건립된

             연면적 15,000㎡ 이상의 판매용 건축물 ……………… 127

4. 개발사업법   **130**

   (1) 도시개발법 …………………………………………………… 133

   (2) 택지개발촉진법 ……………………………………………… 137

      BOX 제3한강교와 경부고속도로, 그리고 말죽거리 신화 …… 143

5. 주택법   **147**

      BOX 머리 아픈 주택 면적 ……………………………… 155

      BOX '시·도지사'와 '대도시' ……………………………… 163

      BOX 매도청구 이외의 알박기 대처 ……………………… 170

6. 정비사업법   **173**

제5장. 부동산과 금융   183

1. 소비자 금융   188

(1) 주택 금융 ·· 188

(2) MBS·· 196

    BOX 채권(債權)과 채권(債券) ························ 202

2. 공급자 금융   209

(1) 시행사와 PF대출 ·· 209

(2) 집합투자기구를 이용한 금융: 부동산펀드와 리츠 ·············· 215

제6장. 부동산과 세금   223

1. 세금의 일반 사항   226

(1) 세금이란 무엇인가? ···································· 226

    BOX 프랑스 대혁명과 징세청부업자,

            부마민주항쟁과 부가가치세 ························· 228

(2) 세금의 종류 ·· 231

(3) 담세력과 세금 ··· 233

2. 부동산과 세금   250

(1) 부동산의 생애주기별 납세해야 할 세금 ············· 251

    BOX 조정대상지역 ································· 254

(2) 취득세 ·· 255

(3) 보유세: 재산세와 종합부동산세 ······················ 259

(4) 임대사업에 대한 소득세 ······························· 271

(5) 양도소득세 ·· 275

(6) 부가가치세 ·· 281

    BOX 부동산 공시가격과 현실화 계획 ············· 286

    BOX 준조세: 개발부담금과 재건축부담금 ·········· 290

제7장. 부동산과 시장　　　295

1. 부동산의 가치평가　　　300

2. 부동산 시장의 비중　　　313

3. 주택시장의 개관　　　317

4. 자가와 임차- 주택점유형태의 선택　　　321

5. 부동산의 특성과 부동산 시장의 특징(Advanced Level)　335
　(1) 공급의 비탄력성과 거미집 이론 ································ 336
　(2) 고가성: 신축시장과 중고시장 ······························ 343
　(3) 고가성: 매매시장과 임대시장 ······························ 348

제8장. 부동산과 정책　　　357

1. 부동산 정책의 개관　　　359

2. 부동산 정책 수단　　　365
　(1) 공급 정책 ······································· 366
　(2) 수요 정책 ······································· 368
　(3) 가격 상한제 ······································· 374

3. 지역·지구 지정을 통한 규제 정책　　　384

4. 최근의 부동산 정책 현황　　　393

✎ 에필로그 · 398
🔍 참고 문헌 · 403

PART 1

들어가는 글

앨리스가 숨을 헐떡이며 붉은 여왕에게 묻는다.
"계속 뛰는데, 왜 나무를 벗어나지 못하나요? 내가 살던 나라에서는 이렇게 달리면 벌써 멀리 갔을 텐데."

붉은 여왕은 답한다.
"여기서는 힘껏 달려야 제자리야. 나무를 벗어나려면 지금보다 두 배는 더 빨리 달려야 해."

-『거울 나라의 앨리스』, 루이스 캐럴

누군가 저에게 부동산의 가장 큰 특징이 무엇이냐고 물어본다면, 다소 엉뚱하게 들릴지 모르겠지만, 저는 "어느 누구도 치열한 고민과 신중한 의사결정이라는 인생의 책무에서 벗어날 수 없도록 한다."라고 대답합니다.

대부분의 부동산학개론서들은 부동산의 특성으로 부동성(不動性, 위치의 고정성)이나 부증성(不增性, 공급의 고정성)에 대해서 설명하는 것으로부터 시작합니다. 이러한 특성들은 부동산을 다른 재화로부터 구분하는 매우 중요한 특성이며, 부동산이 우리의 삶에 있어서 매우 중요하게 다가오는 것도 결국 이러한 특성에서 기인하는 것입니다. 본서도 「제3장 부동산의 특성」 편에서 이러한 특성들을 매우 비중 있게 다룰 예정이나, 우선 여기서는 우리 삶에서 부동산의 중요성, 또는 부동산 지식의 중요성에 대해서 이야기하고 싶습니다.

한쪽에서는 '부동산 불패 신화'라는 용어를 쓰지만, 다른 한 쪽에는 "삼성전자와 같은 우량주를 오래 전에 사서 장기 보유했으면, 강남 아파트와는 비교할 수 없는 큰 이익을 보았을 것입니다."라고 말합니다. 지금은 푹 꺼졌지만 한때 제4차 산업혁명 시대의 아이콘처럼 여겨졌던 비트코인을 바닥에서 사서 상투에서 팔았다면 강남아파트와는 비교할 수 없는 어마어마한 이익을 냈을 것입니다.

그러나 실제로 주식이나 비트코인 등을 통해서 큰 수익을 벌었다는 사람을 주변에서 직접 보기란 쉽지 않습니다. 코로나 창궐이라는 예상하지 못한 경제적 충격으로 각국 정부가 전례 없는 돈풀기에 나선 이후, 우리나라의 코스피(KOSPI) 지수도 2021년 1월 초에 처음으로 3,000 포인트를 돌파하긴 하였으나, 그전까지는 2007년에 첫 2,000 포인트를 돌파한 이후 13여 년간 2,000 포인트 선을 크게 넘지 못하고 박스권을 형성하며 오르락내리락했을 뿐입니다. 2018년에 한 번 폭락했던 비트코인도 코로나 창궐 이후 다시 살아나는 듯 보였으나, 현재는 앞을 내다보기 힘든 상황입니다.

삼성전자와 같은 대한민국 대표 우량주나 네이버·카카오와 같은 IT 공룡기업에 투자하면 크게 손해 볼 일은 없을 것 같기는 합니다. 그러나 효율적 시장가설(EMH: Efficient Market Hypothesis)을 따라 생각해 보면, 앞으로의 성장 가능성이나 장래 호재 등은 모두 현재 가격에 반영되어 있기 때문에, 내가 지금 샀을 때 앞으로도 계속 오를 것인지 여부에 대해서 불안감이 없지 않습니다. 삼성전자 주식은 2021년 초 96,800원까지 올랐으나, 8개월 후에는 30% 하락하여 68,300원을 기록하기도 하였습니다. 카카오의 경우에는 2021년 6월에 173,000원을 기록하기도 하였으나, 불과 2달여 후인 집필일 현재 고점 대비 30% 하락한 121,500원을 기록하고 있습니다.

증권 전문가들은 증시가 나쁠 때는 "지금 바닥이니 사라!"라고 말하고, 증시가 좋을 때는 "물 들어올 때 노 저어라!"라며 투자를 권유합니다. 증권사가 발행하는 애널리스트 보고서도 항상 매수(Buy) 권유 보고서가 대부분이고, 매도(Sell) 권유 보고서는 찾기가 힘듭니다. 그러나 개별 주식이나 펀드에 투자한 많은 개인투자자들이 마음의 상처와 함께 금전적 손해를 보고 주식시장에서 물러납니다.

금융감독원에서 2016년 9월부터 2018년 8월까지 2년의 기간 중에 증권사에서 발행한 89,262건의 리서치보고서를 분석한 결과(2019. 1. 21. 증권사 리서치보고서 제도 운영현황 분석)에 따르면, 국내 증권사 발행 보고서 중 대다수가 매수의견을 내놓았으며, 매도의견 보고서는 0.1%에 불과합니다. 이러한 장밋빛 전망은 예측 실패로 이어졌는데, 국내 증권사 발행 보고서 중 실제주가가 목표주가에 도달한 비율은 21%에 불과합니다. 그리고 실제주가와 목표주가의 차이를 나타내는 괴리율은 평균가 기준으로 21% 정도, 최고가 기준으로도 9% 정도 수준으로 목표주가에 미달하는 결과가 나왔습니다.

이에 비해 외국계 증권사는 국내 증권사만큼 낙관적인 전망을 하지 않아서, 국내에서 영업하는 외국계 증권사가 발행한 리서치보고서 중 매수의견인 경우가 63.0%, 매도의견인 경우가 12.0%로 매도의견 보고서도 적잖이 존재합니다. 그 결과 목표주가 달성율과 목표주가 괴리율 모두 국내 증권사 대비 양호한 성적을 보여주고 있습니다.

| 증권사 리서치보고서 투자의견 현황(2016년 9월~2018년 8월) |

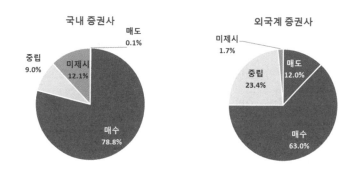

(원자료: 증권사 리서치보고서 제도 운영현황 분석, 2019. 1. 21. 금융감독원)

| 증권사 리서치보고서 목표주가 괴리율 및 달성율(2016년 9월~2018년 8월) |

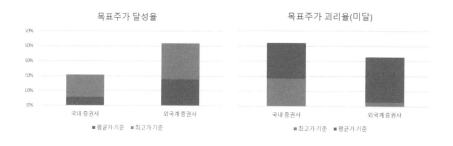

(원자료: 증권사 리서치보고서 제도 운영현황 분석, 2019. 1. 21. 금융감독원)

주식시장의 등락에 일희일비하는 주변 지인들의 일을 다른 나라의 일처럼 여기고, 상한가, 하한가, 써킷브레이커, 사이드카, 낙인, 낙아웃, 증거금, 마진콜, ELS, ELF, DLS, DLF 등 어려운 주식 관련 용어의 의미에 대해서 무심한 채, 그저 안분지족하는 삶을 살 수도 있습니다. 인터넷에서 본 유머 중에 '어떤 사람이 주식투자 모의경진대회에 참가했는데, 참가 등록만 하고 아무런 매수·매도 행위를 하지 않았음에도 불구하고 수익률이 상위권이더라.'라는 현실에서 충분히 있을 법한 이야기도 있습니다.

그러나 부동산, 특히 주택은 어느 누구도 무심할 수 없습니다. 경제 생활을 시작하고 나서 결혼·출가 등으로 독립된 생활을 시작하려면 독립된 주거공간이 필요합니다. 대학 졸업 후 몇 년 간의 직장 생활동안 저축해서 모은 돈으로는 한계가 있으므로 대부분의 경우 전세 계약으로 신혼집을 마련하며 임차인이 됩니다. 이때 누구나 한번쯤 '무리를 해서라도 대출을 받아 집을 샀어야 하는 것 아닌가?' 하는 고민을 해볼 것입니다. 이와 같이 부동산과 관련된 생각은 한국인이라면 누구나 머릿속 구조의 일정 영역에서 상주하고 있을 것입니다.

본 장(章)의 서두에서 붉은 여왕 효과(Red Queen Effect)로 이야기를 시작했습니다. 현대의 경쟁 사회를 산다는 것은 러닝머신 위를 걷거나 뛰는 것 같다는 생각도 듭니다. 걸어가도 남들이 모두 뛰어가면 뒤쳐지고, 뛰어가도 남들이 모두 날아가면 뒤쳐지는 것 같다는 생각이 주택시장에 참여하고 있는 모든 국민들의 공통된 심리일 것입니다.

집을 가지고 있는 사람의 재산 목록 1호는 대부분의 경우 집입니다. 대기업의 지배 지분을 가지고 있는 오너 일가의 경우는 재산 구성 중 주식이 가장 큰 비중을 차지하고 있는 것이 보통이나, 중산층의 경우 거주 주택을 비롯한 부동산이 자산의 80%를 차지하고, 여기에 차 한 대와 금융자산 약간이 더해지는 정도가 일반적입니다.

자가(自家) 가구의 자산 구성

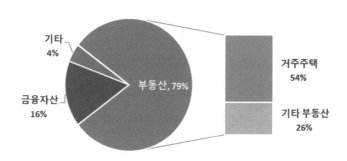

(원자료: 2020년 가계금융복지조사 결과, 통계청 외)

　IMF 외환위기가 있었던 1997년 이후 기업들은 자의반 타의반 부채 비율에 대한 관리를 시작하였습니다. 대기업의 경우 증권시장에서 회사채 발행을 통한 직접금융 비중이 커지면서 은행 의존도는 특히나 더 줄어들었습니다. 이와는 대조적으로 당시 주택 금융에 대한 규제가 풀리면서 주택 구매자의 대출은 용이해졌습니다. 대출 대상에 대해서 정부가 관여하는 관행도 줄어들었고, 이에 은행들도 위험도 있는 기업대출보다 안전한 주택담보대출에 집중하기 시작했습니다. 이러한 상황에서 2000년대부터는 일종의 부동산 랠리가 시작되고, '부동산 불패 신화', '강남 불패', '버블 세븐'과 같은 표현이 자주 회자되었습니다.

　그러나 이러한 심각한 주택 문제가 기존에는 전혀 없다가 2000년대 이후 새로 등장한 것은 아닙니다. 1980년대 말 88서울올림픽을 전후로 '단군 이래 최대 호황'이라 불렸던 3저 호황기의 열기가 가라앉고, 노태우 대통령의 당선 공약이었던 주택 200만 호 건설 목표에 맞춰서 분당, 일산 등의 수도권 5대 신도시가 개발되었던 1990년대 초·중반, 그리고 '단군 이래 최대 환란'이라 불리운 IMF 외환위기 직후 뼈를 깎는 구조조정으로 힘든 시기를 겪었던 1990년대 후반을 제외하고는, 산업화 및 수도 서울로의 집중화가 시작된 이후 집값은 항상 비쌌으며, 주택난은 항상 심각한 문제였습니다. 1990년대 초에 경실련에서 발간한『집, 기쁨과 고통의 뿌리』라는 책의 제목만 봐도 당시의 주택난과 고된 삶이 전해져 느낄 수가 있습니다.

『집 기쁨과 고통의 뿌리』, 하성규 저, 1993년, 비봉출판사

이 장(章)은 부동산과 주식을 비교하는 이야기로 시작하고, 더욱이 서두에서 붉은 여왕 효과 이야기까지 하였지만, 이 책의 내용이 부동산 투자를 권유하거나, 또는 그 반대로 부동산 투자를 하지 말라고 회유하고자 하는 것은 절대 아닙니다.

독자분들 중에는 부동산이란 것의 거래 금액 규모가 너무 크고, 부동산에 대한 지식이 전무한 상태에서 부동산 거래를 한다는 것이 지뢰밭을 걷는 것과 같은 두려움에, 경제 생활을 시작한 사회인이 되어서도 아직 섣불리 인간 삶에 필수적인 부동산 거래를 한 번도 하지 못한 분도 계실 것입니다. 또는 반대로, 부동산으로 큰돈을 벌 수 있을 것이라는 기대감에 자신이 모은 큰돈을, 또는 여기에 대출까지 받아서, 묻지마 투자하듯 무턱대고 쏟아부은 분도 계실 것입니다. 또한 정년 퇴임 후 받은 퇴직금으로 노후 생활에 대한 불안과 걱정, 그리고 부동산을 통하면 약간의 돈이라도 벌 수 있다는 순박한 욕심 때문에 투자에 나섰다가, 기획부동산을 비롯한 각종 부동산 관련 사기에 큰돈을 날리신 분도 계실 것입니다. 이 책은 부동산과 관련된 공부나 업무를 해보시지 않으신 분, 또는 이러한 공부나 업무를 막 시작하시려는 분이 기본적으로 알아야 할 것으로 생각되는 내용을 담아 구성했습니다.

우선 제1장은 '굿모닝시티 사기 분양 사건과 선분양 제도, 등기부등본의 공시력과 공신력, 기획부동산' 관련된 내용으로 마무리하겠습니다. 카 레이서가 가장 먼저 배우는 것이 사고 시 탈출하는 방법이라고 합니다. 우선 제1장에서는 부동산과 관련하여 조심해야 할 여러 사고 사례를 다루고, 어떠한 리스크가 있는지를 앎으로써 부동산 거래와 관련된 불안감을 조금이나마 떨쳐버릴 수 있기를 바랍니다.

2003년의 대형 사건인 굿모닝시티 사기분양 사건을 기억하시나요? (혹은, 들어보셨나요?)

굿모닝시티는 현재 동대문 시장에 위치한 쇼핑몰로, 개점까지 우여곡절이 많았던 건물입니다. 동대문 시장 일대는 1990년대 후반과 2000년대 초반에 거평프레야, 밀리오레, 두타 등의 쇼핑몰이 분양과 운영에 성공하면서 서울의 핫 플레이스 중 한 곳이었습니다. 특히 24시간 운영으로 불야성을 이루며 발산하는 에너지는 데이트 코스를 찾는 젊은 연인들이나 관광을 즐기는 외국인들을 끌어들였습니다.

이즈음인 2001년 8월에 윤○○은 ㈜굿모닝시티를 설립하고 대대적인 광고를 내보내며 8천억 원대 분양에 성공하였습니다. 그러나 사실 그 시점까지 사업부지 확보를 위한 토지 매입도 완료되지 않은 상태였고, 건축심의만 받았을 뿐 아직 건축허가도 받지 못한 상태였습니다. 윤○○은 3천2백여 명의 계약자로부터 3,735억 원을 계약금과 중도금으로 받고, 여기에 은행대출과 사채를 더해 6천억 원의 자금을 확보하였으나, 회사 계좌에 잔고는 없었습니다. 윤○○은 그 자금으로 ㈜한양 인수, 아파트 신축부지 등 부동산 매입, 생수회사 인수, 다단계 판매회사 설립, 병원 인수 등, 여러 곳에 투자하며 손실을 봤고, 정·관계에도 상당한 로비 자금을 건넸습니다.

이 사건이 대형 사건인 이유는 두 가지입니다. 우선, 3천 명이 넘는 서민·중산층 피해자가 발생했습니다. 피해자 중에는 저금리 시대의 노후 대비 목적으로 퇴직금을 분양대금으로 납부한 정년 퇴직자도 있고, 쇼핑몰에서 영업을 하기 위한 점포를 확보하려고 분양을 받은 영세 상인도 다수 포함되어 있습니다. 두 번째 이유는 정치권과의 연루입니다. 당시 여당의 대표가 윤○○로부터 4억2천만 원을 받았고, 이 금액 중 적법한 절차로 받은 정치 후원금도 있으나, 2억5천만 원은 영수증 처리를 하지 않은 것이 드러났으며, 구속되어 5년 형을 선고받았습니다. 이외에도 여당의 여러 국회의원들이 정치자금을 받았고, 청와대와 야당도 연루되었다는 소문이 돌

앗습니다. 그리고, ㈜한양을 헐값에 인수하기 위하여 ㈜한양의 최대 채권자였던 대한주택보증의 임원에게도 뇌물을 줘서 2003년의 신문 지상을 장식한 대형 게이트 사건이었습니다.

결국 윤○○은 2003년 7월 1일에 분양금 횡령 및 배임 혐의로 구속되어 10년 형을 복역하였습니다. 한편 3,442명으로 구성된 굿모닝시티 계약자협의회는 사업을 추진하여 2004년 7월 굿모닝시티 공사에 착공하였고, 2008년 11월 14일 드디어 개점을 하였습니다.

우리나라는 건축물을 분양할 때 착공 시점에 입주자를 모집하는 선분양 제도가 일반화되어 있습니다. 시행사 입장에서는 미분양에 대한 불안감도 조기에 해소하고, 계약금 및 중도금 수령액으로 PF대출금도 일부 상환해 나가면서 금융비용에 대한 부담도 줄일 수 있기 때문에 유리한 제도입니다. 그러나 구매자 입장에서는 계약 이후에 시행사나 시공사가 부도나지는 않을까, 모델하우스에서 본 것과 실제가 조금 다르지는 않을까, 눈에 보이지 않는 부분에서 부실공사가 있지 않을까, 여러 걱정이 들기 마련입니다.

주거용 건물의 경우는 예전부터 주택도시보증공사(HUG, 舊 대한주택보증)가 분양보증을 제공하였습니다. 사업주체가 부도 등의 사유로 분양계약을 이행할 수 없는 경우에는 HUG에서 대체 사업자를 통하여 분양을 이행하거나, 아니면 계약자가 납부한 계약금 및 중도금을 환급합니다.

그러나 상업용 건물의 경우는 이러한 보호장치가 없다가 굿모닝시티 사기분양이라는 큰 홍역을 치르고 나서인 2004년에 「건축물의 분양에 관한 법률」을 제정해서 이듬해인 2005년 4월부터 시행하였습니다.

이 법은 분양하는 부분의 바닥 면적이 3,000㎡ 이상인 건축물이나 30실 이상의 오피스텔 분양에 적용되며, 주택법의 규제를 받는 주택 등은 적용에서 제외됩니다. 동법에 따라서 신탁업자와 신탁계약 및 대리사무계약을 체결한 경우 또는 금융기관 등으로부터 분양보증을 받는 경우에만 「건축법」 제21조에 따른 착공신고 후 건축물의 분양을 시작할 수가 있습니다. 한국토지신탁이나 한국자산신탁과 같은 부동산신탁사에서 분양관리신탁이라 하여 이러한 업무를 하고 있습니다.

선분양 이야기 나왔으니 아파트 선분양 제도에 대해서도 조금 살펴보겠습니다. 우리나라의 선분양 제도는 1977년 분양가 상한제가 시작되고 그 이듬해인 1978년에 「주택공급에 관한 규칙」이 제정·시행되면서 시작되었습니다. 당시 법률의 입주자의 모집시기 조항을 보면, "사업주체가 입주자를 모집하고자 할 때에는 당해주택의 건축공정이 전체 건축공정의 20퍼센트(아파트의 경우에는 전체층수의 5분의 1 이상에 해당하는 층수의 골조공사가 완성된 때, 연립주택 및 단독주택의 경우에는 조적공사가 완성된 때) 이상이 되어야 한다."라고 되어 있습니다. 현재의 규칙으로는 (i) 주택이 건설되는 대지의 소유권 확보, (ii) 주택도시보증공사 또는 보험회사로부터 분양보증, 이렇게 두 가지 요건을 모두 갖춘 경우에는 착공과 동시에 입주자를 모집할 수 있습니다.

선분양 제도와 분양가 상한제는 비슷한 시기에 도입되었을 뿐 아니라, 떼려야 뗄 수 없는 관계입니다. 1970년 후반은 중동 오일머니 특수로 지가 상승률이 50% 가까이 달했고, 압구정동 현대아파트를 비롯하여 지금도 강남의 대표 아파트라 할 수 있는 여러 아파트가 건설되고 있던 시기입니다. 정부는 아파트 분양가 상승을 억제하기 위해 분양가 상한제를 도입하는 대신에, 건설사의 자금 부담을 덜어준다는 명목으로 선분양 제도를 도입한 것으로 알려져 있습니다. 한때 분양가 상한제가 폐지된 시기도 있었으나, 선분양 제도는 일종의 문화처럼 정착하여 거의 변함없이 유지되어 온 것 같습니다.

등기사항증명서(舊 등기부등본)의 공시력과 공신력

부동산을 매수하고자 할 때에 등기사항증명서를 필히 확인해야 한다는 것은 아직 부동산 매매 거래를 해본 경험이 없으신 분들도 상식으로 아실 것입니다. 대학가 작은 원룸의 임대차 계약을 체결할 때에도, 건물주 신분증 상의 정보와 등기사항증명서 상의 소유자명 및 주민등록번호가 일치하는지를 확인하고, 여기에 담보 설정을 비롯한 권리 제한 사항이 있는지 여부도 추가로 확인을 해야 합니다.

부동산 등기부는 해당 부동산의 소유권을 비롯해서 각종 권리 관계가 기록된 공부(公簿)입니다. 그렇다면, 국가 기관에서 기록·관리하는 등기부를 믿고 거래를 하면 안전할까요?

항상 그렇지는 않습니다. 다소 어렵게 들릴지 모르겠지만, "등기부에는 공시력(公視力)만 있고, 공신력(公信力)은 없다."라는 표현이 있습니다. 등기부에 기재된 사항을 일단 진실한 것으로 추정할 수는 있지만, 다른 수단에 의하여 등기부와 다른 사실 관계가 파악되어 진정한 권리자가 누구인지 확인이 되면, 기존에 등기부에 기재된 내용은 의미를 상실하게 됩니다.

다음은 등기부를 믿고 거래하였으나, 사기로 밝혀진 사례들입니다.

〈한자 같은 동명이인 명의로 토지사기〉 "… 상속에 따른 소유권 이전을 마치지 않은 채 사망한 토지 원소유주와 자신의 조부가 동명이인인 점에 착안, 자신이 토지 소유주의 적법한 상속인인 것으로 가장해 억대 토지사기를 벌인 …."(매일경제 2005. 06. 28.)

〈'아버지 땅' … '상속자' 가장 토지사기 50대 구속〉 "신종 토지사기 … '조상 땅 찾아주기 운동' 통해 부친 同名異人 찾아내 … 자신의 부친과 동명이인이며 등기부등본에는 주민번호 없이 이름만 등록된 사망자를 찾아 토지를 가로챈 …."(연합뉴스 2009. 11. 23.)

〈법원 '동명이인 악용한 부동산 사기 피해 본인확인 안 한 공무원 대신 국가가 배상'〉 "… 1951년생인 C 씨는 주민등록번호가 기재되지 않고 자신과 이름이 같은 사람(1932년생)의 명의로 된 토지를 발견 … 자신이 실소유자인 것처럼 가장해 토지를 D 씨에게 이전 … D 씨는 얼마 후 A 씨에게 이 토지를 담보로 돈을 빌렸다…."(파이낸셜뉴스 2015. 03. 22.)

〈주민번호 빠진 부동산 등기부등본만 골라 소유주 이름과 같게 개명 '37억 대출 사기'〉 (경향신문 2016. 02. 23.)

〈주민번호 안 적힌 제주 땅 찾아 … 이름 개명해 주인인 척〉 "1984년 이전 등기부 허점 … '싸게 판다.' 7명에 12억 원 …."(경향신문 2016. 11. 22.)

〈등본에 주민번호 없는 15억 땅 가로채려 땅 주인 이름으로 개명〉(연합뉴스 2016. 12. 22.)

주민등록번호라는 것은 우리나라 건국과 함께 만들어져서 계속 존재해 온 것이 아니고, 1968년이 되어서야 전 국민에게 부여된 것입니다. 같은 해 1월 김신조를 비롯한 북한 간첩들이 청와대까지 습격한 사건이 있은 후, 간첩 식별을 위한 목적으로 도입한 제도로 알려져 있습니다. 게다가 부동산 등기에 주민등록번호를 기재하는 것은 1984년 7월 이전까지는 의무사항이 아니었습니다. 그래서 요즘도 등기사항증명서를 보다 보면, 1984년 7월 이전에 등기를 하고 그 이후에 추가로 주민등록번호 기재 절차를 밟지 않은 경우에는 권리자 식별 정보인 주민등록번호 기재가 빠져 있는 것을 볼 수 있습니다.

위의 기사들은 모두 각기 다른 사건에 대한 기사로, 동명이인이 소유하고 있던 토지를 '조상 땅 찾아주기 운동'을 통해서 찾아내거나, 무관심 속에서 관리가 소홀한 토지의 소유자 이름과 동일하게 개명을 하여, 은행에 담보로 제공하거나 아무것도 모르는 제3자에게 팔아 넘겨 매매대금을 챙기는 등, 유사 패턴의 범죄가 잊을 만하면 신문 기사로 실리고는 합니다.

앞의 기사 중 2015년에 파이낸셜뉴스에 실렸던 국가 배상 관련 기사를 조금더 살펴보면, 진정한 권리자가 아닌 자로부터 토지를 담보로 제공받고 돈을 빌려줬던 사람이 법무사와 국가를 상대로 낸 소송에서 승소하여 손해를 배상받은 판결입니다. 부동산 관련 공부(公簿)에는 등기부뿐 아니라 토지대장, 임야대장, 건축물대장 등의 다른 장부들도 있습니다. 이 사건에서는 임야대장에 주민등록번호가 기재되어 있었는데, 법무사와 공무원이 이를 상호 대조(Cross Check)하였다면 막을 수 있었던 손해로 법원이 과실을 인정하였기 때문에 피해자는 배상을 받을 수 있었습니다.

한편, 주민등록번호나 동명이인과는 무관하게 억울한 사례도 있습니다.

〈등기부 등본 믿고 샀는데 법원 "소유주에 집 돌려줘라." … 무슨 일?〉(JTBC 2018. 11. 01.)

"사실혼 관계에 있던 남편의 재산을 노려 남편을 니코틴 원액으로 살인한 '남양주 니코틴 살인 사건'을 아시나요?"(Source: 위키백과)

가해자가 사실혼 관계에 있던 남편의 재산을 가로채기 위하여 위조된

혼인신고서로 몰래 혼인신고를 하여 법적인 부부가 되었고, 2016년 4월 22일 내연남과 공모하여 졸피뎀과 니코틴 원액으로 남편을 살해한 사건입니다. 부인은 2016년 6월 30일에 상속받은 주택을 급매로 제3자에게 매각했습니다. 그러나, 피상속인을 살해한 것만으로도 상속 결격(민법 제1004조)에 해당하지만, 살인과는 무관하게 혼인 무효로서 가해자에게 상속권이 없기 때문에 그 주택의 진정한 권리자가 아니었고, 아무것도 모르고 산 매수인은 그 주택을 법정상속인인 조카에게 반환하라고 판결을 받았습니다.

결국 가해자로부터 주택을 구입했다가 법정상속인에게 반환한 매수인은 가해자에게 지불했던 매매대금을 청구할 수는 있겠지만, 가해자가 이미 2~3년의 기간 동안 돈을 탕진하거나 빼돌려서 무자력(無資力) 상태가 되었을 가능성도 크기 때문에, 손해를 얼마나 배상받을 수 있을지는 알 수 없습니다.

기획부동산

'기획부동산'이라는 명칭을 들으면 어떤 이미지가 떠오르시나요?

어렸을 적 신문에서 우수한 성적의 대학 졸업생들이 가장 선호하는 부서로 기획실을 꼽는다는 기사를 많이 본 것 같고, 신데렐라 스토리식 드라마에서 멋진 남자 주인공의 대부분은 '기획실장님'이었던 것으로 기억합니다. 그래서인지 기획부동산이라는 단어를 처음 들었을 때에는 무언가 멋진 이미지가 연상되면서, 멋진 개발 계획을 세우는 디벨로퍼, 예를 들어 롯데월드와 같이 실내·외 테마파크와 백화점, 쇼핑몰, 운동시설, 호텔 등이 함께 있는 복합 시설물 같은 것을 상상했습니다.

기획부동산을 짧게 설명하자면, 부동산을 이용하여 조직적으로 사기를 치는 범죄 집단을 말합니다. 조금 더 구체적으로 이야기하자면, 개발이 불가능하거나 개발가능성이 희박하여 가격이 저렴한 토지를 매입한 후, 부동산에 대한 지식과 정보가 부족한 사람에게 거짓 개발호재로 투기 심리를 자극하고, 필지 분할 방식 또는 공유지분의 형태로 쪼개어 많게는 수천 명에 이르는 사람에게 터무니없는 고가에 파는 사기꾼 집단을 의미합니다.

기획부동산과 유사한 수법의 사기 행위는 그 전에도 존재했겠지만, 기획부동산이라는 용어가 처음 사용된 것은 1999년입니다. 2000년대 중반에 '기업형 기획부동산의 원조, 대부, 창시자' 등으로 불리던 김○○라는 자가 있었는데, 그가 소유한 삼흥그룹은 '기획부동산 업계의 사관학교'라고 불릴 정도였습니다. 김○○는 정치권과도 밀접한 관계를 유지했으며, 2004년에는 국민훈장 모란장을 수여받기도 하였습니다. 그러나 2006년 5월에 결국 기소되어 재판을 받게 되었으며, 2007년 1월에 대

| 경기도 기획부동산 주의보 |

범례
● 위험지역 : 기획부동산이 토지를 분양(판매)중인 지역
○ 주의지역 : 기획부동산이 토지를 취득(분양예상)한 지역

법원에서 징역 3년, 벌금 81억 원의 형이 확정되었습니다. 그리고 그에게서 확인된 금액만 13억 원의 불법 정치자금을 받았던 당시 여당의 한 거물급 정치인에 대해서는 징역 2년, 집행유예 3년이 선고되기도 하였습니다.

기획부동산은 서울을 감싸고 있어서 접근성도 좋고, 그럴듯한 허위의 개발정보도 만들기 쉬우면서, 가격이 상대적으로 저렴한 농지나 임야가 남아있는 경기도에서 특히 많이 활동하는 것으로 보이나, 제주도를 포함하여 전국을 가리지 않습니다.

2000년대 중반에는 행정수도 이전이 추진된 충청도 지역, 공공기관이 이전될 전국의 혁신도시 선정지역 주변, 그리고 동계 올림픽 개최가 추진된 평창을 중심으로 강원도 곳곳에서 기획부동산이 기승을 부렸습니다.

몇 년 전에는 제주도의 곶자왈 지역에서도 피해자 1천 명, 피해금액 1천

억 원대에 이르는 초대형 기획부동산 사건이 터졌습니다. 사건이 시작된 2016년도의 제주도 평균 지가상승률은 8.3%(출처: 한국부동산원 통계자료)로 전국 평균인 2.7%과 3배 이상 차이를 보이는 등, 당시의 제주도는 2010년대 중반부터 지가 급등세로 유명하던 상황이라 많은 투자자들이 쉽게 유인되어 피해를 본 것 같습니다.

기획부동산의 전통적인 방식은 (i) 강남 테헤란로 등지에 호화 사무실을 마련하고 (ii) 100여 명의 텔레마케터(TM)들을 고용하여 일반인들에게 무작위 전화를 돌려 (iii) 과장·허위의 개발정보를 제공하며 (iv) 그들이 먼저 취득하여 필지 분할해 놓은 토지를 구입하라고 권유하는 방식입니다.

필지를 분할하여 판매하는 이유는 중산층은 물론, 그동안 토지 소유 욕망은 있으나 자금력이 충분하지 않아서 소유하지 못했던 서민층까지도 사기 대상으로 확대하기 위하여, 그들이 구매할 수 있을 정도의 가격대로 상품을 나눈 것입니다. 그런데 이때 분할된 필지 사이에 도로를 내지 않고 바둑판식으로 필지분할을 하여, 투자 피해자들이 맹지(盲地)를 구입한 경우가 많았습니다. 맹지란 도로에 맞닿은 부분이 전혀 없는 토지로, 건축법상 원칙적으로 건축허가를 받을 수 없기 때문에 토지의 가치는 현저히 낮습니다. *(건축법 제44조(대지와 도로의 관계) ① 건축물의 대지는 2미터 이상이 도로(자동차만의 통행에 사용되는 도로는 제외한다.)에 접하여야 한다. 다만, 다음 각 호의 어느 하나에 해당하면 그러하지 아니하다. (이하 생략))* 고가 매입한 것은 엎질러진 물이니 지난 일로 묻고 눈물을 머금으며 전원주택이라도 하나 지으려 해도, 건축허가 받기도 어렵습니다.

2010년대 초반 기획부동산에 대처하고자 정부나 지자체에서도 제도 개선을 통한 노력을 기울였습니다. 정부는 「건축물의 분양에 관한 법률」 시행령 및 「측량·수로조사 및 지적에 관한 법률」 시행규칙을 개정하였고, 지자체에서는 도시계획 조례에 토지분할 허가기준을 추가하거나 분할제한 운영지침을 만들어서 기획부동산의 전형적인 수법을 사전에 차단할 수 있도록 하였습니다. 그러나 많은 범죄 수법과 규제·단속이 그러하듯이, 기획부동산의 수법도 공진화(共進化, co-evolution)하는 모습을 보였습니다.

앞서 말씀드렸듯이 전통적인 방식의 기획부동산은 텔레마케터들이 불특정 다수인에게 무작위로 전화를 하였습니다. 최근의 기획부동산은 주로 네트워크 마케팅, 즉 다단계 판매 방식을 활용하고 있습니다. 보통 ○○경매, ○○컨설팅 등의 이름으로 간판을 내걸고, 대략 일당 7만 원과 판매대금의 15%를 인센티브로 제공하는 조건으로 직원들을 채용한 후 "사든지, 팔든지, 나가든지."라면서 판매 압박을 주고, 이 과정에서 직원은 본인 스스로가 구입을 하거나 가족·친척·친구를 비롯한 지인에게 "나도 샀으니까 안심해라."라는 말과 함께 집요한 구입 권유로 실적을 올립니다. 이때 직원은 피해자이면서 동시에 회사의 공범자이기도 한 상황에 처하게 되는 것입니다.

더 큰 변화는 앞서 말씀드린 정부나 지자체의 토지분할과 관련된 제도 개선에 대응하는 것으로써, 공유지분 등기방식 판매로의 전환입니다. 정부·지자체의 관련 제도 개선 이후, 기획부동산은 자신들 임의로 가(假)분할도를 만들어 나중에 분할할 수 있는 것처럼 속여 지분 등기 방식으로 토지를 판매하고 있습니다. 필지 분할의 대체 수법으로 지분 등기 외에도 펀드식 투자자 모집 방식이 있습니다. 이 경우에는 국내외 부동산에 투자한다는 명목으로 높은 수익률을 허위로 내세우며 투자자들로부터 자금을 모은 후 임의로 투자금을 유용하거나 투자금을 가지고 잠적하는 것입니다.

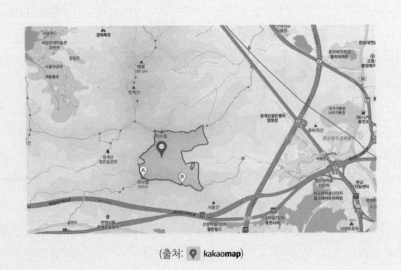

(출처: kakaomap)

경기도 성남시 수정구 금토동 산73번지(이하 '산73번지')는 면적 1,384,864㎡의 임야로 청계산 일대에 위치해 있으며, 단순 직선거리 기준으로 서울시 경계까지 약 2km, 양재역까지도 6km 정도의 거리에 불과하여 서울과 매우 가깝습니다. 유명 IT기업이 많이 입주한 판교테크노밸리와도 가까우며, 특히 경부고속도로와 용인서울고속도로가 교차하는 금토 분기점(JC)이나 운중동 일대의 고급주택가로 유명한 서판교 지역과 특히 가깝습니다.

이 필지에 대하여 투자 권유를 받으면 어떻게 하시겠습니까? 산73번지는 인터넷등기소 확인 결과 집필일 현재 공유자 수만 4,043명에 이르고 있습니다.

이 곳은 피해자 수가 4천8백 명, 피해 금액이 1천억 원에 가까운 초대형 기획부동산 사기 사건의 현장입니다. 사기 일당은 산73번지를 2018년 9월에 150억 원 가량에 구입했고, 공유지분의 형태로 1천억 원, 즉 매입원가의 6.5배의 금액에 판매하여 850억 원의 이익을 남겼습니다. 매입은 우리경매, 케이비(KB)경매, 코리아경매라는 이름의 기획부동산 업체 명의로 하였고, 이후 33개 기획부동산에서 나눠서 일반 개인들에게 판매를 하였는데, 이들 업체명에도 우리·케이비(KB)·신한·하나 등 자신들과는 전혀 관계 없는 대형 은행명을 넣어서 사기 대상 개인들이 오인하게 하였습니다.

산73번지는 해발고도가 500m가 넘는 국사봉(542m)과 이수봉(545m)의 정상으로부터 한쪽 경계가 시작되며, 가장 낮은 곳도 고도 200m가 넘습니다. 현장 답사를 한 번이라도 가봤다면, '과연 이곳에서 어떤 개발사업을 할 수 있을까?'라는 의구심을 한번 가져봤을지도 모릅니다. 그러나 충격적인 사실은 기획부동산 사기 피해자의 대부분은 현장 방문을 해본 적이 없으며, 심지어 지번을 모르는 경우도 많습니다. 사실 대부분의 기획부동산 업체는 투자자가 현장 방문을 하려 하면 어떤 식으로든 은근히 방해를 합니다.

부동산 투자의 필수 절차는 우선 (i) 정확한 주소를 확인하고, (ii) 인터넷 지도로 필지의 형상 및 경계, 도로조건과 로드뷰 등도 미리 확인하고, (iii) 등기사항증명서(舊 등기부등본)를 통하여 담보 설정이나 가처분·가압류와 같은 사법상의 권리 제한이 있는지 확인하고, (iv) 인터넷을 통해서도 쉽게 조회할 수 있는 토지이용계획원을 통하여 공법상의 제한사항이 있는지 확인하고, (v) 현장 답사를 가는 것입니다.

산73번지는 경사도로 인해서 개발이 현실적으로 어려울 뿐 아니라, 토지이용계획상 개발제한구역(Green Belt) 및 공익용 산지로 지정이 되어 있어서 법적으로도 개발이 극히 제한되어 있는데, '씨:리얼' 사이트(https://seereal.lh.or.kr)에서 토지이용계획만 확인했어도 금방 알 수 있는 것이었습니다.

산73번지 피해자의 3분의 1은 연봉이 2천만 원도 안 되는 서민으로 알려졌습니다. 아마도 일당 7만 원에 기획부동산 업체에 취직한 직원과 그 지인이 상당수일 것입니다. 5천 명에게 1천억 원의 지분을 팔았으니, 1인당 피해금액이 2천만 원꼴입니다. 사실 이 피해자들 중 많은 이들이 산73번지뿐 아니라, 같은 계열의 기획부동산 업체로부터 다른 토지의 공유지분을 산 경우도 많으니, 실제 1인당 피해금액은 더 클 것입니다.

기획부동산은 사기의 대상층을 서민에게까지 확대하기 위하여 지분을 잘게 쪼개었습니다. 1~2천만 원의 돈으로 개발호재가 있다는 서울 근교의 땅을 조금이라도 소유할 수 있다면, 여유가 많지 않은 서민이라도 혹해서 무리하여 투자에 나섰다가 당할 수 있습니다. 실제 피해자 중에는 카드론까지 동원하여 지분을 샀다가 높은 이자 부담에 고통받는 경우도 있습니다.

이러한 사기의 피해자가 되지 않기 위해서는 우선, (i) '너무 좋은 조건은 사실일 리 없다(Too good to be true).'라는 의심, (ii) 인터넷 정보를 최대한 이용하며 현장답사 실시, (iii) 주변의 전문가나 관공서의 도시개발계획 담당 공무원 문의하는 습관을 견지하며 항상 조심하는 마음가짐을 가져야 할 것입니다.

2
PART

부동산 히스토리

OTL

Observe, Think, and then, Learn!

제가 대학교 다닐 때 어느 교수님이 알려주신 공부법이 하나 있습니다. 바로 OTL이라는 학습법인데, OTL은 Observe, Think, and then, Learn을 의미하는 약자입니다. 전통적으로 우리나라는 가르치는 사람이든 배우는 사람이든 공식 암기와 같은 주입식 교육에 익숙해져 있는 경우가 많습니다. 이에 반해 OTL 방식은 공부할 때 가장 먼저 관찰(observe)하는 데 초점을 맞추면서 스스로 생각(think)하는 습관을 지니고, 맨 마지막에 책이나 타인을 통해서 배움(learn)을 받으라는 의미로, 이러한 과정의 순서가 공부하는 데 중요하다는 것을 강조하는 학습법입니다.

우리나라에서 2000년대 초중반에 'OTL'이라는 이모티콘(Emoticon)이 한 때 유행한 적이 있습니다. 이는 좌절감에 절망한 사람이 무릎 꿇고 손바닥은 땅에 짚으면서 고개를 숙인 모습을 형상화한 이모티콘입니다. 그러나 OTL 방식으로 공부를 하면 절대 좌절하거나 절망할 일이 없을 것이라 100% 확신합니다.

「제2장 부동산 히스토리」편에서는 자료가 허용하는 가장 오래전 과거로부터 부동산 시장의 역사에 대하여 그래프와 함께 간단한 설명을 드리려고 합니다. 부동산과 관련된 수치의 변화를 보면서 '왜 이렇게 변했고, 이러한 변화가 다른 수치 정보에는 어떠한 영향을 줬을까?'와 같은 궁금증을 간직하면서 다음 장(章)에서부터 다룰 부동산의 특성, 공법, 금융, 세금, 시장 및 정책을 읽어 나가시면 이해에 큰 도움이 될 것입니다.

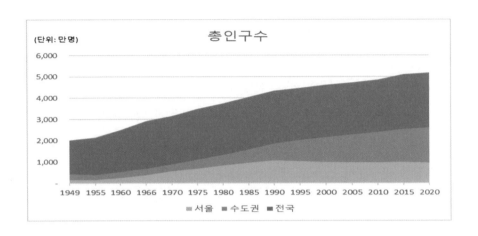

『서울은 만원이다』, 이호철 소설, 1966년 연재

　1949년에 최초로 수행한 인구총조사에 따르면 우리나라 인구는 2천만 명으로 조사되었습니다.

　당시 서울의 인구는 140만 명, 서울·경기도를 포함한 수도권 인구는 420만 명 수준으로 전체 인구에서 각각 7%, 21%에 불과했습니다. 1960년 대의 산업화와 함께 도시로, 특히 서울로 인구가 몰리면서 주택난을 필두로 여러 사회적 문제가 발생했고, 동아일보에 『서울은 만원이다』라는 소설이 연재되던 1966년에는 서울의 인구수가 380만 명으로 증가했습니다. 이후에 도 계속 증가하여 1990년에는 서울 인구만 1천만 명을 넘어섰으나, 1990년 대 중반 분당·일산 등 수도권 5대 신도시 개발로 인하여 인구 분산화가 시 작되어 2000년부터 1천만 명 이하로 다시 줄어들었습니다. 그러면서 경기· 인천 지역의 인구는 1990년의 800만 명에서 2020년의 1,600만 명으로, 2 배로 증가하였습니다

　2020년 현재 우리나라의 총 인구수는 5,183만 명에 이르고 있습니다.

주택보급률

(주의) 주택보급률은 2005년도에 산정방식을 바꾸고, 2014년도부터 등록센서스 자료를 이용해서 수치가 연결이 되지 않습니다. 2005년도 주택보급률 산정방식 변경은 주택 수를 가구 수로 나눈 것인데, 주택 수 계산 시 다가구 주택을 가구 수대로 계산할지, 가구 수에서 1인가구나 비혈연가구를 취급하는 방식을 변경한 것입니다. 그래프를 보실 때 감안해서 보시기 바랍니다.

1962년도의 주택보급률은 82.4%로, 이후 계속 하락하여 1980년대 후반에는 69.2%까지 내려갔습니다. 그러나 당시 정부의 '주택 200만 호 건설 계획' 추진으로 주택보급률은 빠르게 올라갔고, 2002년에는 100%를 넘어섰습니다.

특히 서울의 주택난이 가장 심각했는데, 1926년에는 94.2%였던 서울의 주택보급률이 소설 『서울은 만원이다』가 연재되던 1966년에는 50%로 최저점을 찍었습니다. 서울도 종전 방식의 주택보급률로는 2012년에 100%를 넘었으나, 현재의 바뀐 기준으로는 계속 100%에 미달하며, 2018년도에는 95.9%를 기록하였습니다.

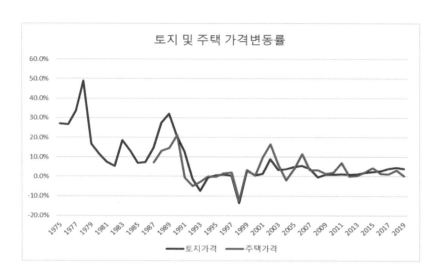

토지 및 주택 가격변동률

　　우리나라 최초의 부동산투기는 1960년대 후반 제3한강교(現 한남대교)와 경부고속도로가 건설되고 현재의 강남구와 서초구가 개발되던 때로 볼 수 있을 것입니다. 1967년에는 투기 단절을 위해 토지 양도차익의 50%를 과세하는 특별세법이 제정되기도 했는데, 실지거래가액이 아닌 시가표준액을 기준으로 과세되었기 때문에 그 효과는 작았다고 합니다.

　　그 다음 부동산 광풍은 위 그래프에서 보듯이 1970년대 후반에 있었습니다. 제1차 오일쇼크(1973~1974)로 인해 당시 기준으로 어마어마한 무역적자를 기록하는 등 어려운 1970년대 중반을 보냈으나, 후반에 들어오면서 중동 오일머니 특수로 인하여 경상수지 흑자를 기록하며 달러가 유입되어서 시중에 유동성이 풍부했습니다. 1978년에는 지가 상승률이 49%를 기록하기도 하였습니다. (이 당시는 현재보다 전반적인 물가상승률이 훨씬 높던 시절이기는 합니다.) 한편, 구획정리가 완료된 영동지구(현재의 강남구와 서초구)에 아파트지구가 1976년에 지정되었고, 압구정동의 현대아파트, 대치동의 은마아파트를 비롯한 강남의 유명 아파트들이 건설되기도 하던 때입니다. (압구정동 현대아파트는 1977년에 장·차관, 국회의원 등 고위 공직자, 언론인 등이 연루된 특혜분양사건으로 온 나라를 시끄럽게 하기도 하였습니다.) 당시 정부는 심각한 부동산 문제를 해결하기 위해 흔히 8·8 조치라고 불리는 부동산종합대책을 내놓았습니다. 양도세를 강화하고 토지거래허가제를 도입하여 투기를 억제하는 한편, 민간 주택건설 업자의 분양가도 행정지도의 방식으로 규제하기 시작했습니다.

그러나 1979년에 발발한 제2차 오일쇼크(1979~1981)로 제1차 오일쇼크 때보다도 훨씬 더 큰 규모의 경상수지 적자를 연이어 기록하면서, 1980년 대 초에는 경제를 활성화하기 위한 여러 대책을 내놓았습니다. (여기에는 취등록세 감면, 양도소득세 완화, 분양가통제 일부해제, 주택자금 지원 등을 주요 내용으로 하는 경제활성화대책(1980. 9. 16.), 부동산경기활성화대책(1980. 12. 13.), 주택경기활성화조치(1981. 6. 26.), 부동산 등 당면 경제대책(1982. 1. 14.), 경기활성화대책(1982. 5. 18.)이 포함됩니다.) 그러자 다시 부동산 급등의 기미가 보이자 이후 몇 년간 투기억제 정책을 내놓습니다. 냉·온탕식 부동산 규제의 시작인 것입니다.

1986년부터 1989년까지는 당시에 '단군 이래 최대 호황'이라고 불렸던 3 저 호황기였습니다. 이 당시에 KOSPI 주가지수도 처음으로 1천 포인트를 돌 파했고, 부동산 가격도 천정부지로 올랐습니다. 그러나, 부동산 자산 가격의 상승으로 기뻐한 사람도 있었겠지만, 무주택 서민에게는 그만큼 힘든 시기였 습니다. 앞서 보았듯이 주택보급률은 전국 기준 69.2%였고, 서울은 더 심각 했습니다. 주택 문제로 인하여 자살하는 사람도 나오는 등 당시 사회의 큰 문 제였습니다.

1988년에 집권한 노태우 정부는 투기수요억제를 위해 1989년에는 토지 공개념 3법(택지소유상한제, 개발이익환수제, 토지초과이득세)을 제정하는 한편, 공 급 측면에서는 「주택 200만 호 건설 계획」을 세워 실행합니다. (200만 호라는 숫자는 당시 서울의 주택 수와 맞먹을 정도의 수치이고, 일제시대 때부터 1988년까지 우리나라 전국에서 지어진 아파트의 수가 100만 호를 겨우 넘긴 것을 생각하면 정말 큰 숫자입니다.)

이때 만들어진 것이 분당, 일산, 평촌, 산본, 군포의 수도권 5대 신도시로 1989년부터 1996년까지 30만 호가 지어졌으며, 최초 입주는 1991년 9월부터 시작되었습니다.

(Raw data source: 국토교통부, 「아파트주거환경통계」)

주택보급률이 1989년에 70%를 갓 넘었던 수준에서 8년만인 1997년에 90%를 넘기면서, 1990년대는 주택가격 안정화의 꿈이 실현된 시대였습니다. 가구소득 대비 주택가격 비율을 의미하는 PIR(Price Income Ratio)도 1990년의 11배에서 1998년에는 4배까지로 내려갔습니다. 1980년대 후반 주식 시장과 부동산 시장을 동시에 달궜던 3저 호황의 버블이 꺼지는 수요 측 원인도 있겠지만, 주택 200만 호 건설이라는 공급 측 원인이 10년동안 지속된 주택가격 안정의 밑받침이 되었습니다.

가구소득 대비 주택가격 비율
(PIR: Price-to-Income Ratio)

전국 서울

(Raw data source: 주택구입능력의 측정과 분석(주택금융월보 2008년 7월호), 이중희 외)

그러나 IMF 외환위기로 부동산 가격 안정화를 넘어서 폭락하는 상황에서 집권하게 된 김대중 정부는 토지거래허가제 전면 해제, 분양가 자율화, 양도세 한시 면제, 분양권 전매 한시 허용, 개발제한구역 일부 해제 등 각종 부동산 규제 완화 정책을 내놓으며 경기 활성화를 꾀했습니다.

한편, 2000년대는 주택담보대출의 시대였습니다. 그 이전까지만 하더라도 주택 구입을 위한 은행 대출의 문턱은 높았습니다. 그러나 IMF 이후 대기업의 은행 대출 의존도가 낮아지는 상황이었고, 은행들도 위험성이 큰 기업 대출보다는 담보로 떼일 걱정이 없는 주택담보대출 취급을 선호하기 시작했습니다. 여기에 IMF 외환위기 직후 치솟았던 금리가 하락하기 시작하여 계속 저금리를 유지했습니다.

CD금리 (91일)

(Raw data source: 한국은행)

    1998년부터의 유례 없던 규모의 경상수지 흑자 기록, 각종 부동산 규제 완화, 낮아진 은행 대출의 문턱, 유례없는 저금리 지속으로 다시 부동산 열기가 불기 시작했습니다. 한·일 월드컵 개최로 뜨거웠던 2002년에는 부동산 시장의 열기도 뜨거워서, 그 해 주택가격지수는 전년 대비 16.4%나 상승했습니다. 그 다음 해인 2003년부터는 카드대란(LG카드 사태)으로 인하여 사회·경제 전체적인 분위기도 저하되고, 2004년에는 주택가격지수 증감률이 마이너스를 기록하기도 하였습니다. 이후 다시 상승하였으나, 2008년 글로벌 금융위기로 다시 침체하며 … 2000년대는 이렇게 흘러왔습니다.

미·일 환율과 경상수지

경상수지 　원/미국달러(매매기준율) 　원/일본엔(100엔)

　우리나라는 무역의존도가 높은 나라인만큼 대(對)미 환율과 대(對)일 환율, 또는 미·일 양국 사이의 환율에 의해서 경상수지가 크게 좌우되어 왔으며, 경상수지 흑자 또는 적자의 규모는 부동산 시장에 영향을 주어 왔습니다.

　1986년부터 1989년까지는 우리나라가 건국 이후 처음으로 무역수지(現 상품수지) 흑자를 기록한 때입니다. 1985년 9월에 G5 국가 간 일본 엔화와 독일의 마르크화를 평가절상하기로 한 플라자 합의가 있었습니다. 이 합의로 인해서 240엔 수준이던 엔-달러 환율이 1988년 11월에는 120엔 수준까지 내려갔고, 무역시장에서 가격경쟁력을 잃은 일본은 엔고(円高) 불황을 겪기 시작했습니다. 이때 수출 시장의 많은 부분에서 일본과 경쟁하고 있던 우리나라는 반사 이득으로 수출이 급증하여 '단군 이래 최대 호황'이라 불리던 '3저 호황기'를 맞습니다. 3저(低)라는 말은 저금리, 저유가, 저달러라는 의미로, 당시 세계적으로 저금리, 저유가의 시대였고, 엔화대비 낮은 달러 가치(저달러=엔고)로 인해 경제활동 전반뿐만 아니라 수출에서 유리했던 상황을 설명하는 표현입니다.

이후 1989년을 전후로 일본 엔화의 가치가 하락하여 가격경쟁력이 약해진 우리나라는 다시 경상수지 적자 기조로 들어섰고, 1990년에 4월에 160엔 수준으로 회복했던 엔-달러 환율이 1995년 6월에 80엔 수준까지 떨어지는 유리한 상황에서도 1993년을 제외하고는 계속 경상수지 적자를 누적해 가다가 1997년 '단군 이래 최대 환란'이라는 IMF 외환위기를 맞게 됩니다. 이 당시 원-달러 환율은 1996년 6월에 800원대, 1997년 8월에 900원대가 되었는데, 같은 해 11월에 1,000원을 넘더니 12월 23일에는 2,000원(대미 현찰매도율 기준)을 넘기도 했습니다. 그러나 이러한 고환율로 인해서 우리나라 수출기업들의 가격경쟁력이 높아져서 수출이 증가하고 1998년에는 그 이전까지 경험은 물론이고 상상도 못 했던 400억 달러라는 경상수지 흑자를 기록하게 됩니다. (인플레이션을 감안해서 비교해야 하긴 하지만, 단군 이래 최대 호황이라 불렸던 1986~1989년의 4년동안의 경상수지 합이 277억 달러였습니다.)

그래프를 보면 1980년대와 1990년대에는 우리나라의 경상수지가 일본의 엔화 가치에 많이 영향을 받는 것으로 보이는데, 2000년대 들어서는 미 달러 가치에 더 영향을 받아 변동하는 것으로 보입니다. 그러나 글로벌 금융위기가 지나고 나서는 세계 시장에서 중국의 입지가 커지고 상대적으로 미국·일본의 비중이 줄어들다 보니, 미·일 환율과 우리나라 경상수지의 상관관계도 줄어드는 모습입니다.

3 PART

부동산의 특성

'Location! Location! Location!'

(첫째도 입지, 둘째도 입지, 셋째도 입지)

부동산을 어느 정도 아시는 분들은 부동산에는 수많은 공법(公法)이 존재한다는 것과 그것들이 사인(私人)의 행위를 제약하고 있다는 것을 아실 것입니다. 부동산에 그렇게 관심이 없는 분들도 정부에서 사흘이 멀다 하고 수시로 부동산과 관련된 정책을 내놓는 것을 인터넷 뉴스 등을 통해서 익히 보아 아실 것입니다. 다른 재화와 달리 부동산과 관련하여 왜 이렇게 많은 공법이 존재하고, 국가에서는 끊임없이 정책을 만들까요?

본 서의 다음 장(章)에서는 부동산 공법을, 그리고 마지막 장에서는 부동산 정책에 대해서 살펴볼 것인데, 그 전에 여기서 부동산의 특성에 대해서 알아보는 자리를 갖겠습니다. 부동산이 다른 재화들과 다르게 가지고 있는 특성은 부동산을 공부하는 데, 특히 부동산 공법과 부동산 정책을 이해하는 데 핵심이 되므로 잘 살펴보시면 좋겠습니다.

1. 부동성

독자 여러분 중에 군 복무 경험이 있으신 분이라면, 혹시 훈련소를 수료하고 자대에 배치되어 갔는데, 중대에서 후임 괴롭히기로 악명 높은 고참과 같은 내무실, 그것도 바로 옆 침상을 쓰게 된 경험이 있으신가요? 또는 시간이 흘러서 군대 생활에 어느 정도 익숙해지기도 해서 생활도 편해지기 시작할 무렵, 같은 분대로 전입온 신병이 심각한 고문관이어서 골머리를 앓은 적이 있으신가요?

제가 직장 생활을 하면서 군생활 못지않게 스트레스 받고 힘들었을 때도 많았지만, 그래도 버틸 수 있었던 것은 '프로젝트 중간에 퇴사하는 것은 사회인으로서 기본적인 예의가 아니니까 조금만 참았다가, 프로젝트만 끝나면 바로 사표 쓰고 나가겠다.'라는 생각 덕분이었던 것 같습니다. 그러나 프로젝트가 끝나고 농한기에도 월급이 들어오는 것에 안심하며 결심은 느슨해지고, 착실히 출근하는 일을 반복했던 것 같습니다.

군대와 직장의 근본적인 차이점은 '소속을 바꿀 수 있느냐, 없느냐'인 것 같습니다. 이직이나 퇴사도 능력이 받쳐주지 않으면 쉬운 일이 아니지만, 군대의 경우와 비교할 수는 없을 것입니다. 군 생활이 아무리 힘들고 각종 부조리와 부당함에도 참아버리는 것은, 2년 동안은 자기 의사로 소속을 바꾸거나 나올 수 없다는 것에 그 핵심이 있는 것 같습니다.

여성 분 중에도 결혼하신 분 중에는 유사한 경험을 해보신 분이 있을 것 같습니다. 결혼 전까지는 전혀 그럴 줄 몰랐는데, 시집을 가보니 시어머니를 비롯한 시댁 식구들의 시집살이에 고생하신 분이 있을 것입니다. 이럴 때 간혹 이혼 생각이 문득 머리에 떠오르기도 하지만, 최종 실행에까지 이르는 경우는 아직 드물 것 같습니다. 2000년대 이후부터 우리 사회도 이혼율이 높아졌지만, 그래도 아직까지 이혼을 생각할 때 심적 부담감 때문에, 이직을 생각하는 것만큼 쉽게 생각하지는 않을 것입니다. 결혼을 통해서 생기는 새로운 집단으로의 소속도 자기가 임의로 나오거나 바꾸기가 말처럼 쉽지는 않습니다.

사람은 신체 이동의 자유나 거주 이전의 자유는 가지고 있지만, 이와 같이 소속의 이동이 자유롭지 못한 경우가 종종 있습니다. 이런 상황에서는 나를 둘러싼 사람들의 성격과 그들과의 관계가 나의 행복과 삶의 질에 지대한 영향을 미칩니다.

(1) 부동성과 외부효과

부동산의 첫 번째 특징은 그 명칭이 나타내는 바와 같이 '부동성(不動性)'입니다. '비(非)이동성', '위치의 고정성'이라고도 표현합니다. 너무 당연한 것을 첫 번째로 꼽은 것은 이로부터 파생되는 특성 때문입니다. 앞서 서론을 다소 길게 쓴 것도 위치를 바꿀 수 없는 부동산과 소속을 바꿀 수 없는 상황에 처한 사람 간에 유사성을 찾을 수 있기 때문입니다.

경제원론 수업을 들어보신 분이라면 외부성(Externality) 또는 외부효과(External effects)라는 개념을 들어보셨을 것입니다. 어떤 한 사람의 행동이 제3자에게 의도하지 않은 이득이나 손해를 가져다 주는데도 이에 대한 대가를 받지도 지불하지도 않을 때, 외부성이 발생했다고 합니다. (대가를 주고 받지 않기 때문에, 시장의 테두리 밖에 존재하는 현상으로 볼 수 있다는 의미에서 경제학자들이 외부성이라는 명칭을 붙였다고 합니다.)

외부효과의 고전적 케이스는 과수원 주인과 양봉업자의 이야기입니다. 양봉업자가 기르는 벌이 돌아다니며 꽃가루를 묻히며 과일나무가 수분(受粉, pollination)하는 데에 도움을 주지만, 과수원 주인은 양봉업자에게 아무런 대가를 지불하지 않습니다. 과수원의 나무는 벌들이 꿀을 만드는 데 도움이 되지만, 마찬가지로 양봉업자는 과수원 주인에게 아무런 대가를 지불하지 않습니다.

이와 같이 상대방에게 긍정적인 외부효과(Positive externality)를 끼치는 경우를 외부경제(External economy)가 발생했다고 말합니다. 반대로, 오염물질이나 소음을 배출하는 시설이 근처에 있어서 인근 주민이 신체적·정신적 피해를 입는 경우와 같이, 부정적인 외부효과(Negative externality)를 끼치는 경우를 외부비경제(외부불경제, External diseconomy)가 발생했다고 표현합니다.

(2) 교육과 교통, 편의와 쾌적

여러분은 주거지를 고를 때, 어떤 것들을 고려하시나요?

청소년 자녀가 있으시다면 학군이 괜찮은지, 주변에 학원가가 있는지가 최우선일 터이고, 자녀 유무에 관계없이, 지하철을 비롯한 대중교통 시스템 이용이 편리한지, 도로 사정은 좋은지를 우선시 할 것입니다. 또, 인근에 편하게 갈 편의점이나 시장이 있는지, 적정한 거리에 마트와 백화점이 있는지도 빼놓을 수 없습니다. 그리고, 인근에 산책할 공원이 있는지, 한강이 보이는지 여부도 요즘 시대에는 중요한 관심사입니다. 아파트 분양 광고에서 숲세권, 파크뷰, 리버뷰 등의 표현을 들어보셨을 것입니다.

이러한 모든 것들이 긍정적인 외부효과를 주는 부동산들입니다. 외부성이란 것이 사실, 따로 설명이 필요 없는 온 국민이 다 아는 상식이었던 것입니다.

현재 우리나라의 대표 부촌이자 많은 사람들의 선호 거주지인 서초구와 강남구도 1970년대 초 개발 초기만 하더라도 서울시에서 강북의 인구를 강남으로 이전하기 위하여 아이디어를 짜내야 할 형편이었습니다. 그래서 당시 서울시가 생각해 낸 아이디어는 경기고를 비롯한 명문고의 강남 이전, 잠수교 설치, 고속버스터미널 설치, 지하철 2호선의 강남 통과입니다. 교육과 교통의 중요성을 이해한 정책이었습니다.

반대로, 부정적 외부효과를 주는 것으로는 기피시설, 혐오시설 등이 있습니다. 공해나 폐수를 배출하는 공장, 위험물 저장소나 폐기물 처리시설 등이 그 예입니다. 그 외에 술집, 노래방, 음악공연장, 클럽과 같이 음주가무와 관련된 부동산도 사람에 따라서는, 경우에 따라서는 부정적 외부효과를 줄 수 있습니다.

이와 같이 부동산이라는 것은 그 자체의 기능으로만 가치가 결정되기보다는 둘러싼 환경에 의해 좌우되는 면이 크기 때문에, 부동산 투자가들이 도시계획이나 각종 개발사업의 발표에 귀를 쫑긋 세우는 것입니다.

(3) 집적의 경제(Economy of Agglomeration)

여러분은 경쟁을 좋아하시나요?

한 달로 끝난 '편의점 아래 편의점' – 동아일보(2017. 08. 04.)

2017년에 인터넷에서 한 건물의 1층과 반지하층에서 2개의 프랜차이즈 편의점이 위·아래로 나란히 들어선 사진이 '편의점 아래 편의점', 또는 '한지붕 두 편의점' 등의 이름으로 화제가 된 적이 있습니다.

한 점주가 부산 송도해수욕장 인근 건물의 1층에서 22년간 편의점을 운영하였는데, 반지하층에 경쟁 프랜차이즈의 편의점이 입점하여 갈등이 생긴 것입니다. 건축법상으로는 반지하층이지만 실제로는 1층에 가까운 층의 새 편의점이 계단으로 올라가야 하는 기존 편의점보다 고객 유인에 더 유리해 보입니다. 새 편의점은 법적인 판단은 차치하더라도 상도에 어긋난다는 비난 여론에 밀려 한달만에 자진 폐점했다고 합니다.

대부분의 사람은 경쟁을 선호하지 않습니다. 기존에 장사를 하고 있는 사람은 '인근에 새로운 장사꾼이 들어오지 않았으면…'이라고 생각할 것이고, 새로 장사를 시작하는 사람은 기존에 이미 경쟁자가 있는 부근은 기피할 것입니다. 그러나, 온라인 쇼핑이 일반화되기 이전까지 전자제품의 메카였던 용산전자상가에는 같거나 비슷한 제품을 취급하는 판매점포가 줄지어 수십 개씩 있습니다. 논현동이나 아현동 가구거리에 가면 가구점이 줄지어 늘어섰습니다. 그 외에도 한약재 전문 경동시장, 노량진 수산시장, 낙원동 악기상가, 장안동 중고자동차시장 등 특정 제품군을 전문으로 하는 것으로 유명한 지역들이 곳곳에 있습니다.

아파트 단지 입구의 근린상가와 같은 경우에는 같은 제품군을 판매하는 점포가 하나에서 두 개로 늘어날 경우 기존의 잠재 고객층을 양분해야 하므로 매출이 반으로 줄어들 수도 있습니다. 그러나 교통이 괜찮은 지역에서 그 지역을 대표하는 대명사가 될 정도로 상점이 많아지고, 같은 종류의 제품을 취급하면서도 조금씩 다른 제품을 팔면, 매니아들은 자기가 정확히 원하는 제품을 찾아서 멀리서도 찾아오기 마련입니다. 경쟁의 정도를 $\frac{고객의\ 수}{상점의\ 수}$ 로 나타낼 수 있을 텐데요, 분모인 상점 수가 늘어나는 이상으로 분자인 고객 수가 늘어난다면 단순히 경쟁의 정도가 더 심하다고 말할 수는 없을 것입니다. (다만, 승자독식 현상 같은 것이 발생할 수도 있으므로, 그런 관점에서 경쟁이 더 치열한 면은 있습니다.) 일정 지역 안에 상점 수가 늘어난다는 것만으로 집객 효과가 만들어지는 상황입니다.

경제학 수업을 1학기 정도라도 배우신 분은 규모의 경제(Economy of Scale, 생산량을 증가할수록 고정비 절감 등의 효과로 평균 단가가 감소하는 현상)와 범위의 경제(Economy of Scope, 연관성 있는 다양한 제품을 생산하는 경우 한 가지만 생산할 때보다 평균 단가가 감소하는 현상)라는 개념을 들어 보셨을 것입니다. 도시경제학에서는 앞서 설명 드린 상황을 설명하기 위한 개념으로 집적의 경제(Economies of Agglomeration)라는 용어가 있습니다. 앞에서는 주로 고객을 접하는 판매점포가 모여 있는 경우를 예로 들어 설명했지만, 집적의 경제는 고객을 접하지 않는 상황에서도 발생합니다. LA의 할리우드, 샌프란시스코 인근의 실리콘 밸리, 뉴욕 맨해튼의 월스트리트, 디트로이트는 각각 미국에서 영화산업, IT 산업, 금융업, 자동차제조업 기업들이 몰려 있는 곳입니다. 우리나라도 울산과 거제를 잇는 지역에 현대중공업, 삼성중공업, 대우조선 해양을 비롯한 수많은 조선사가 모여 있습니다.

집객 효과가 발생하지 않거나 의미가 없는 상황에서도 기업들이 모여서 집적의 이익을 누리려고 하는 이유로는, 우수하고 적합한 노동력 확보, 다양한 중간재 확보, 우수한 외주용역업체, 그리고 마지막으로 지식파급(Knowledge spillover) 효과를 들 수 있습니다.

미국에서 A급 영화배우를 꿈꾸고 있는 사람이라면 누구나 할리우드 입성을 꿈꾸고, 금융가로 대성하기를 꿈꾸는 사람은 누구나 월스트리트에서 일하고 싶은 소망이 있을 것입니다. 노동력 풀(pool)이 클수록 기업 입장에서는 우수한 인력을 채용하기 쉽고, 특히, 많은 사람이 모여 있을수록 다양한 사람이 있기 마련이니까 특정 분야의 스페셜리스트도 쉽게 구할 수 있습니다. 제조업체의 경우 수많은 종류의 원료 및 중간재를 공급받아야 합니다. 최종 고객의 니즈가 다양하고 수시로 변하는 만큼, 중간재의 종류도 다양하고 제조업체의 요구에 따라 즉각적으로 수정이 이루어져야 합니다. 이때 많은 제조업체들이 모여 있어서 수요가 일정 규모가 되어야 부품 생산업체도 다양한 중간재를 생산할 수 있고, 물리적 거리가 가까워야 적시에 중간재의 사양을 수정하는 것도 용이합니다. 금융투자업을 영위하기 위해서는 로펌(Law Firm)이나 회계법인과 같은 곳으로부터 전문 서비스를 받아야 하는 경우가 많습니다. 뉴욕 맨해튼에는 이러한 조직의 본사 또는 대형 브랜치가 있기 때문에, 금융투자회사가 투자 의사결정을 하는 데 조력을 받고 있습다.

여의도의 금융인들은 점심시간에 동료와 점심을 먹기보다는 다른 회사 사람과의 점심 약속을 잡느라 분주합니다. 점심시간도 비즈니스를 위한 시간으로, 이때 서로 많은 정보가 오가고 지식이 파급됩니다. 이것도 많은 금융회사가 여의도에 모여 있기 때문에 가능한 일입니다.

2. 부증성과 영속성

✎ Far and Away 멀리, 더 멀리

톰 크루즈와 니콜 키드먼이 주연했던 1992년 작 「파 앤드 어웨이」라는 영화를 많이 아실 것입니다. 영화는 1892년의 아일랜드를 배경으로 하여 시작하는데, 아일랜드는 19세기 중반에 감자 대기근으로 100만 명의 인구가 아사하는 참혹한 시기를 겪기도 한 나라입니다. (아일랜드의 2018년 기준 1인당 국민소득은 세계 4위로 8만 달러에 가깝습니다. 미국(7위, 6만3천 달러)이나 아일랜드를 그동안 많이 괴롭혔던 영국(19위, 4만2천 달러), 우리나라(26위, 3만3천 달러)보다 훨씬 높습니다.) 톰 크루즈는 가난한 소작농의 아들로서, 지주에 대한 봉기과정에서 돌아가신 아버지의 복수를 하기 위해 지주의 집으로 찾아가고, 여기서 만난 지주의 딸 니콜 키드먼과 함께 토지를 공짜로 준다는 미국으로 가서 겪게 되는 에피소드를 담은 영화입니다. 영화 초반부에 톰 크루즈의 아버지가 "땅이 없으면 남자도 아냐(Without land, a man is nothing.)."라는 말을 남기고 죽는 씬이 있었는데, 요즘 신혼집 장만할 재원을 마련하지 못해서 결혼을 포기하는 삼포세대 젊은 친구들이 오버랩되어 안타까운 심정이 들었습니다. 아무튼 미국으로 도착한 톰 크루즈와 니콜 키드먼은 우여곡절을 겪은 후에 1893년 오클라호마주에서 열렸던 랜드 런(Land Run)에 참가하게 됩니다. 랜드 런은 말 그대로 달려나가서 깃발 꽂으면 그 땅의 주인이 되는 땅따먹기 이벤트입니다. 어렸을 적 이 영화를 처음 봤을 때는 눈에 들어오지 않았지만, 최근에 다시 봤을 때 눈에 들어온 것은 원주민 인디언들이 랜드 런을 지켜보면서 묘한 표정을 짓는 몇 초간의 장면입니다. 토지 소유와 관련하여 서구 사회와는 다른 관념으로 살아가던 인디언들의 눈앞에서 서구인들이 자신들의 토지를 가져가서 벌이는 일을 목도하면서 올라오는 복잡하고 미묘한 감정이 느껴지는 것 같았습니다.

✒ 토지의 부증성(不增性, 공급의 고정성)

부동산의 특성, 특히 토지의 특성으로 부동성과 함께 가장 중요한 것으로 부증성을 들 수 있을 것입니다. 인류의 긴 역사 속에서 불과 1세기 정도 전까지만 하더라도 정복 전쟁, 신대륙 탐험, 식민지 건설 등을 통해서 국가의 영토를 끊임없이 확장하려 노력하였으나, 2차 세계대전 이후의 현대에서는 국경선이 바뀌는 경우가 많지 않았던 것 같습니다. 사실 앞서 본 랜드 런의 사례도 백인만의 입장에서는 토지가 무상으로 늘어나는 것이나, 백인과 인디언 공동의 관점에서는 총합이 고정되어 있는 제로섬 게임과 마찬가지입니다. 현대에도 간척사업을 비롯한 공유수면매립과

〈Source: (CC BY-SA 3.0)
Lidia Fourdraine @Wikimedia Commons〉

같은 과정을 통해 국토의 총 면적이 증가하기도 하지만, 그 비중이 크지 않고 이 책의 예상 독자들에게 큰 의미를 주지는 않을 것으로 판단되므로, 앞으로 이 부분에 대해서는 무시하고 토지의 특성인 부증성에 대해서 서술하도록 하겠습니다. (국토교통부가 발간한 2020년 지적통계연보에 의하면 2019년 말 기준으로 지적공부 등록면적은 100,401㎢으로 지적통계가 처음 작성된 1970년 대비 2,382㎢ 증가했다고 합니다. 이는 여의도 면적의 821배 규모이며, 50년동안 약 2.4% 증가한 것이므로 아주 무시할 정도는 아닌 것 같습니다.)

 부증성의 그래프

경제학 이론에서 모든 재화의 가격과 거래량은 아래 왼쪽 그래프에서와 같이 우상향하는 공급곡선과 우하향하는 수요곡선이 만나는 지점에서 균형(Equilibrium)을 이루면서 결정이 됩니다. 가격이 오르면 물건을 팔려고 하는 공급자는 늘어나고, 반면에 물건을 사려는 수요는 줄어든다는 상식적인 법칙입니다. 그러나 토지의 경우는 아래 오른쪽 그래프에서와 같이 공급곡선이 수직선으로 그려지게 됩니다.

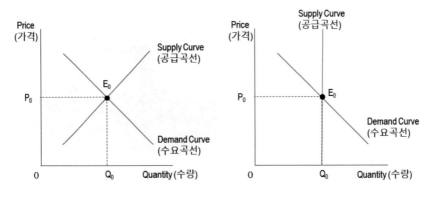

|일반적인 재화의 수요-공급 곡선|　　　　　|토지의 수요-공급 곡선|

경제학에서 탄력성이라는 개념이 있습니다. 재화의 가격이 변화할 때 재화의 공급량 또는 수요량이 얼마나 민감하게 변화하는지를 나타내는 척도입니다. (해당 재화의 가격뿐만 아니라 소득의 변화, 경쟁 제품의 가격의 변화에 대해서 공급량/수요량의 변화를 나타내는 민감도도 탄력성의 다른 예입니다.) 토지와 같이 공급량이 불변인 경우는 탄력성이 0, 재화의 가격의 변화율과 공급량 또는 수요량의 변화율이 동일하면 탄력성은 1, 가격이 약간만 변해도 공급량 또는 수요량이 무제한으로 변하면 탄력성은 무한대가 됩니다. 공급곡선의 탄력성은 보통 산업 내 진입장벽이 높으면 낮고, 낮으면 탄력도가 높습니다. 이러한 탄력성을 통해서 공급자 또는 수요자 간의 협상력(Bargaining Power)을 예상할 수도 있고, 정부가 재화에 대한 세금을 부과할 때 누가 실질적인 조세 부담을 할 것인지에 대해서도 예측을 할 수 있게 해주므로 중요한 개념입니다.

사회 내 인구 증가, 소득 증가, 유동성 증가 등의 사유로 재화에 대한 전체적인 수요가 증가하면 수요곡선은 우측으로 이동합니다. 이때 균형점이 이동함에 따라 균형 가격과 균형 거래량도 변화합니다. 다음 페이지 위 가운데 그래프와 같이 공급곡선의 탄력성이 1에 가까운 경우는 수요곡선이 우측으로 이동하면서 가격과 거래량이 모두 증가합니다. 왼쪽 그래프에서와 같이 공급곡선의 탄력성이 0인 경우는 수요곡선이 우측으로 이동할 때 거래량은 변하지 않고 가격만 크게 오릅니다. 가운데 그래프에서는 가격이 상승하지만, 가격이 상승함에 따라 공급량도 증가하기 때문에 수요곡선 이동의 효과가 분산되는 효과가 있습니다. 그러나 왼쪽 그래프에서는 수요곡선 이동의 효과를 가격 측면에서 오롯이 맞기 때문에 가격 증가의 폭이 가운데 그래프보다 큽니다. 다음의 오른쪽 그래프에서는 공급곡선의 탄력성이 무한대인 경우로 수요곡선이 이동해도 가격에는 변화없이 거래량만 변화합니다.

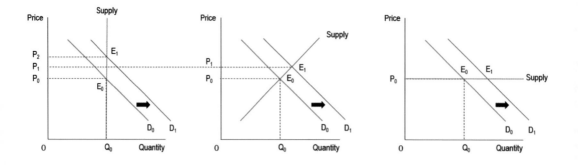

수요-곡선 그래프 3개(재화 가격에 대한 공급량 탄력도)

공급곡선이 비탄력적이면 목을 빳빳하게 세우고 '갑'의 위치에서 협상력의 우위를 마음껏 누리는 사람을 연상하고, 공급곡선이 무한 탄력적이면 고개를 숙이고 '을'의 위치에서 굽실대는 사람을 연상하면, 웃프긴 하지만 쉽게 기억할 수 있을 것 같습니다.

🏷 경제적 공급량의 증가

물리적인 측면에서 토지의 면적은 불변이나 경제적인 측면에서는 다르게 볼 수 있습니다. 「제4장 부동산 공법」에서 더 자세하게 설명드리겠지만, 우리나라의 전 국토에는 용도지역이라는 것이 설정되어 있습니다. 도시의 경우는 보통 도시지역이라는 용도지역으로 설정되어 있고, 도시지역은 세부 분류로써 주거지역, 상업지역, 공업지역, 녹지지역으로 구분됩니다. 아파트는 주거지역에서만 지을 수 있고, 그 외의 지역에서는 허가가 나지 않습니다. (물론 용도지역 변경과 아파트 건설 허가를 동시에 득하는 경우에는 가능합니다.) 만일 사회가 공급부족·가격상승으로 주택난이 심각할 경우 정부가 비도시지역이었던 지역을 신도시로 개발하여 택지를 공급하는 정책을 시행하곤 합니다.

이와 같이 국가는 국토의 이용과 관련하여 규제 체계를 갖추고 있는데, 이러한 규제를 강화하거나 완화함에 따라 물리적 절대량의 불변에도 불구하고 경제적 공급량이 변하는 효과가 있습니다.

🖋 토지의 영속성

토지는 늘어나지도 않지만 줄어들지도 않습니다. 토지의 부증성과 동전의 앞·뒷면과 같은 관계에 있는 특성입니다.

🖋 건물의 공급 비탄력성과 내구성

건물의 경우도 토지 수준의 부증성과 영속성은 아니지만, 비슷한 특성을 가지고 있습니다. 보통 건물을 완공하기까지 상당한 시일이 소요됩니다. 아파트 단지를 건설하는 경우, 착공에서부터 완공까지 지체되는 사유없이 정상적으로 진행되더라도 2~3년은 걸립니다. 착공 이전 단계로 계획 수립, 토지 확보 및 인허가 취득하는 기간까지 고려하면 훨씬 길고, 이런 저런 사유로 중간에 지연되면 예상할 수 없습니다. 그렇기 때문에 건물 공급곡선도 단기적으로는 토지의 경우와 마찬가지로 수직선으로 그려집니다. 그러나 토지와 다른 점은 비록 건물이 단기적으로는 공급이 고정되어 있지만, 오랜 시간에 걸쳐서 봤을 때는 가격이 상승할수록 결국 공급이 증가하려는 힘이 있으므로 장기 공급곡선은 일반적인 재화와 비슷하게 우상향하는 형태로 그려지게 됩니다.

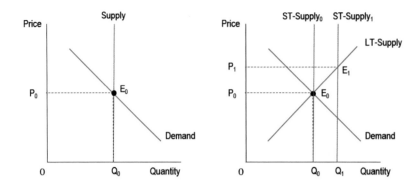

건물의 수요-공급 곡선 그래프 (단기 – 장기)

건물은 또 토지처럼 영속성은 없더라도 상당한 내구성, 지속성을 가지고 있습니다. 한 번 지어지면 50년은 보통이고, 제대로 지어진 건축물이라면 100년 이상도 갈 수 있습니다. 고층 건물을 짓는 데에는 많은 자원이 투입되고, 지어진 지 오래되지 않은 건축물을 철거시키는 것은 개인적으로만 아니라 사회적으로도 큰 낭비이기 때문에, 건축주도 건축 계획시에 고민을 많이 해야 하지만, 국가의 건축법 담당자와 지자체의 인허가 담당자도 여러 가지 고려를 많이 해야 합니다. 한번 지어진 건물을 주변 일조권을 침해한다든지, 건축 당시에는 관련 법규가 없었으나 이후 강화된 기준에서 봤을 때 내진설계가 안 되었다든지, 가연성 소재가 많이 들어갔다든지 등의 이유로 기존 건물을 강제 철거하기가 쉽지는 않을 것입니다.

3. 고가성(高價性)

예전에는 서른 즈음이 되면 결혼 적령기 소리를 들었는데, 요즘은 더 이상 그렇지 않은 것 같습니다. 평균 결혼 연령대도 늦어졌지만, 그러한 이유에서 보다도 더 이상 결혼 적령기라는 용어 자체를 사용하지 않는 것 같습니다. 20~30대 중 결혼하지 않는 이유로 신접살림을 위한 집값 마련의 어려움을 첫 번째로 꼽는 젊은 친구들이 많습니다. 결혼 적령기라는 단어가 사라지게 된 데에는 여러 사회적 요인이 있겠지만, 멈출 줄 모르는 주택 가격의 상승도 일조(一助)한 것 같습니다.

인간 생활의 세 가지 기본 요소인 의식주 중 옷과 음식도 명품 의류나 고급 요리의 경우는 가격이 상당하나, 집값에 비할 바는 아닙니다. 경제 생활의 절정기라 할 수 있는 40~50대 가장의 재산 목록의 가치 중 평균 80%는 자가 주택입니다. 평범한 월급쟁이라면 집을 살 때까지는 자기 자금을 마련하기 위해, 집을 산 이후로는 주택담보대출의 원리금을 갚기 위해 직장 생활에 얽매이는 것이 대부분의 삶 같습니다.

주택을 위시한 부동산이 비싸다는 것은 너무나 당연한 상식인데, 구태여 여기서 부동산의 특성 중 하나로 고가성을 추가하는 이유는, 이로 인하여 부동산 시장이 갖는 특성 때문입니다. 우리가 여타의 물건이 필요할 때, 빌려 쓰거나, 중고를 사거나, 구매를 위하여 은행 빚을 지는 경우가 그렇게 흔하지는 않습니다. 그러나 부동산은 소유자와 실제 사용자가 다른 경우도 많으며, 신축 아파트에 청약이 당첨되어 입주하는 경우보다 기성(旣成) 아파트를 구해서 들어가는 경우가 더 많으며, 상당수의 사람들이 주택담보대출을 활용해서 주택을 구매하고는 합니다.

(1) 임대차시장과 매매시장의 구분

부동산 시장은 임대차시장과 매매시장으로 나누어 볼 수 있습니다. 부동산학 교과서에서는 보통 공간(space) 시장과 자산(assets) 시장으로 칭하기도 합니다. 임대차시장은 부동산이라는 공간의 사용권에 대한 수요와 공급이, 매매시장은 부동산이라는 자산의 소유권에 대한 수요와 공급이 만나는 장소입니다.

임대료가 올라서 부동산 가격이 오를까요? 아니면, 부동산 가격이 올라서 임대료 금액도 오르는 것일까요? '닭이 먼저냐, 달걀이 먼저냐?'와 같이 까다로운 질문인데요, 전자, 즉, '임대료 금액이 올라서 부동산 가격이 오른다.'라고 보는 것이 합리적일 것입니다. 임대료가 1년 동안의 공간 사용권에 대한 수요와 공급이 만나서 결정된 가격이라면, 부동산의 매매가격은 영구적 기간 동안의 공간 사용권에 대한 수요와 공급이 만나서 결정된 금액입니다. 인근에 지하철역이 들어설 것이라는 계획만 수립되어도, 현재의 거주자에게는 아무런 편익의 증가가 없음에도 불구하고, 장래에 공간에 대한 수요가 증가하여 향후 임대료가 상승할 것이므로 현재 시점의 매매가격이 상승하는 현상이 그 예의 하나입니다. 가격이 올라서 임대료가 상승한다는 논리는 기린의 목이 높은 곳에 있는 먹이를 따먹기 위해 목을 뻗다 보니 길어졌다고 말하는 것과 유사한 사고입니다.

재무 이론에서는 모든 자산의 가치는 미래에 그 자산으로부터 발생하는 현금 유입액의 현재 가치를 구해서 모두 합한 금액이라 설명하고 있습니다. 그러나 미래에 영원히 들어오는 현금 유입액을 오늘 시점에서 모두 추정하여 자산 가치를 계산한다는 것이 현실적으로 불가능에 가깝게 느껴집니다. 그래서 부동산 업계에서는 간편식으로 올 한 해만의 현금 유입액만 가지고서 부동산의 가치를 구하는 자본환원율 기법을 많이 이용합니다. 자본환원율과 관련된 구체적인 내용, 특히 자본환원율을 이용하여 미래의 임대차시장과 매매시장을 연결하여 분석하는 것은 「제7장 부동산과 시장」에서 살펴보도록 하겠습니다.

(2) 신축 시장과 기성 시장의 구분

기업의 주식을 취득하는 방법은 아래와 같은 세 가지 방법으로도 나눌 수 있습니다. 우선 주식회사를 직접 설립하여 그 주식을 보유하는 방법이 있습니다. 또는, 발행시장에서 IPO(Initial Public Offering)를 통해 주식을 공개하는 기업의 주식을 취득하는 방법이 있습니다. 마지막으로, 이미 발행되어 유통시장에서 거래되고 있는 기존 주식을 현 보유자에게 매수하는 방법이 있습니다.

주택을 비롯한 건물을 취득하는 방법도 마찬가지입니다. 단독주택을, 직영 공사의 방식이든 도급 공사의 방식이든, 토지 매입에서부터 직접 관여하여 건축주로서의 역할을 하며 직접 지어 취득하는 방법이 있습니다. 다음으로 아파트 청약에 당첨되어 신규 분양하는 아파트를 취득하는 방법이 있습니다. 흔히 빌라라고 불리는 연립주택이나 다세대주택의 경우는 청약 절차를 통하지 않고도 광고나 발품을 통해 찾아가 신축 빌라를 구매할 수 있습니다. 마지막으로, 공인중개사 사무실을 통해 기성(旣成) 주택을 매수하는 방법이 있습니다.

이러한 구분은 부동산 시장의 경제학적 분석을 하는 데 필요합니다. 어느한 시장에서 수요와 공급에 의해 형성된 가격은 다른 시장에서의 가격 형성에 영향을 미칩니다. 이때 정부가 개입하여 다른 시장에서의 가격 형성에 영향력을 행사하는 경우 프리미엄이 발생이나 공급 감소와 같이 의도하지 않은 부작용이 발생할 수 있습니다.

(3) 금융의 중요성

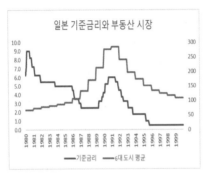

(Source: Bank of Japan,
Japan Real Estate Institute)

(Source: FRED,
Federal Reserve Bank of St. Louis)

중앙은행이 기준금리를 낮춰서 유동성이 증가하면 물가는 상승하는 경향이 있습니다. 일반적인 소비재의 가격도 상승하고, 주식과 같은 투자자산의 가격도 오릅니다. 여기에 상당수의 사람들이 대출로 취득 자금의 상당 부분을 조달하는 부동산은 더 말할 것도 없습니다.

✎ 일본 기준금리와 부동산 시장: 잃어버린 20년

위의 왼쪽 그래프는 1980년부터 1999년까지 일본의 기준금리 변화와 같은 기간 동안의 일본 6대 도시의 평균 지가(地價)를 지수화(2000년의 지가를

100으로 설정)한 것의 증감을 나타낸 것입니다.

일본의 기준금리는 1980년 초반 잠시 9.0%까지 올랐으나 1981년 12월 이후 5.5%, 1983년 10월 이후 5.0%에서 일정하게 유지되었습니다. 그러나 1985년 9월 플라자 합의가 있고 조금 지나서 1986년 1월부터 기준금리를 계속 인하하기 시작, 1987년 3월에는 2.5%까지 내려가서 1989년 4월까지 유지되었습니다.

플라자 합의는 1980년대 초반부터 심각한 무역적자와 재정적자(이 둘을 함께 가리켜 쌍둥이 적자라고 부릅니다.)로 고생을 하고 있던 미국이 주도하여, G5 국가(미국, 영국, 프랑스, 독일, 일본)의 재무장관들이 미국 뉴욕의 플라자 호텔에 모여서 독일 마르크화와 일본 엔화 가치를 평가절상 하기로 합의한 것을 말합니다. 이후, 합의 전이었던 1985년 9월에는 1달러당 240엔도 넘었던 환율이 계속 하락하여 1987년 12월에는 120엔대까지 떨어졌습니다. 이러한 상황을 엔고(円高) 현상이라고 합니다.

일본 정부와 중앙은행에서는 엔고로 수출경쟁력이 하락(일본 수출품의 달러 표시 가격이 상승하니 경쟁력이 약화됩니다.)하니, 기준 금리 하락을 통해서 내수 진작을 꾀하게 됩니다. 그러나 기대했던 효과는 크지 않고 주식시장과 부동산에서만 버블이 형성되자 1989년 5월부터 다시 기준금리를 올리기 시작하여 약 1년만인 1990년 8월까지 6%로 두배 이상 올라가서 부동산 시장은 급속도록 붕괴되었고, 그 이후 오래도록 회복하지 못하였습니다.

🖋 미국 기준금리와 부동산 시장: 글로벌 금융위기

오른쪽의 그래프는 2001년부터 2010년까지 미국의 연방기준금리와 케이스-쉴러 주택가격지수의 변화를 보여주고 있습니다. 2001년의 미국은 IT 버블 붕괴와 9·11 테러 사건의 여파로 경제 침체기를 맞고 있었습니다. 이에 FRB(Federal Reserve Board, 'Fed'라고 더 자주 불립니다.)는 6.5%를 유지해오던 연방기준금리(Federal Funds Rate)를 2001년 1월부터 인하하기 시작하여, 2003년 6월에는 1.0%까지 내립니다.

부동산 시장에서의 과열 조짐을 눈치 챈 FRB는 2004년 6월부터 기준금리를 올리기 시작하여 2006년 6월에 5.25%에 도달할 때까지 올립니다. 그러나 이때까지도 미국의 부동산 시장은 상승일로를 걷다가, 2007년부터 은행들이 파산하기 시작, 서브프라임모기지 사태를 맞게 됩니다.

당시 미국의 주택 가격은 오르기만 하던 시절이라 채무불이행이 발생하더라도 주택 경매를 실행하면 대출 원리금을 100% 회수할 수 있다는 생각에, 은행들은 대출금 상환능력이 부족한 사람에게도 너무 쉽게 대출을 실행했습니다. 이러한 저소득자에 대한 대출을 서브프라임모기지(Sub-prime Mortgage) 대출이라고 합니다. 당시 닌자 대출(NINJA Loan)이란 표현이 유행했었는데, 여기서 NINJA란 No Income, No Job or Assets의 약자로서 소득도 없고, 직업이나 담보할 재산도 없는 사람에게도 대출이 가능하다는 의미입니다.

그러나 금리가 계속 상승하면서 서브프라임모기지 대출의 원리금을 갚지 못하는 채무자가 급증하고, 이로 인하여 담보로 설정되어 있는 주택들이 동시다발적으로 경매에 나오면서 집값 급락이 시작되었습니다. 이 당시에 주택담보대출을 이용하여 MBS, CDO, CDS 등 복잡한 파생금융상품이 대규모로 만들어지고 글로벌하게 판매되면서 피해 규모도 막대했을 뿐만 아니라, 피해가 전세계의 투자자들에게 번져서 글로벌 금융위기(GFC: Global Financial Crisis)로 역사에 남았습니다.

4 PART

부동산 공법

대한민국헌법

제23조

① 모든 국민의 재산권은 보장된다. 그 내용과 한계는 법률로 정한다.

② 재산권의 행사는 공공복리에 적합하도록 하여야 한다.

③ 공공필요에 의한 재산권의 수용·사용 또는 제한 및 그에 대한 보상은 법률로써 하되, 정당한 보상을 지급하여야 한다.

제120조

② 국토와 자원은 국가의 보호를 받으며, 국가는 그 균형있는 개발과 이용을 위하여 필요한 계획을 수립한다.

제122조

국가는 국민 모두의 생산 및 생활의 기반이 되는 국토의 효율적이고 균형있는 이용·개발과 보전을 위하여 법률이 정하는 바에 의하여 그에 관한 필요한 제한과 의무를 과할 수 있다.

1. 개관

제가 여러분께 퀴즈를 한번 내보겠습니다.

Q. 만약 저나 혹은 여러분이 100평 정도의 땅을 소유하고 있다고 할 때, 저택이라든지 짓고 싶은 건물을 자유롭게 지을 수 있을까요?

답은 물론 'No'입니다. 건축행위를 할 때 허가를 받아야 한다는 것은 상식으로 아실 것이라 생각합니다. 대한민국은 헌법에 의해 여러 종류의 자유를 보장해 주려고 하나, 건축행위는 이에 포함되지 않고 허가를 받아야 합니다. "내 땅 위에 단독주택 한 채도 허가권자의 허가 없이는 못 짓는다." 소유권의 권능(사용권능·수익권능·처분권능) 중 사용권능이 제한되는 경우입니다.

(1) 건축행위/부동산개발과 인·허가제도

건축법

제11조(건축허가) ① 건축물을 건축하거나 대수선하려는 자는 특별자치시장·특별자치도지사 또는 시장·군수·구청장의 허가를 받아야 한다. *(이하 생략)*

허가란 법령에 의하여 개인의 자연적 자유가 제한되고 있는 경우에, 그 제한을 해제하여 자연적 자유를 적법하게 행사할 수 있도록 회복하여 주는 행정행위를 말합니다.

그렇다면 왜 국가에서 건축행위의 자유를 제한하고 허가를 받도록 하게 할까요? 우선 다음 사진들부터 보겠습니다.

와우아파트 붕괴사고(1970. 04. 08.)

· 33명 사망, 39명 중경상
· 지반공사도 없이 6개월만에 완공. 무면허업자에 하청.
  철근 70개 사용할 곳에 5개 사용. 시멘트 함량 미달
  자갈 콘크리트

<Source: (CC BY-SA 4.0) 서울특별시 소방재난 본부 @
Wikimedia Commons>

성수대교 붕괴사고(1994. 10. 21.)

· 출근/등교하던 49명 한강으로 추락하여 32명 사망
· 부실공사와 부실감리, 안전 검사 미흡

<Source: (CC BY-SA 4.0) 서울특별시 소방재난본부
@Wikimedia Commons>

삼풍백화점 붕괴사고(1995. 06. 29.)

· 502명 사망, 6명 실종, 937명 부상
· 설계 시 종합상가 용도로 설계, 전문가의 진단 없이
  백화점 용도로 변경. 완공 이후에도 무리한 증축공사
  시행, 위법건축물 판정

<Source: (CC BY-SA 4.0) 서울특별시 소방재난본부 @
Wikimedia Commons>

방글라데시 건물 붕괴사고(2013. 04. 24.)

· 1,129명 사망, 2,500명 이상 부상
· 부실공사로 인한 붕괴사고

<Source: (CC BY 2.5) Sharat Chowdhury @Wikimedia
Commons>

대연각 호텔 화재사고(1971. 12. 25.)

· 추락사 38명 포함 163명 사망, 63명 부상
· 호텔 내부가 가연성 소재로 마감. 빌딩 내부의 계단이 방화문이 없는 개방형. 스프링클러 같은 소화장비도 없음
· 사진은 침대 매트리스로 탈출하는 장면(산 사람도 있지만 죽은 사람도 있음)

〈Source: (CC BY-SA 4.0) 서울특별시 소방재난본부 @ Wikimedia Commons〉

화성 씨랜드 청소년수련원 화재사고(1999. 06. 30)

· 유치원생 19명 포함 23명 사망
· 흰색 목재, 지붕은 샌드위치 패널로 마감. 가연성 소재로 인테리어, 화재경보기 고장
· 유치원생들이 묵었던 컨테이너 방의 문에 손톱으로 긁은 자국이 수없이 많았음

〈Source: 연합뉴스〉

인천 인현동 호프집 화재사고(1999. 10. 30.)

· 중고생 포함 56명 사망, 78명 부상
· 통유리 창문, 베니어 합판으로 비상구 봉쇄. 학생들을 호프집 주인이 돈 내고 나가라며 출입구 막음. 인화성 물질 내부 구조물

〈Source: 동아일보 1999년 11월 1일〉

런던 그렌펠 아파트 화재사고 (2017. 06. 14.)

· 72명 사망, 1명 실종, 74명 부상
· 공공임대아파트로 주로 이민자를 비롯한 저소득층이 거주
· 내·외장재를 가격이 저렴한 가연성 소재 사용해서 피해가 커졌음

〈Source: (CC BY 4.0) Natalie Oxford @Wikimedia Commons〉

앞의 사진들만 보아도 건축법이 왜 필요한지, 왜 지켜져야 하는지, 그리고 건축법이 다루는 주요 내용이 무엇인지에 대해서 설명 없이도 감을 잡으셨을 것이라 생각합니다. 건축법의 핵심 내용은 위험방지·안전확보입니다. 특히 붕괴사고와 화재사고를 예방하고, 그러한 사고가 발생하였더라도 피해를 최소화할 수 있도록 하는 것이 건축법의 주요 목적입니다. 건축허가는 이러한 위험을 방지하기 위하여 제정된 건축법의 각 조항의 요건을 충족해야 얻을 수 있습니다.

"네 이웃을 네 자신과 같이 사랑하라(Love thy neighbour as thyself)."

그런데 건축행위를 할 때 받아야 할 허가가 또 있습니다. 국토의 계획 및 이용에 관한 법률(이하 '국토계획법')에 의한 '개발행위의 허가'입니다.

국토의 계획 및 이용에 관한 법률

제56조(개발행위의 허가)
① 다음 각 호의 어느 하나에 해당하는 행위로서 대통령령으로 정하는 행위(이하 "개발행위"라 한다)를 하려는 자는 특별시장·광역시장·특별자치시장·특별자치도지사·시장 또는 군수의 허가(이하 "개발행위허가"라 한다)를 받아야 한다. *(중략)*
　　1. 건축물의 건축 또는 공작물의 설치

(이하 생략)

건축법의 건축행위허가제도가 '위험방지' 한 단어로 축약할 수 있다면, 국토계획법의 개발행위허가제도는 '난개발 방지'로 축약할 수 있을 것입니다.

평범한 사람 중에서 공해와 소음을 일으키는 공장 옆에서 거주하고 싶어하는 사람은 없을 것입니다. 술을 아무리 좋아하는 사람이라도 집 바로 옆에 술집이 줄지어 있고, 밤 늦게까지 시끄럽고 소란스러우면 짜증을 낼 것입니다. 대부분의 학부모님들은 자녀가 다니는 학원·독서실이 유흥주점이 많은 건물 내에 있는 것을 선호하지 않을 것입니다.

앞서 「부동산의 특성」 섹션에서, 부동산에는 외부성(Externality)이 있어서 인근 부동산에 긍정적 또는 부정적 영향을 끼친다고 말씀드렸습니다. 특정 용도의 부동산에 민폐를 끼치는 종류의 부동산은 멀리 띄어 놓고, 서로 간에 집적의 이익이 발생하는 부동산들은 모아 놓아서 조화를 이루게 하고, 결국 토지가 합리적·효율적으로 이용되게 하는 것이 국토계획법상 개발행위허가가 추구하는 목적입니다. 국토계획법은 144개 조항에 이르는 상당히 방대한 법인데, 이 중에서 용도지역제(Zoning) 관련 조항에서 이러한 것을 주로 다루고 있습니다.

용도지역제는 대한민국의 전 국토를 도시지역, 관리지역, 농림지역, 자연환경보전지역 및 그 하위의 세부 용도지역으로 나누고, 각 용도지역마다 건축물의 용도, 건폐율, 용적률을 제한함으로써, 그 지역의 용도 규제 및 밀도 관리를 하는 제도입니다.

사실 건축법상의 건축행위허가를 받으면 국토계획법상의 개발행위허가도 받은 것으로 의제되기 때문에, 실무적으로는 두 제도의 허가 절차가 동시에 진행됩니다. (사실 국토계획법의 개발행위허가뿐만 아니라 총 24개까지의 인·허가 및 신고가 건축법 제11조 제5항에 의해 의제됩니다.)

그러나 각각의 제도가 심사하고자 하는 바가 다르므로, 두 제도를 개념적으로는 구분해서 이해해야 합니다. 그러면 앞서 「부동산의 특성」 섹션에서 설명드렸던 내용과 연계해서 다시 살펴보도록 하겠습니다.

✐ 부동산의 특성과 부동산 공법

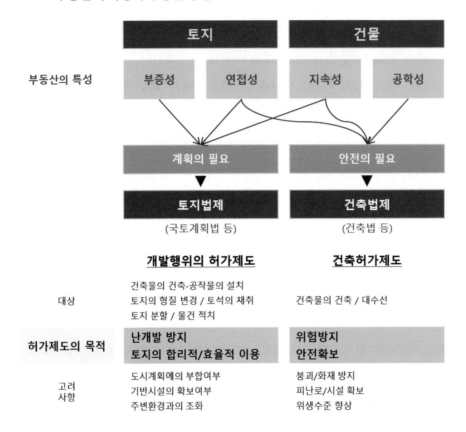

부동산의 첫번째 특성으로 부동성을 말씀드렸습니다. 연접성은 이 부동성과 동전의 앞·뒷면과 같은 관계입니다. 부동산은 움직이지 않고 존재하면서, 붙어 있는 인접 토지와 외부효과를 서로 주고 받습니다. 그렇기 때문에 난개발을 방지하기 위한 목적의 도시계획이 필요하게 됩니다. 그리고, 붙어 있기 때문에 안전과 관련된 조항도 중요성이 증가합니다. 예를 들어, 붕괴사고나 화재사고가 날 위험이 있는 경우에는 연접해 있는 부동산의 거주자에게도 불안감이 조성됩니다. 또, 대지에 접한 도로 폭이 소방차가 지나가지 못할 정도로 좁다면 화재 시 피해가 더 커질 수 있습니다. 그렇기 때문에 건축법에서는 대지경계선으로부터 일정 거리 이상 띄어서 건축하게 하고, 전면의 도로 폭이 일정 너비 이하일 경우에는 추가적인 기준을 마련하여 준수하게 합니다.

두 번째 특성으로 부증성과 영속성, 건물의 경우는 내구성을 말씀드렸습니다. 부동산, 특히 토지는 추가적인 공급이 어려운 한정된 자원이기 때문에, 계획을 세워서 합리적·효율적으로 이용하는 것이 중요합니다. 국토계획법에서는 각 지자체 별로 도시기본계획을 세워서 관할구역의 기본적인 공간구조와 장기발전계획을 제시하게 하는 한편, 용도지역제·도시계획시설·지구단위계획 등 구체적인 관리계획도 수립하게끔 합니다.

그리고 건물이라는 것은 한 번 지어지면 수십 년간 지속되는 것이 보통이고, 어떠한 사유로든 조기에 철거를 하게 되면 소유자 개인 입장에서는 물론 사회적으로도 큰 낭비입니다. 그렇기 때문에 한 번 건축을 할 때 계획에 맞게끔, 그리고 안전이 확보될 수 있게끔 잘 지어야 합니다.

마지막으로, 건축 공학이라는 것은 이집트의 피라미드를 지을 때부터, 또는 그 이전 선사시대 조상들이 움막을 지을 때부터 인류의 지식과 기술이 축적된 결과입니다. 이러한 축적 결과를 잘 활용해서 안전성을 최대한으로 확보해야 한다는 것은 지극히 당연합니다.

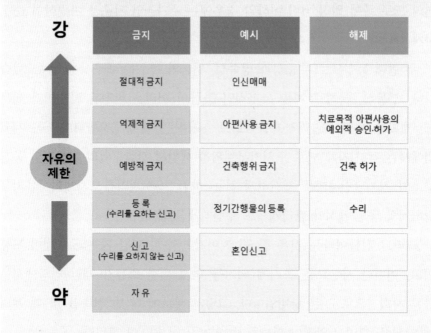

자유의 제한과 해제의 형태			
강	금지	예시	해제
↑	절대적 금지	인신매매	
	억제적 금지	아편사용 금지	치료목적 아편사용의 예외적 승인·허가
자유의 제한	예방적 금지	건축행위 금지	건축 허가
	등록 (수리를 요하는 신고)	정기간행물의 등록	수리
↓	신고 (수리를 요하지 않는 신고)	혼인신고	
약	자유		

허가란 법령에 의하여 개인의 자연적 자유가 제한되고 있는 경우에, 그 제한을 해제하여 자연적 자유를 적법하게 행사할 수 있도록 회복하여 주는 행정행위를 말합니다.

건축허가는 각종 위험 사고를 미리 방지하기 위해서 일률적으로 금지한 후, 안전을 위한 각종 요건을 충족시에 건축행위를 허가해 주는 예방적 금지에 해당한다고 할 수 있습니다.

(주요 참고자료: 행정법원론, 홍정선 저)

(2) 부동산 공법의 구성

🖋 건축법과 도시계획법의 탄생

앞서 건물을 지을 때는 건축허가와 개발행위허가를 받아야 하고, 이는 각각 건축법과 국토계획법 상의 제도라고 말씀드렸습니다. 그런데 사실 건축법과 국토계획법은 하나의 뿌리에서 갈라져 나왔습니다.

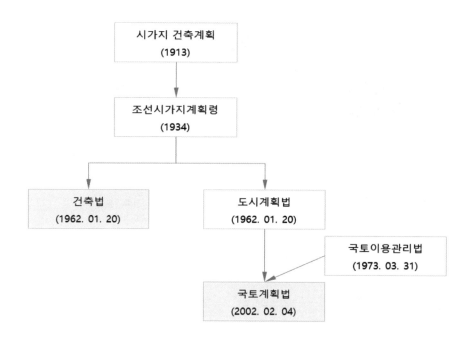

일제시대인 1934년에 만들어진 조선시가지계획령을 모태로 해서 1962년에 건축법과 도시계획법이 제정 및 시행되었습니다. 한편, 도시지역 이외의 지역은 1973년에 제정된 국토이용관리법에 의해서 관리를 했었는데, 2000년대 초반 준농림지에서의 각종 난개발이 사회 문제로 되면서, 체계적인 관리를 위하여 도시계획법과 통합하여 「국토의 계획 및 이용에 관한 법률」이 제정되었습니다.

✔ 부동산 공법의 위계(hierarchy)도

부동산 공법은 난개발을 방지하고 토지의 합리적 이용을 도모하기 위한 토지법제와 건축물로부터 발생할 수 있는 위험사고를 방지하고 안전을 도모하기 위한 건축법제로 나눌 수 있습니다.

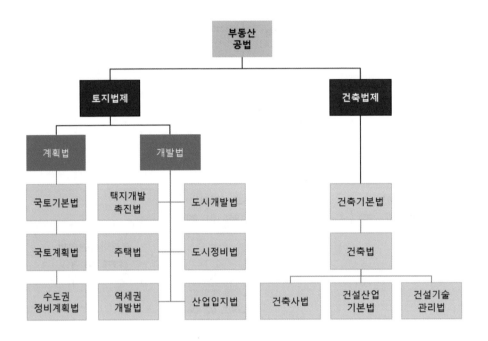

또, 토지법제는 도시계획법을 계승한 국토계획법을 중심으로 하는 계획법과, 도시계획법의 일부 내용으로 시작했으나, 이후 도시개발법, 도시정비법 등 독립된 법으로서 존재감을 과시하는 각종 개발(사업)법으로 구분할 수 있습니다. 부동산공법이라고 할 수 있는 법이 100개도 훨씬 넘고 모든 것을 공부할 수는 없지만, 그 법이 위 카테고리에서 어디에 들어갈지를 분류해 보는 것만으로도 부동산공법 이해에 도움될 것입니다.

2. 건축법

🖋 법의 목적

건축물의 대지·구조·설비 기준 및 용도 등을 정하여
건축물의 안전·기능·환경 및 미관을 향상시킴으로써
공공복리의 증진에 이바지하는 것을 목적으로 한다.

🖋 법의 구성

조 문	내 용
제1장 총칙	· 목적, 용어의 정의 등
제2장 건축물의 건축	· 건축허가, 건축신고, 착공신고, 사용승인, 설계, 건축시공, 공사감리 등
제3장 건축물의 유지와 관리	· 건축물대장 등
제4장 건축물의 대지와 도로	· 대지의 안전, 조경, 건축선
제5장 건축물의 구조 및 재료 등	· 구조내력, 내진능력, 피난시설, 내화구조, 방화벽, 마감재료 등
제6장 지역 및 지구의 건축물	· 건폐율과 용적률, 대지 분할제한, 일조권
제7장 건축설비	· 급수, 배수, 냉방, 난방, 환기, 전기 등
제8장 특별건축구역 등	· 조화롭고 창의적인 건축물의 건축을 통하여 도시경관의 창출, 건설기술 수준향상 및 건축 관련 제도개선을 도모하기 위하여 특별히 지정되는 구역
제8장의2 건축협정	· 2개 이상의 대지에서 토지 및 건축물 소유자 간 건축물의 건축·대수선 또는 리모델링에 관해서 체결할 수 있는 협정
제8장의3 결합건축	· 개발권 양도제 (TDR; Transfer of Development Right)

앞서 「건축허가」 섹션에서 강조하였듯이 건축법의 핵심은 위험방지·안전 확보의 달성입니다. 그 외에도 법의 목적에서 보다시피 건축물의 기능·환경

및 미관의 향상을 도모하기 위한 규정들도 두고 있습니다. 그런데 이와 같은 건축법의 내용이 건축학을 전공하였거나 실무를 하지 않으시는 분이라면 바로 이해하기 어려운 부분들이 많습니다. 여기서는 제 능력이나 이 책의 예상 독자분들의 관심 범위를 넘어서지 않는 선에서 건축법 전반에 대하여 간단히 살펴보도록 하겠습니다.

(1) 안전과 기능

건축법의 핵심인 위험방지·안전확보와 관련된 규정은 제5장 「건축물의 구조 및 재료 등」에서 주로 다루고 있습니다. 여기서 구조내력, 내진능력, 피난시설, 내화구조, 방화벽, 마감재료 등과 관련하여 일반적인 사항을 규정하고, 실제 구체적이고 기술적인 부분은 「건축물의 구조기준 등에 관한 규칙」이나 「건축물의 피난·방화구조 등의 기준에 관한 규칙」와 같은 국토교통부령에 위임하고 있습니다.

(2) 건폐율과 용적률

외곽지역의 한적한 주택가를 걷다가 보면, 집의 층수도 보통 2층을 넘기지 않는 경우가 대부분이고, 집과 집 사이 또는 집과 대문 사이의 마당 또는 정원이라고 하는 상당한 공간이 있습니다. 반면, 시내 중심의 상업지역으로 갈수록 고층 건물들이 즐비하고, 건물 간 또는 건물과 인도까지의 간격을 최소화해서 공간을 가득 채우고 있는 건물들의 모습을 볼 수 있습니다.

위와 같은 외곽지역의 저밀도 개발은 거주자의 취향 또는 경제적 힘이나 원리가 근저에서 작동한 결과일 수 있습니다. 그러나 누군가 이러한 지역에서 육중한 건물을 짓고자 하는 의사와 경제력을 갖고 있어도, 법에서 정하는 수준을 초과해서 지을 수는 없습니다.

국토계획법 섹션에서 조금 더 자세히 설명드리겠지만, 우리나라는 전 국토를 구획하여 지역별로 개발 밀도의 상한을 정하고 있습니다. 이때 수평적·평면적 밀도를 관리하기 위한 개념을 건폐율(BCR, Building Coverage Ratio)이라 하며, 대지면적에 대한 건축면적의 비율을 의미합니다. 그리고, 수직적·입체적 밀도를 관리하기 위한 개념을 용적률(FAR, Floor Area Raio)이라 해서, 대지면적에 대한 연면적의 비율을 의미합니다. 건축법에서는 건폐율과 용적률의 정의 및 산식을 정하고 있습니다.

구 분	건폐율(BCR)	용적률(FAR)
의 미	대지면적에 대한 건축면적의 비율	대지면적에 대한 연면적의 비율
산 식	$\dfrac{건축면적}{대지면적}$	$\dfrac{연면적}{대지면적}$
역 할	수평적·평면적 밀도 관리	수직적·입체적 밀도 관리

예를 들어 100㎡ 면적의 대지 위에 1층 면적이 50㎡인 6층 건물이 있을 경우 건폐율은 50㎡/100㎡ = 50%로 계산되고, 용적률은 50㎡ × 6/100㎡ = 300%로 계산됩니다.

위의 계산식은 미리 말씀드리지 않았지만, 단순한 직육면체 형태의 건물이고, 6개 층 모두 지상층을 의미하는 것을 가정하고 계산하였습니다. 건폐율과 용적률 산식이 매우 간단하지만, 현실에서는 몇 가지 추가로 신경 써야 할 부분이 있습니다.

우선, 대지 면적이 우리가 흔히 말하는 땅, 토지 필지의 면적과 다를 수 있습니다. 대지라는 것은 건축물을 건축할 수 있는 토지를 의미합니다. 그렇기 때문에 건축물을 건축할 수 없는 부분은 대지 면적에서 제외됩니다. 예를 들어 필지에 접해 있는 도로가 소방차가 지나갈 수 없을 정도로 폭이 좁다면, 건물을 도로 쪽에 붙여서 건축을 할 수 없고, 경계선에서 일정 거리만큼 후퇴한 지점에서부터 건축을 할 수 있습니다. 이 때 후퇴해야 하는 거리만큼의 공간은 대지 면적에서 제외됩니다.

두 번째로 2층이나 그 위의 면적이 1층보다 더 넓은 경우가 있습니다. 또는 전체적으로는 넓지 않아도, 2층 이상에서 일부가 돌출되어 있는 형태로 되어 있는 경우가 있습니다. 이런 경우 수평투영면적을 기준으로 건축면적을 산정합니다. 쉽게 말씀드리면, 하늘에서 내려다봤을 때 지표면이 안 보이고 건물이 보이면 건축 면적에 포함되는 것입니다.

마지막으로, 용적률 산정 시에 연면적에 포함되지 않는 경우가 있습니다. 지하층 면적이나 일정한 기준을 충족하는 베란다의 면적 등은 용적률 산정을 위한 연면적에는 들어가지 않습니다. 흔히 베란다 면적을 서비스 면적이라고 부르는 것을 들어보신 분도 계실 것입니다.

(3) 일조권(Right to Light)

아마 대부분의 독자분들이 길을 걷다가, 건물의 일정 층수 이상에서 계단처럼 안쪽으로 들어가서(건축후퇴, setback) 건물 상층부 모양이 전체적으로 사선(斜線) 형태가 되는 건축물을 보신적이 있으리라 생각됩니다. 혹시 '건축주나 설계자는 왜 그렇게 지었을까?' 궁금하게 생각해 보신 적이 있으

뉴욕 월스트리트의 한 건물. 영어권에서는 층층이 줄어들며 올라간 모양 때문에 웨딩 케이크 스타일 건물이라고 불립니다.

〈Source: (CC BY-SA 4.0) Beyond My Ken @Wikimedia Commons〉

신지요? 대부분은 도로 사선제한이나 일조권 사선제한과 같은 건축법 규정을 준수하면서 건물의 용적을 최대 한도까지 크게 지으려다 보니 그러한 형태가 나온 것입니다.

도로사선제한, 즉 「전면 도로 너비에 따른 건축물의 높이 제한」 규정은 당초 도시의 개방감 확보를 위하여 도입되어 오랫동안 도시의 스카이라인에 영향을 주었으나, 2015년 5월 18일부로 폐지되었습니다. 도로사선제한에 의해 계단모양으로 지어진 건물은 아직 남아있으나, 앞으로 지어질 건물은 일조권사선제한, 즉 「일조 등의 확보를 위한 건축물의 높이 제한」 규정만 적용 받으므로 이에 대해 살펴보겠습니다.

건축법

제61조(일조 등의 확보를 위한 건축물의 높이 제한)

① 전용주거지역과 일반주거지역 안에서 건축하는 건축물의 높이는 일조 등의 확보를 위하여 정북방향의 인접 대지경계선으로부터의 거리에 따라 대통령령으로 정하는 높이 이하로 하여야 한다. *(이하 생략)*

건축법 시행령

① 전용주거지역이나 일반주거지역에서 건축물을 건축하는 경우에는 법 제61조 제1항에 따라 건축물의 각 부분을 정북(正北) 방향으로의 인접 대지경계선으로부터 다음 각 호의 범위에서 건축조례로 정하는 거리 이상을 띄어 건축하여야 한다.

1. 높이 9미터 이하인 부분: 인접 대지경계선으로부터 1.5미터 이상
2. 높이 9미터를 초과하는 부분: 인접 대지경계선으로부터 해당 건축물 각 부분 높이의 2분의 1 이상 *(이하 생략)*

대부분의 주거용 건물은 한 층의 높이가 3m입니다. 3층 건물을 짓는다면 높이가 9m가 될 것이므로 건물 북쪽 방향 대지경계선으로부터 1.5m만 거리를 두면 됩니다. 그러나 4층 건물을 지을 경우 높이가 12m일 것이므로 대지경계선으로부터 12m의 2분의 1인 6m를 띄어야 합니다. 물론 건물 전체를 띄울 필요는 없고, 3층까지는 1.5m를 띄우고 4층에서 추가로 4.5m를 후퇴합니다. 마찬가지로 5층에서는 15m의 2분의 1인 7.5m를 띄어야 하기 때문에 5층에서 추가로 1.5m를 후퇴합니다. 이런 식으로 설계하다 보니, 계단(사선) 형태의 건물 모양이 나오는 것입니다.

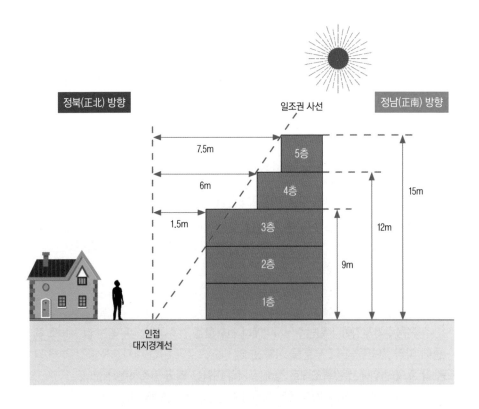

🖋 일조권의 강화와 완화

건축법 제61조 제1항에서 일조권 보장을 위해 건축물의 높이를 제한 하고 있으나, 이 규정만으로는 일조권이 충분히 보장되지 않거나, 획일적인 적용이 비합리적일 수 있어서 제2항과 제3항에서 강화 또는 완화하는 규정을 두고 있습니다.

특히, 공동주택(아파트, 연립주택, 다세대주택)은 단지식으로 하나의 대지에 여러 동의 건물을 짓는 경우가 많습니다. 이와 관련하여 제2항 및 관련 시행령에서 여러 기술적인 조항이 추가되지만, 일조권 확보의 최소한으로서 다음 정도만 상식으로 기억하시는 것이 좋을 것 같습니다. "그 대지의 모든 세대가 동지(冬至)를 기준으로 9시에서 15시 사이에 2시간 이상을 계속하여 일조를 확보할 수 있는 거리 이상으로 할 수 있다."

제3항에서는 택지개발지구, 대지조성사업지구, 지역개발사업구역, 각종 산업단지, 도시개발구역, 정비구역와 같이 공공성이 강한 개발사업지의 경우 제1항의 적용을 배제하고 각 지자체에서 정하여 고시하는 높이 이하로 할 수 있게 하고 있습니다.

그리고 일조권이란 것이 어차피 건물을 지으려고 하는 대지의 북쪽으로 접한 필지에서 생활하는 자의 일조권을 확보해 주기 위한 법 규정이므로, 대지가 정북방향으로 도로, 공원, 하천 등 건축이 금지된 공지에 접하는 경우, 정북방향으로 접하고 있는 대지의 소유자와 합의한 경우 등은 제1항의 적용을 받지 않습니다. 그렇기 때문에 주거지역에서 4층 이상의 건물을 짓고자 구입하는 토지가 북쪽으로 도로 등에 접해 있는 경우 계단(사선) 모양이 아닌 직육면체 형태의 건물을 지을 수 있습니다.

(4) 건축물의 용도 (건축법 시행령 별표 제1호)

1. 단독주택
2. 공동주택
3. 제1종 근린생활시설
4. 제2종 근린생활시설
5. 문화 및 집회시설
6. 종교시설
7. 판매시설
8. 운수시설
9. 의료시설
10. 교육연구시설
11. 노유자시설
12. 수련시설
13. 운동시설
14. 업무시설
15. 숙박시설

16. 위락시설
17. 공장
18. 창고시설
19. 위험물 저장 및 처리 시설
20. 자동차 관련 시설
21. 동물 및 식물 관련 시설
22. 자원순환 관련 시설
23. 교정 및 군사 시설
24. 방송통신시설
25. 발전시설
26. 묘지 관련 시설
27. 관광 휴게시설
28. 장례식장
29. 야영장 시설

3. 도시계획법

(1) 도시와 도시계획

> 신은 자연을 만들었고, 인간은 도시를 만들었다. - 윌리엄 쿠퍼 -
> (God made the country, and man made the town. - William Cowper)

「도시의 승리(Triumph of the City)」의 저자이자 도시경제학 교수인 에드워드 글레이저는 '인류 최대의 발명품은 도시'라고까지 칭송했습니다. 모든 사람이 100% 동의하는 것은 어렵겠지만, 그동안 인류가 쌓아온 수많은 문화유산이나 축적된 지식체계와 발명품들이, 앞서 집적의 경제에서 말씀드렸듯이, 사람들이 모여서 의사소통하고 부대끼며 경쟁하지 않았더라면 오늘날 존재하고 있지 않았을 것이라 상상하니, 글레이저 교수의 주장도 일리가 있어 보입니다.

> 『서울은 만원이다』 이호철, 1966

인간의 역사는 도전과 응전(Challenge and Response)의 과정이라는 유명한 표현이 있습니다만, 도시의 역사도 도전과 응전의 과정이었던 것 같습니다. 인간이 모여 살면 여러 장점이 있지만, 문제점도 발생을 합니다. 도시의 역사는 이러한 문제점을 극복하고, 그러고 나면 인구가 증가하고, 다시 새로운 문제점이 생기고, 또 극복하고, 인구가 더 밀집되고, 이러한 순환 과정을 반복해 온 것 같습니다. 고대 로마 시대의 상수도 시스템, 근대 파리의 하수도 시스템과 세계 최초의 도심 공원인 런던 하이드 파크, 뉴욕 초고층 건물의 엘리베이터 시스템 등, 모두 이러한 과정에서 나온 결과물인 것입니다.

국민들이 위생적이고 쾌적한 환경에서 현대인의 높은 기대 수준에 걸맞는 생활을 영위하기 위해서는 지역 내 상·하수도, 전기, 가스, 통신, 도로, 학교, 공원 등과 같은 기반시설(Infrastructure)이 잘 갖춰져야 합니다. 그리고 주거 지역은 공해 또는 소음을 유발하는 시설이나 위험 시설로부터 충분한 거리를 두고 위치함으로써 거주자에게 심리적 안정을 제공할 수 있어야 하며, 거주민의 신체적 건강을 위하여 일조권도 확보되어야 합니다. 여기에 더해서, 현대인의 높아진 심미적 욕구 수준을 맞출 수 있도록 도시의 미관이나 경관도 아름다워야 합니다.

방사형 도시계획의 파리
12개의 도로가 개선문으로 향함.

〈Souce: Shutterstock〉

격자형 도시계획의 뉴욕 맨해튼
(Manhattan Grid)

〈Souce: Shutterstock〉

이와 같은 시민들의 기대에 부응하여 도시에서의 삶의 질이 높아질 수 있도록 도시의 공간 활용과 관련된 장·단기 계획을 수립함으로써 난개발을 방지하고 토지의 합리적·효율적 이용을 도모하는 것이 도시계획이 추구하는 것이며 이를 국가·지자체 차원에서 수행할 수 있도록 하는 근거법이 도시계획법입니다. (앞서 말씀드렸듯이 우리나라의 실정법상 명칭은 「국토의 계획 및 이용에 관한 법률」로 바뀌었지만, '도시계획법'이라는 명칭은 개념적으로 여전히 많이 쓰이는 용어입니다.)

(2) 국토의 계획 및 이용에 관한 법률 (약칭: 국토계획법)

🖊 법의 목적

국토의 이용·개발과 보전을 위한
계획의 수립 및 집행 등에 필요한 사항을 정하여
공공복리를 증진시키고 국민의 삶의 질을 향상시키는 것을 목적으로 한다.

🖊 법의 구성

조 문	내 용
제1장 총칙	
제2장 광역도시계획	
제3장 도시·군기본계획	
제4장 도시·군관리계획	
제1절 도시·군관리계획의 수립 절차	
제2절 용도지역·용도지구·용도구역	
제3절 도시·군계획시설	
제4절 지구단위계획	
제5장 개발행위의 허가 등	
제1절 개발행위의 허가	
제2절 개발행위에 따른 기반시설의 설치	

제6장 용도지역·용도지구 및 용도구역에서의 행위 제한		
제7장 도시·군계획시설사업의 시행		
제8장 비용		
제9장 도시계획위원회		
제10장 토지거래의 허가 등		
제11장 보칙	제12장 벌칙	

✎ 국토계획법 주요 내용의 체계

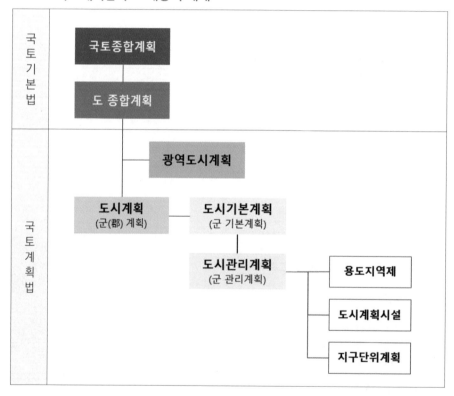

- 광역도시계획: 인접한 2 이상의 특별시·광역시·시 또는 군의 행정 구역에 대하여 장기적인 발전방향을 제시하거나 시·군 기능을 상호 연계함으로써 적정한 성장관리를 도모

- 도시계획: 공간구조와 발전방향에 대한 계획 (기본계획+관리계획)

- 도시기본계획: 도시의 기본적인 공간구조와 장기발전방향을 제시하는 종합계획으로서 도시관리계획 수립의 지침이 되는 계획

- 도시관리계획: 도시의 개발·정비 및 보전을 위하여 수립하는 토지 이용, 교통, 환경, 경관, 안전, 산업, 정보통신, 보건, 복지, 안보, 문화 등에 관한 다음 각 목의 계획

  가. 용도지역·용도지구의 지정 또는 변경에 관한 계획

  나. 개발제한구역, 도시자연공원구역, 시가화 조정구역, 수산자원보호구역의 지정 또는 변경에 관한 계획

  다. 기반시설의 설치·정비 또는 개량에 관한 계획

  라. 도시개발사업이나 정비사업에 관한 계획

  마. 지구단위계획구역의 지정 또는 변경에 관한 계획과 지구단위계획

  바. 입지규제최소구역의 지정·변경에 관한 계획과 입지규제최소구역계획

국토계획법은 제12장 제114조까지 있는 상당히 방대한 내용의 법률로서, 적은 분량으로 모든 내용을 다루기는 힘든 주제입니다. 이 책에서는 그중 가장 기본적이면서도 모두가 알아야 할 내용이라 할 수 있는 용도지역제를 중심으로 살펴보겠습니다.

(3) 국토계획법- 용도지역제(Zoning)

부동산 공법에서 지역 또는 지구라 함은 개발행위를 제한하거나 토지 이용과 관련된 인가·허가 등을 받도록 하는 등 토지의 이용 및 보전에 관한 제한을 하는 일단의 토지를 의미합니다. 용도지역제란 그 단어에서 예상할 수 있듯이, 모든 지역마다 그 지역에서 건축할 수 있는 건축물의 용도를 일정하게 제한함으로써 그 지역 토지의 이용을 규제하는 제도입니다. 앞서 부동산은 외부성(Externality)이 있어서 서로 민폐를 끼치기도 하고, 집객 효과, 집적의 이익과 같은 효익이 발생하기도 한다고 말씀드렸습니다. 용도지역제는 이러한 외부불경제(External diseconomy)를 최소화하고, 외부경제(External economies)를 최대화하고자 하는 제도입니다. 용도지역제는 이러한 용도 규제에 추가하여, 건폐율과 용적률 상한으로써 밀도에 대한 규제 기능도 같이 수행하고 있습니다.

용도지역제는 이미 19세기부터 독일이나 미국의 캘리포니아 지역에서 부분적으로 시행되었으나, 현대적인 의미의 종합적인 용도지역제는 1916년 미국의 뉴욕에서 시작된 것으로 보고 있습니다. 현재도 뉴욕 맨해튼의 명품 거리로 유명한 5번가(5th avenue)에서 기존 상인들이 급속하게 증가하고 있는 이민자들의 상권 잠식을 막는 한편, 1915년에 건립된 육중한 규모의 에퀴터블 빌딩(Equitable Building)이 주변의 햇빛을 모두 막아버리면서 사회적 이슈를 일으키는 상황을 배경으로 조례(1916 Zoning Resolution)가 제정되었습니다. 이후 용도지역제는 1926년 미국 클리블랜드시 유클리드 마을의 지역 주민들이 앰블러 부동산회사와의 대법원 소송에서 승소함으로써 인정받았습니다. (그 이후 전통적인 용도지역제는 유클리드 지역제(Euclidean zoning)라는 이름으로도 불리고 있습니다.)

✦ 용어의 정의

「토지이용규제 기본법」

[지역·지구 등]

지역, 지구, 구역, 권역, 단지, 도시, 군계획시설 등 명칭에 관계없이
개발행위를 제한하거나 토지이용과 관련된 인가·허가 등을 받도록 하는 등
토지의 이용 및 보전에 관한 제한을 하는 일단(一團)의 토지

[국토계획법]

[용도지역]

토지의 이용 및 건축물의 용도, 건폐율, 용적률, 높이 등을 제한함으로써
토지를 경제적·효율적으로 이용하고 공공복리의 증진을 도모하기 위하여
서로 중복되지 아니하게 도시·군관리계획으로 결정하는 지역

[용도지구]

토지의 이용 및 건축물의 용도·건폐율·용적률·높이 등에 대한
용도지역의 제한을 강화하거나 완화하여 적용함으로써
용도지역의 기능을 증진시키고 경관·안전 등을 도모하기 위하여
도시·군관리계획으로 결정하는 지역

[용도구역]

토지의 이용 및 건축물의 용도·건폐율·용적률·높이 등에 대한
용도지역 및 용도지구의 제한을 강화하거나 완화하여 따로 정함으로써
시가지의 무질서한 확산방지, 계획적이고 단계적인 토지이용의 도모, 토지이용의
종합적 조정·관리 등을 위하여 도시·군관리계획으로 결정하는 지역

용도지역	도시지역	주거지역	전용주거지역	제1종전용주거지역
				제2종전용주거지역
			일반주거지역	제1종일반주거지역
				제2종일반주거지역
				제3종일반주거지역
			준주거지역	
		상업지역	중심상업지역	
			일반상업지역	
			근린상업지역	
			유통상업지역	
		공업지역	전용공업지역	
			일반공업지역	
			준공업지역	
		녹지지역	보전녹지지역	
			생산녹지지역	
			자연녹지지역	
	관리지역	보전관리지역		
		생산관리지역		
		계획관리지역		
	농림지역			
	자연환경보전지역			

용도지구	경관지구	자연경관지구 / 수변경관지구 / 시가지경관지구
	미관지구	중심지미관지구 / 역사문화미관지구 / 일반미관지구
	고도지구	최고고도지구 /최저고도지구
	방화지구	
	방재지구	
	보존지구	문화자원보존지구 /중요시설물보존지구 /생태계보존지구
	시설보호지구	학교시설보호지구 /공용시설보호지구 / 항만시설보호지구 / 공항시설보호지구
	취락지구	자연취락지구 / 집단취락지구
	개발진흥지구	주거개발진흥지구 / 산업개발진흥지구 / 유통개발진흥지구 관광·휴양개발진흥지구 / 복합개발진흥지구 / 특정개발진흥지구
	특정용도제한지구	
	기타	
용도구역	개발제한구역	그린벨트
	도시자연공원구역	
	시가화조정구역	
	수산자원보호구역	
기타	지구단위계획구역	제1종/제2종 지구단위계획구역
	개발밀도관리구역	
	기반시설부담구역	
	개발행위허가제한 지역	

◆ 용도 규제

용도지역의 첫번째 역할은 그 구획된 지역 내에서 미리 지정된 용도의 건축물 이외에는 건축할 수 없도록 행위 제한을 하는 것입니다.

국토계획법 제76조(용도지역 및 용도지구에서의 건축물의 건축 제한 등)와 시행령 제71조(용도지역안에서의 건축제한)에서 보면 제1종전용주거지역에서부터 자연환경보전지역까지 각각의 용도지역 안에서 건축할 수 있는 건축물이 별표 2에서부터 별표 22까지를 통해 나타나 있습니다.

(별표 예시)

■ 국토의 계획 및 이용에 관한 법률 시행령 [별표 2]

제1종전용주거지역 안에서 건축할 수 있는 건축물(제71조제1항제1호관련)

1. 건축할 수 있는 건축물
   가. 「건축법 시행령」 별표 1 제1호의 단독주택(다가구주택을 제외한다)
   나. 「건축법 시행령」 별표 1 제3호가목부터 바목까지 및 사목(공중화장실·대피소, 그 밖에 이와 비슷한 것 및 지역아동센터는 제외한다)의 제1종 근린생활시설로서 해당 용도에 쓰이는 바닥면적의 합계가 1천제곱미터 미만인 것
2. 도시·군계획조례가 정하는 바에 의하여 건축할 수 있는 건축물
   가. 「건축법 시행령」 별표 1 제1호의 단독주택 중 다가구주택
   나. 「건축법 시행령」 별표 1 제2호의 공동주택 중 연립주택 및 다세대주택
   다. 「건축법 시행령」 별표 1 제3호사목(공중화장실·대피소, 그 밖에 이와 비슷한 것 및 지역아동센터만 해당한다) 및 아목에 따른 제1종 근린생활시설로서 해당 용도에 쓰이는 바닥면적의 합계가 1천제곱미터 미만인 것
   라. 「건축법 시행령」 별표 1 제4호의 제2종 근린생활시설 중 종교집회장
   마. 「건축법 시행령」 별표 1 제5호의 문화 및 집회시설 중 같은 호 라목[박물관, 미술관, 체험관(「건축법 시행령」 제2조제16호에 따른 한옥으로 건축하는 것만 해당한다) 및 기념관에 한정한다]에 해당하는 것으로서 그 용도에 쓰이는 바닥면적의 합계가 1천제곱미터 미만인 것

바. 「건축법 시행령」 별표 1 제6호의 종교시설에 해당하는 것으로서 그 용도에 쓰이는 바닥면적의 합계가 1천제곱미터 미만인 것

사. 「건축법 시행령」 별표 1 제10호의 교육연구시설 중 유치원·초등학교·중학교 및 고등학교

아. 「건축법 시행령」 별표 1 제11호의 노유자시설

자. 「건축법 시행령」 별표 1 제20호의 자동차관련시설 중 주차장

◆ 용도지역에 따른 건축물의 용도 규제

구 분	도시지역																관리지역			농림지역	자연환경보전지역
	주거지역						상업지역				공업지역			녹지지역							
	제1종전용	제2종전용	제1종일반	제2종일반	제3종일반	준	중심	일반	근린	유통	전용	일반	준	보전	생산	자연	보전	생산	계획		
1. 단독주택	○△	◎	◎	◎	◎	◎	○△	□	◎	x	x	□	□	△	◎	◎	◎	◎	◎	○	○
2. 공동주택	△	◎	○	◎	◎	◎	○△	△	△	x	△	△	△	x	x	x	x	△	○△	x	x
3. 제1종 근린생활시설	○△	○	◎	◎	◎	◎	◎	◎	◎	◎	◎	◎	◎	△	◎	◎	△	○△	◎	○△	△
4. 제2종 근린생활시설	△	△	△	△	△	○△	◎	◎	◎	◎	○△	○△	◎	△	○△	◎	△	○△	◎	△	△
5. 문화 및 집회시설	△	△	△	△	△	◎	◎	◎	◎	◎	△	△	◎	△	△	□	x	x	△	△	x
6. 종교시설	△	△	△	△	△	◎	◎	◎	◎	?	□	□	◎	△	□	x	□	△	◎	△	x
7. 판매시설	x	x	x	△	△	□	◎	◎	◎	◎	△	◎	◎	x	x	△	x	△	△	△	x
8. 운수시설	x	x	x	x	x	□	◎	◎	◎	◎	◎	◎	◎	x	△	△	x	△	△	△	x
9. 의료시설	x	x	△	◎	◎	○△	◎	◎	◎	x	◎	◎	◎	△	○△	□	□	□	◎	□	□
10. 교육연구시설	△	△	○△	○△	○△	◎	◎	◎	◎	◎	△	◎	◎	○△	◎	○△	○△	◎	◎	○	○
11. 노유자시설	□	□	◎	◎	◎	◎	◎	◎	◎	◎	◎	◎	◎	△	◎	◎	◎	◎	◎	x	x
12. 수련시설	x	x	△	△	◎	◎	◎	◎	◎	◎	x	△	◎	x	◎	◎	x	◎	◎	x	x
13. 운동시설	x	x	△	□	□	◎	◎	◎	◎	◎	x	x	◎	x	○△	◎	x	◎	◎	x	x
14. 업무시설	x	x	x	△	△	◎	◎	◎	□	◎	□	◎	◎	x	x	x	x	x	□	x	x
15. 숙박시설	x	x	x	x	x	○△	◎	◎	○△	◎	x	x	□	x	x	△	x	△	○△	x	x
16. 위락시설	x	x	x	x	x	x	◎	◎	○△	◎	x	x	x	x	x	x	x	x	x	x	x
17. 공장	x	x	x	○△	○△	○△	○△	△	○△	x	◎	◎	◎	△	○△	△	x	△	○△	△	x
18. 창고시설	x	x	□	□	□	◎	◎	◎	◎	◎	◎	◎	◎	△	○△	○△	x	○△	◎	○	x
19. 위험물 저장 및 처리 시설	x	x	x	x	x	□	◎	◎	◎	◎	◎	◎	◎	x	△	△	x	△	◎	△	△
20. 자동차 관련 시설	△	△	△	◎	◎	◎	◎	◎	◎	◎	◎	◎	◎	△	○△	○△	△	○△	◎	△	x
21. 동물 및 식물 관련 시설	x	x	x	x	△	△	x	△	△	x	△	◎	◎	△	◎	◎	△	○△	◎	○△	x
22. 자원순환 관련 시설	x	x	x	x	x	x	x	x	x	x	◎	◎	◎	x	□	△	x	□	◎	□	x
23. 교정 및 군사 시설	x	x	□	□	□	△	□	□	□	□	◎	◎	◎	□	□	◎	◎	□	□	□	△
24. 방송통신시설	x	x	□	□	◎	◎	◎	◎	◎	◎	◎	◎	◎	□	◎	◎	□	◎	◎	□	x
25. 발전시설	x	x	□	□	◎	◎	◎	◎	◎	◎	◎	◎	◎	x	◎	◎	□	◎	◎	◎	□

구분																				
26. 묘지 관련 시설	x	x	x	x	x	x	x	x	x	x	x	x	x	□	□	◎	□	□	◎	□	□
27. 관광 휴게시설	x	x	x	x	x	□	□	◎	□	□	x	x	□	x	x	◎	x	x	□	x	x
28. 장례식장	x	x	x	x	x	□	□	◎	◎	□	x	□	◎	□	◎	◎	□	□	◎	□	x

◎ : 국토계획법 시행령에서 모두 허용   △ : 도시계획조례에 일부 허용여부 위임
○ : 국토계획법 시행령에서 일부 허용   □ : 도시계획조례에 모두 허용여부 위임
x : 국토계획법 시행령에서 금지

(Source: 도시계획론, 대한국토·도시계획학회 편저)

🔖 밀도 규제

앞서 「건축법」 섹션에서 건폐율과 용적률의 정의 및 산식은 알려드렸습니다. 이를 계산하는 다소 기술적인 부분이 있어서 건축법에서 정의를 내리고 계산식을 규정하지만, 그 주요 활용처는 국토계획법의 용도지역입니다.

국토계획법 제77조(용도지역의 건폐율)와 시행령 제84조(용도지역안에서의 건폐율)에서는 용도지역별 건폐율의 상한을, 제78조(용도지역에서의 용적률)와 시행령 제85조(용도지역 안에서의 용적률)에서는 용도지역별 용적률의 상한을 규정합니다. 법과 시행령이 정한 상한의 테두리 내에서 각 지자체는 용도지역별 건폐율과 용적률 상한을 정합니다.

다음의 두 표는 용도지역별로 국토계획법과 동법 시행령, 그리고 서울특별시 도시계획조례에서 정하는 건폐율과 용적률 상한입니다.

✎ 용도지역별 건폐율(%)

구 분			법	시행령	조 례
도시지역	주거지역	제1종전용	≤ 70	≤ 50	≤ 50
		제2종전용		≤ 50	≤ 40
		제1종일반		≤ 60	≤ 60
		제2종일반		≤ 60	≤ 60
		제3종일반		≤ 50	≤ 50
		준		≤ 70	≤ 60
	상업지역	중심	≤ 90	≤ 90	≤ 60
		일반		≤ 80	≤ 60
		근린		≤ 70	≤ 60
		유통		≤ 80	≤ 60
	공업지역	전용	≤ 70	≤ 70	≤ 60
		일반		≤ 70	≤ 60
		준		≤ 70	≤ 60
	녹지지역	보전	≤ 20	≤ 20	≤ 20
		생산		≤ 20	≤ 20
		자연		≤ 20	≤ 20
관리지역	보전관리지역		≤ 20	≤ 20	N/A
	생산관리지역		≤ 20	≤ 20	
	계획관리지역		≤ 40	≤ 40	
농림지역			≤ 20	≤ 20	
자연환경보전지역			≤ 20	≤ 20	

　　제2종전용주거지역의 경우를 예로 들어 설명하면, 국토계획법에서는 70% 이하의 범위에서 시행령의 기준에 맞춰 지자체의 조례로 건폐율의 최대한도를 정하도록, 시행령에서는 50% 이하의 범위에서 지자체의 조례로 정하도록 하고 있으며, 서울특별시 도시계획조례에서는 40% 이하의 건폐율로 건축하도록 규정하고 있습니다.

✎ 용도지역별 용적률(%)

구 분			법	시행령			조 례
도시지역	주거지역	제1종전용	≤ 500	50	~	100	≤ 100
		제2종전용		50	~	150	≤ 120
		제1종일반		100	~	200	≤ 150
		제2종일반		100	~	250	≤ 200
		제3종일반		100	~	300	≤ 250
		준		200	~	500	≤ 400
	상업지역	중심	≤ 1500	200	~	1500	≤ 1000
		일반		200	~	1300	≤ 800
		근린		200	~	900	≤ 600
		유통		200	~	1100	≤ 600
	공업지역	전용	≤ 400	150	~	300	≤ 200
		일반		150	~	350	≤ 200
		준		150	~	400	≤ 400
	녹지지역	보전	≤ 100	50	~	80	≤ 50
		생산		50	~	100	≤ 50
		자연		50	~	100	≤ 50
관리지역	보전		≤ 80	50	~	80	N/A
	생산		≤ 80	50	~	80	
	계획		≤ 100	50	~	100	
농림지역			≤ 80	50	~	80	
자연환경보전지역			≤ 80	50	~	80	

제2종전용주거지역의 경우를 예로 들어 설명하면, 국토계획법에서는 500% 이하의 범위에서 시행령의 기준에 맞춰 지자체의 조례로 용적률의 최대 한도를 정하도록, 시행령에서는 50% 이상 150% 이하의 범위에서 지자체의 조례로 정하도록 하고 있으며, 서울특별시 도시계획조례에서는 120% 이하의 용적률로 건축하도록 규정하고 있습니다.

🖋 건축물의 높이(층수) 제한

앞서 용도지역은 '토지의 이용 및 건축물의 용도, 건폐율, 용적률, 높이 등을 제한'한다고 말씀드렸습니다. 지금까지 국토계획법상 건축물의 용도, 건폐율, 용적률의 제한에 대해서는 살펴봤지만, 아직 높이의 제한에 대해서 말씀드리지는 않았습니다. 사실, 국토계획법의 용도지역에서는 일률적으로 높이에 대한 규제를 하지는 않습니다. 다만, 건폐율과 용적률 제한을 통해서 간접적으로 높이에 대한 규제를 하고 있습니다.

예를 들어 건폐율 상한이 50%이고 용적률 상한이 100%인 지역에서 100㎡의 대지를 소유하고 있다고 가정해보겠습니다. 여기서는 건폐율 상한이 50%이므로 최대 50㎡(대지면적 100㎡ × 건폐율 50%)의 건축면적 위에서 건물을 지을 수 있고, 용적률 상한은 100%이기 때문에 연면적 최대 100㎡까지의 건물을 지을 수 있습니다. 이와 같이 건물을 지을 경우 건물 층수는 2층(연면적 100㎡ ÷ 건축면적 50㎡)까지 지을 수 있게 됩니다.

그런데, 이때 만약 건축면적을 반으로 줄여서 25㎡의 지상에 건물을 올릴 경우 건물은 몇 층까지 지을 수 있을까요? 용적률은 100% 한도까지 그대로 적용해서 연면적 100㎡의 건물을 지을 경우 건물 층수는 4층(연면적 100㎡ ÷ 건축면적 25㎡)이 됩니다. 마찬가지로 건축면적을 10㎡로 할 경우 이론적으로는 10층까지 건물을 올릴 수 있습니다.

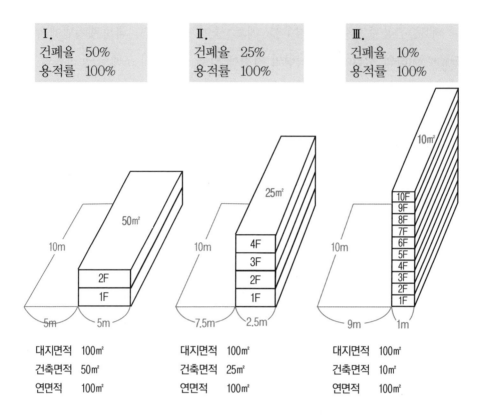

Ⅰ.	Ⅱ.	Ⅲ.
건폐율 50%	건폐율 25%	건폐율 10%
용적률 100%	용적률 100%	용적률 100%

대지면적	100㎡	대지면적	100㎡	대지면적	100㎡
건축면적	50㎡	건축면적	25㎡	건축면적	10㎡
연면적	100㎡	연면적	100㎡	연면적	100㎡

그렇다면 실제로도 건축주는 건폐율과 용적률 규정만 지키면, 몇 층의 건물이든 몇 미터 높이의 건물이든 상관없이 자유로이 건물을 올릴 수 있을까요? 그렇지는 않습니다. 건축물의 높이에 대한 규제가 여기저기 산재해 있습니다.

우선, 제1종일반주거지역, 녹지지역, 관리지역과 같이 일부 용도지역은 국토계획법 시행령의 별표에서 4층 이하의 건축물로 층수 제한을 명기하고 있습니다. 그리고 지자체의 도시계획조례로 층수 제한을 하는 경우도 있습니다. 서울시의 경우 제2종일반주거지역 중 시 도시계획위원회의 심의를 거쳐 시장이 지정·고시한 구역안에서의 건축물의 층수는 7층으로 제한(서울특별시 도시계획조례 제28조)하고 있습니다.

다음으로, 앞서 「건축법의 일조권」 부분에서 그 일부를 먼저 말씀드렸었는데, 건축법에도 높이 제한 규정이 있습니다.

건축법

제60조(건축물의 높이 제한)

① 허가권자는 가로구역[(街路區域): 도로로 둘러싸인 일단(一團)의 지역을 말한다. 이하 같다.]을 단위로 하여 대통령령으로 정하는 기준과 절차에 따라 건축물의 높이를 지정·공고할 수 있다. *(중략)*

② 특별시장이나 광역시장은 도시의 관리를 위하여 필요하면 제1항에 따른 가로구역별 건축물의 높이를 특별시나 광역시의 조례로 정할 수 있다.

제61조(일조 등의 확보를 위한 건축물의 높이 제한)

① 전용주거지역과 일반주거지역 안에서 건축하는 건축물의 높이는 일조 등의 확보를 위하여 정북방향의 인접 대지경계선으로부터의 거리에 따라 대통령령으로 정하는 높이 이하로 하여야 한다. *(이하 생략)*

제60조 제2항을 근거로 서울시에서는 건축조례로서 제1종전용주거지역에서의 주거용 건축물의 경우 층수 2층 이하이면서 높이 8미터 이하, 기타 용도의 건축물의 경우 2층 이하 11미터 이하로 제한하고 있습니다.

세 번째로 고도지구를 비롯한 용도지구 지정에 의한 높이 제한입니다.

국토계획법 시행령

제74조(고도지구안에서의 건축제한)

고도지구안에서는 도시·군관리계획으로 정하는 높이를 초과하는 건축물을 건축할 수 없다.

혹시 여의도 국회의사당 부근을 방문해보신 분이라면, 국회 정문 건너편의 건물들이 모두 10층을 약간 넘는 정도에서 건물의 높이가 일정하다는 것을 인지해보신 적이 있으신가요?

여의도 항공사진 (출처: 서울역사아카이브)

여의도에는 85년 준공 이후 상당 기간 우리나라 최고층 빌딩이었던 63빌딩(지상 60층, 249m)을 비롯해서, IFC-3 (55층, 283m), 전경련회관(50층, 246m), 파크원-A(69층, 333m) 등 마천루(Skyscraper)가 즐비한데, 이들은 모두 여의도공원의 동쪽, 흔히 '동여의도'로 불리는 지역에 위치해 있습니다. 이에 반해 국회와 여의도공원 사이인 '서여의도' 일대는 고도지구로 지정되어 있기 때문에 위치에 따라 해발 65m 또는 해발 55m까지로 건축물의 높이가 제한됩니다.

서울에서 이와 같이 고도지구로 지정된 지역으로는 서초동 법조단지 앞, 경복궁 주변, 남산 주변, 북한산 주변, 김포공항 주변 등이 있습니다.

고도지구뿐만 아니라 국토계획법의 용도지구 중 하나인 경관지구, 타 법률에 의한 지구에도 높이 제한과 관련된 규정이 있어서 관련 지구로 지정된 지역은 높이 제한 규정을 적용받게 됩니다.

마지막으로 도시기본계획에 의한 높이 관리를 꼽을 수 있을 것입니다. 재건축 추진 아파트에 관심이 많은 독자분이라면 서울시가 제3종일반주거지역에 위치한 아파트의 층수를 35층 이하로 제한함으로써 대치동 은마아파트를 비롯한 여러 재건축 추진 아파트 주민들과 갈등 관계에 있다는 기사를 보셨을 것입니다. 서울시는 2030서울도시기본계획에서 무분별한 초고층 건물의 난립을 방지하기 위해 서울을 중심지 위계별로 나누고 최고 층수를 차등 관리하겠다고 밝혔습니다. 이와 관련해서 도시기본계획의 법적 구속력 여부, 사유재산권 침해 여부, 높이 규제의 적절성 여부 등 많은 이견과 논란이 있어 왔습니다. 아무튼 건축물을 건축하기 위해서는 지자체의 허가를 받아야 하는데, 지자체의 기본 방침이 이와 같으니 주거지역내 35층 초과 아파트 건설 추진이 현실적으로 쉽지 않은 상황입니다. (앞서 말씀드렸듯이 건축물의 건축시에는 건축법상의 건축행위허가와 국토계획법상의 개발행위허가를 모두 받아야 합니다. 그런데 건축행위허가는 '기속행위'라 하여 신청권자가 위험방지·안전확보를 위한 건축법의 요건을 모두 충족하였을 경우 특별한 반려사유가 없는 이상 허가를 내주는 것이 원칙입니다. 반면에 개발행위허가는 '재량행위'라 하여 신청권자가 기본적인 요건을 충족하였더라도 허가권자의 재량에 의하여 반려할 수 있다는 차이점이 있습니다.)

🖋 서울시 건축물 높이 기준

용도지역	용적률	건폐율	높이제한			비고
			도심광역중심	지역·중심	그 외 지역	
제1종 전용주거지역	100%이하	50%이하	2층 이하 (주거 8m, 주거 외 11m)			서울특별시 건축조례 제33조
제2종 전용주거지역	120%이하	40%이하	-			
제1종 일반주거지역	150%이하	60%이하	4층 이하			국계법 시행령[별표4]
제2종 일반주거지역 (7층 이하)	200%이하	60%이하	7층 이하 - 아파트 건축시 : 평균 7층 이하(공공시설부지 기부채납 시 평균 13층 이하) - 시장정비사업 승인 전통시장:15층 이하 - 균형발전촉진지구 및 산업특정개발진흥지구, 특정개발진흥지구내 아파트 건축시:10층 이하			서울특별시 도시계획조례 제28조
제2종 일반주거지역	200%이하	60%이하	25층 이하			
제3종 일반주거지역	250%이하	50%이하	35층 이하(주거)/50층 이하(복합)		35층 이하	
준주거지역	400%이하	60%이하				서울특별시 스카이라인 관리 원칙 (행정2부시장 방침 제125호, '14.04.11)
중심상업지역	1,000%이하 (단, 4대문안 800%이하)	60%이하	35층 이하(주거) 51층 이상(복합)	35층 이하(주거) 50층 이하(복합)	35층 이하(주거) 40층 이하(복합)	
일반상업지역	800%이하 (단, 4대문안 600%이하)	60%이하				
근린상업지역	600% (단, 4대문안 500%이하)	60%이하				

유통상업지역	600% (단, 주거복합 500%이하)	60%이하		
준공업지역	400% 이하	60%이하	35층 이하(주거) 50층 이하(복합)	35층 이하(주거) 40층 이하(복합)

(Source: 서울특별시 공고 제2019-2호(2019. 1. 3.) 운영지침)

✔ 개발제한구역

보통 그린벨트(Green Belt)라는 명칭으로 더 친숙한 개발제한구역은 국토계획법이 규정하고 있는 용도구역의 하나입니다. 개발제한구역은 영국의 그린벨트 제도를 모델로 삼아 1971년 당시 도시계획법의 한 조항으로 도입되었으며, 현재의 국토계획법 조항으로 이어졌습니다.

국토계획법

제38조(개발제한구역의 지정)
① 국토교통부장관은 도시의 무질서한 확산을 방지하고 도시 주변의 자연환경을 보전하여 도시민의 건전한 생활환경을 확보하기 위하여 도시의 개발을 제한할 필요가 있거나 국방부장관의 요청이 있어 보안상 도시의 개발을 제한할 필요가 있다고 인정되면 개발제한구역의 지정 또는 변경을 도시·군관리계획으로 결정할 수 있다.

1971년부터 1977년까지의 기간 동안 전 국토의 5.4%에 해당하는 5,397㎢(16억평)의 면적이 개발제한구역으로 지정되었고, 이후에는 20여 년간 추가적인 지정이나 해제 없이 유지되어 왔습니다. 개발제한구역은 도시 외곽의 녹지지역의 일부에 대해서 지정되었고, 지목으로 보면, 임야가 61.6%, 농지가 25.0%로서 대부분의 비중을 차지하고 있습니다. 개발제한구역은 말 그대로 개발을 제한하기 위하여 지정되었기 때문에 토지이용의

규제가 여타의 지역·지구 등에 비하여 강력하며, 많은 사유재산권 침해 논란을 불러일으켰습니다.

그러나 1998년에 도시계획법의 개발제한구역 조항이 헌법불합치 결정을 받았고, 개발제한구역 조정을 선거공약으로 내세웠던 김대중 정부가 들어서면서 2000년부터 「개발제한구역의 지정 및 관리에 관한 특별법」 제정을 계기로 해제가 시작되었습니다.

◆ 개발제한구역 권역별 지정 및 해제 현황

구 분	권 역	당초지정(㎢)	해제면적(㎢)	현재면적(㎢)
대도시	수도권	1,567	164	1,403
	부산권	597	184	413
	대구권	537	21	516
	광주권	555	40	515
	대전권	441	17	424
	울산권	284	14	269
	창원권	314	18	297
	소 계	4,294	457	3,837
중 소 도 시	춘천권,청주권,전주권,여수권, 진주권,통영권,제주권	1,103	1,103	–
합 계		5,397	1,560	3,837

(Source: 국토교통부, 2019년말기준 개발제한구역 권역별 해제현황)

🖋 수도권 개발제한구역 지정현황

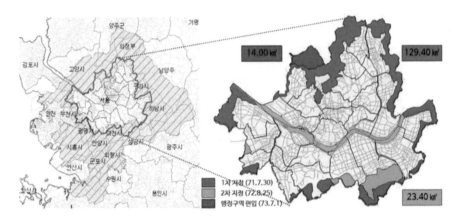

(Source: 서울정책아카이브, 개발제한구역의 역할과 해제지역의 관리)

🖋 토지이용계획확인원

자기가 개발하려고 하는 필지의 용도지역이 무엇인지, 용도지구·용도구역 또는 국토계획법 이외의 부동산 공법에 의하여 행위제한이 존재하는지를 확인하기 위해서는 주민센터에서 토지이용계획확인원을 발급받아야 합니다. 물론, 정부24 사이트(www.gov.kr)를 통해서 신청하거나, 토지이용규제정보서비스 사이트(http://luris.molit.go.kr) 또는 LH가 운영하는 부동산정보 사이트인 씨:리얼(SEE:REAL) 사이트(https://seereal.lh.or.kr)에서도 조회가 가능합니다.

소재지	서울특별시 명동표구 여의도동 일반 13		
지목	대	면적	4,864 ㎡
개별공시지가 (㎡당)	14,840,000원 (2020/01)　◦ 연도별 보기		

지역지구등 지정여부	「국토의 계획 및 이용에 관한 법률」에 따른 지역 · 지구등	도시지역 · 일반상업지역 · 고토치구(발토회인 건축의,도시계획과) · 절요시설물보호치구(공용) · 토로(침합)
	다른 법령 등에 따른 지역 · 지구등	가축사육제한구역(여회 : 예반 및 방반용 가축)지역지점과 문회)<가축분뇨의 관리 및 이용에 관한 법률> , 가로구역별 최고높이 제한지역(2015-06-27)(건축과분의)<건축법> , 대공방여협조구역(위탁고도, 해반165m)(지반 · 건축 · 국립 항, 확군 수도방위사령부(02-524-3813)(관할)<군사기지 및 군사시설 보호법> , 건축선(건축과분의)<서울특별시 도시계획 초례> , 과림제착법(세무사항 : 서울시청 도시계획과 문의) , <수포권정비계획법> , (한강)폐기물해립시설 설치제한지역(일론환경과 문의)<입강수계 상수원수질개선 및 주민지질 등에 관한 법률>

「토지이용규제 기본법 시행령」 제9조제4항 각 호에 해당되는 사항	종일주민풀리구역(일집별)

확인도면		범례 ☐ 가로구역별 최고높이 제한지역 ☐ 도시지역 ▣ 일반상업지역 ▣ 자연녹지지역 ☐ 천축선 ☐ 철요시설물보호지구(공용) ☐ 고도지구 ☐ 토로 ☐ 하천
		☐ 작은율씨확대　축척1 /　3000 ▾ ［변경］ ◦ 도면크게보기

(4) 국토계획법- 도시계획시설

「나는 자연인이다」라는 프로그램에 나올 법한 자연인 분들은 산속 깊은 곳의 오두막 같은 집에서도 서바이벌 하실 수 있겠지만, 대부분의 일반인은 외진 곳에 홀로 서 있는 건물에서 장기간 생활하지 못하는 것이 보통입니다. 건물이 현대인의 생활 수준에 맞추어 기능하기 위해서는 수도·전기·가스 등의 유틸리티 공급시설, 도로를 비롯한 교통망, 하수도나 폐기물 처리시설 등, 우리가 흔히 '인프라', 또는 '인프라스트럭쳐'라는 영어 명칭으로 더 익숙한 기반시설을 갖추어야 합니다. 이러한 기반시설 설치에는 초기에 막대한 투자비용이 소요되는 것이 일반적이라서, 외진 곳에 홀로 있는 건물 하나 하나에까지 완벽하게 공급한다는 것은 현실적으로 어려움이 있습니다. 반대로, 건물들과 그곳에서 생활하는 주민들이 일정 수 이상 모여 있는 곳이라면 국가라면 응당 국민의 건강하고 쾌적한 환경에서 생활할 권리를 보장하기 위하여 기반시설 확충에 최선을 다해야 할 것입니다.

국토계획법 및 동법 시행령 제2조 제1항에서는 기반시설을 다음 페이지의 표에서와 같이 열거를 통하여 정의하고 있으며, 이 중에서 도시·군관리계획으로 결정된 시설을 도시·군계획시설(이하 '도시계획시설')로 칭하고 있습니다. (도시계획시설이란 "시민의 공동생활과 도시의 경제·사회활동을 원활하게 지원하기 위하여 정부가 직접 설치하거나 민간이 정부의 지원 또는 자력으로 설치하되 도시 전체의 발전 및 여타 시설과의 기능적 조화를 도모하기 위해 기반시설 중 도시관리계획에 의하여 설치되는 물리적시설"로 정의할 수 있습니다. 출처: 『도시계획론』, 2012, 대한국토·도시계획학회 편저)

✎ 기반시설

시설군	법령	기 반 시 설
교통시설	법	도로, 철도, 항만, 공항, 주차장
	영	자동차정류장, 궤도, 차량 검사 및 면허시설
공간시설	법	광장, 공원, 녹지
	영	유원지, 공공공지
유통·공급 시설	법	유통업무설비, 수도·전기·가스·열공급설비, 방송·통신시설, 공동구
	영	시장, 유류저장 및 송유설비
공공·문화 체육시설	법	학교, 공공청사, 문화시설, 공공필요성이 인정되는 체육시설
	영	연구시설, 사회복지시설, 공공직업훈련시설, 청소년수련시설
방재시설 (防災施設)	법	하천, 유수지, 방화설비
	영	저수지, 방풍설비, 방수설비, 사방 설비, 방조설비
보건위생시설	법	장사시설(葬事施設, funeral facilities)
	영	도축장, 종합의료시설
환경기초시설	법	하수도, 폐기물처리 및 재활용시설, 빗물저장 및 이용시설
	영	수질오염방지시설, 폐차장

(∗) '법'은 국토계획법 제2조(정의) 제6호를, '영'은 국토계획법 시행령 제2조(기반시설) 제1항을 의미합니다.

도시계획시설사업의 시행

도시계획시설사업은 아래와 같은 절차에 따라 시행됩니다.

도시계획시설 결정	① 도시관리계획으로 결정 ② 도시 · 군계획시설의 결정 · 구조 및 　설치기준에 관한 규칙
단계별 집행계획 수립	① 재원조달계획, 보상계획 등을 포함 ② 제1단계 : 3년 이내 시행사업 　제2단계 : 3년 후 시행사업
시행자 지정	① 특별시장 · 광역시장 · 특별자치시장 · 　특별자치도지사 · 시장 또는 군수 ② 기타

실시계획	작성	설계도서, 자금계획, 시행기간
	인가	국토교통부장관, 시 · 도지사 또는 대도시 시장
	고시	국토교통부장관, 시 · 도지사 또는 대도시 시장

토지 등의 수용 및 사용	토지보상법 준용
공사	공사 진행
공사 완료	① 공사완료 보고서 ② 준공검사 ② 공사완료 공고

도시계획시설의 공공성과 수용권

도시계획시설은 공공복리를 증진시키고 국민의 삶의 질을 향상시키는 것을 목적으로 하는 공익시설이며, 민간 사업자로서는 채산성을 맞출 수 없는 경우가 많아서 과소공급의 우려가 있기 때문에, 국토계획법에서는 원칙적으로 지자체로 하여금 도시계획시설사업의 시행을 하도록 하고 있습니다.

국토계획법

제86조(도시·군계획시설사업의 시행자)
① 특별시장, 광역시장, 특별자치시장, 특별자치도지사, 시장 또는 군수는 이 법 또는 다른 법률에 특별한 규정이 있는 경우 외에는 관할 구역의 도시·군계획시설사업을 시행한다.

(이하 생략)

또한, 사업 시행자에게는 수용권을 부여하고 있습니다.

제95조(토지 등의 수용 및 사용)
① 도시·군계획시설사업의 시행자는 도시·군계획시설사업에 필요한 다음 각 호의 물건 또는 권리를 수용하거나 사용할 수 있다.
　1. 토지, 건축물 또는 그 토지에 정착된 물건
　2. 토지, 건축물 또는 그 토지에 정착된 물건에 관한 소유권 외의 권리

(동조 이하 생략)

제96조(「공익사업을 위한 토지 등의 취득 및 보상에 관한 법률」의 준용)
① 제95조에 따른 수용 및 사용에 관하여는 이 법에 특별한 규정이 있는 경우 외에는 「공익사업을 위한 토지 등의 취득 및 보상에 관한 법률」을 준용한다.
② 제1항에 따라 「공익사업을 위한 토지 등의 취득 및 보상에 관한 법률」을 준용할 때에 제91조에 따른 실시계획을 고시한 경우에는 같은 법 제20조 제1항과 제22조에 따른 사업인정 및 그 고시가 있었던 것으로 본다. 다만, 재결 신청은 같은 법 제23조 제1항과 제28조 제1항에도 불구하고 실시계획에서 정한 도시·군계획시설사업의 시행기간에 하여야 한다.

그러나 일정 요건(도시계획시설사업의 대상인 토지(국·공유지 제외) 면적의 3분의 2 이상에 해당하는 토지를 소유하고, 토지소유자 총수의 2분의 1 이상에 해당하는 자의 동의)을 충족하는 경우에는 민간 사업자도 사업 시행자가 될 수 있으며, 기반시설로 분류되는 시설 내에서도 공공성의 수준은 다양할 수 있습니다. 민간 사업자가 공공성이 낮은 시설을 설치하여 소유 및 관리까지 하게 되는 사업의 경우에도 수용권을 부여하게 되면, 이는 토지 소유자의 재산권을 심각하게 침해하는 결과에 이를 수 있습니다.

회원제 골프장을 짓기 위해서 본인이 살던 집이 수용당하고 이사를 가야 한다면 기분이 어떨까요?

2008년 안성시에서 이러한 상황이 실제로 발생했었습니다. 안성시는 골프장 업자의 제안을 받아 2007년 5월 동평리 산11-1 일대 136만여㎡에 27홀 규모의 스테이트월셔골프장(동평골프장)을 짓겠다는 내용의 사업계획을 승인해 주었습니다. 그러나 골프장 부지의 40여 명의 주민들은 매매를 거부하였고, 사업 시행자는 이들 토지에 대해서 경기도지방토지수용위원회에 재결 신청을 하여 2008년 6월 23일에 위원회로부터 수용재결을 받았습니다. ((참고) "골프장 만든다고 내 땅을 강제수용?", 2008. 9. 1. 한겨레신문) 이에 주민들은 지방법원에 토지수용재결처분취소와 위헌법률심판제청신청을 하였으나 기각되는 등의 우여곡절을 겪은 후, 헌법재판소에 헌법소원심판을 청구(2008헌바166)하여 2011년 6월 30일에 헌법불합치 결정을 받았습니다. (헌재 결정 이후 안성시는 골프장 도시계획시설사업의 실시계획인가를 직권 취소하였습니다. 한편, 이 골프장 사업과 관련해서 (i) 주민들이 수용재결 건과는 별도로 공사로 인한 소음, 분진, 발파로 인한 가옥누수, 가축 폐사피해 등으로 인한 소송도 제기하였으나 패소하여 소송비용만 부담하게 되었고, (ii) 시행사와 정·관계간의 로비로 인하여 시행사 대표, 안성시 전(前)시장과 시의회 전 의장이 구속되고, 국회의원 2명이 의원직을 상실하기도 하였습니다. 그리고, (iii) 사업 취소로 인하여 발생한 산지복구비용과 관련된 소송에서 안성시가 패소함에 따라 안성시는 복구비용 62억 원과 소송비용 4억 원을 부담할 상황에까지 이르렀습니다. 참으로 말도 많고 탈도 많은 사업이었습니다.)

앞서 기반시설의 분류에서 '체육시설' 앞에는 '공공필요성이 인정되는'이라는 수식어가 붙어 있는 것을 보실 수 있습니다. 당초의 국토계획법에서는 그러한 수식어 없이 '체육시설'로만 표기되어 있었으나, 헌재 결정에 따라 법을 개정하여 2013년 1월 1일부터 시행되는 국토계획법부터는 '공공필요성이 인정되는 체육시설'로 수정되었습니다.

장기미집행 도시계획시설

본인이 소유한 토지에 도시계획시설 설치가 결정되고, 관련 사업이 순조롭게 진행되어 그 토지가 수용되는 경우에도 재산권에 대한 심각한 침해이겠으나, 반대로, 도시관리계획에 의하여 도시계획시설 부지로만 결정되었을 뿐 장기간 아무런 시설 사업이 진행되지 않은 경우에도 상당한 재산상의 손실이 발생합니다. 도시계획시설 부지로 결정된 토지에서는 원칙적으로 건축·개발행위를 할 수 없기 때문입니다.

국토계획법

제64조(도시·군계획시설 부지에서의 개발행위)
① 특별시장, 광역시장, 특별자치시장, 특별자치도지사, 시장 또는 군수는 도시·군계획시설의 설치 장소로 결정된 지상, 수상, 공중, 수중 또는 지하는 그 도시·군계획시설이 아닌 건축물의 건축이나 공작물의 설치를 허가하여서는 아니 된다. 다만, 대통령령으로 정하는 경우에는 그러하지 아니하다.

(이하 생략)

많은 사람들이 자신의 자금사정이나 능력을 넘어서는 계획을 세웠다가

흐지부지되듯이, 많은 지자체들이 기반시설의 설치를 계획하였다가 재원 부족으로 흐지부지되어 장기간 방치되는 경우가 많습니다. 이러한 기간 동안 토지 소유자들은 이러지도 못하고 저러지도 못한 채 자신의 재산권을 온전히 행사하지 못하고 속만 썩힙니다. 그래서 국토계획법에서는 도시계획시설에 대한 도시관리계획의 결정의 고시일로부터 10년이 경과하도록 관련 사업이 시행되지 않은 경우에는 토지 소유자를 위하여 다음과 같은 몇 가지 구제 수단을 두고 있습니다.

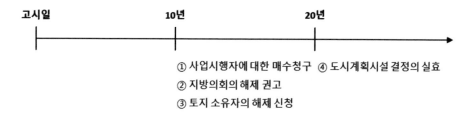

지목이 대(垈)인 경우 토지 소유자는 지자체를 비롯한 사업시행자에게 토지의 매수를 청구할 수 있습니다. 대라는 지목은 본래 건물을 지을 용도의 토지로써, 개발행위 허가의 제약을 가장 크게 받는 지목의 토지입니다. (임야나 전·답과 같은 경우에는 본디 건축물을 짓기 위해 보유하고 있는 토지가 아니며, 이러한 지목의 토지에서는 도시계획시설 결정과 무관하게 본래의 목적, 예를 들면 농작물이나 수목의 재배 활동을 계속할 수 있으므로 경제적 손실이 상대적으로 적은 곳입니다. 그렇기 때문에 이러한 곳에 대해서는 매수청구를 받아주지 않으며, 지목인 대인 경우에만 매수청구를 허용하고 있습니다.) 매수청구를 받을 경우 매수의무자(지차체를 비롯한 사업 시행자)는 6개월 이내에 매수 여부를 결정하고, 매수하기로 결정한 토지는 매수 결정을 알린 날부터 2년 이내에 매수하여야 합니다. 매수 대금은 현금으로 지급하는 것이 원칙이며, 일정 요건에 해당하는 경우 예외적으로 상환기간 10년 이내의 채권으로 지급할 수 있습니다. 매수의무자가 매수하지 않기로 결정하거나, 매수 결정을 알렸음에도 2년 이내에 해당 토지를 매수하지 않은 경우에는 개발행위의 허가를 받아서 일정한 건축물 또는 공작물을 설치할 수 있습니다.

지목이 대가 아닌 경우에도 고시일로부터 10년이 경과하면, 지방의회의 권고를 받는 경우(국토계획법 제48조 제3항~제5항) 및 토지소유자가 해제 신청하는 경우(국토계획법 제48조의 2)에는 도시계획시설 결정이 해제될 수 있습니다.

그리고 고시일로부터 20년이 경과하였으나 시설 설치 사업이 시행되지 아니한 경우에는 그 도시계획시설 결정은 효력을 잃게 됩니다. 즉, 국토계획법 제64조의 적용을 더 이상 받지 않으므로, 개발행위 허가를 받아서 건축행위/개발행위를 할 수 있게 됩니다.

2020년은 장기미집행 도시계획시설 관련해서 뜨거운 해였습니다. 부동산 관련 기사를 많이 접하시는 분들은 2020년에 '도시계획시설 결정 일몰제'라는 문구가 들어간 제목의 기사를 아마 보셨을 것입니다.

앞서 설명 드린 장기미집행 도시계획시설 부지의 토지 소유자를 위한 여러 구제 수단이 애초부터 있었던 제도는 아니고, 1999년에 헌법재판소가 「도시계획법 제6조 위헌소원(97헌바26, 1999. 10. 21.)」에서 "이 사건 법률 조항의 위헌성은 '도시계획시설결정'이란 제도 자체에 있는 것이 아니라 그 시행과정에서 도시계획시설결정의 장기적인 시행지연으로 말미암아 토지소유자에게 발생하는 사회적 제약의 범위를 넘는 가혹한 부담에 대하여 보상규정을 두지 아니한 것에 있다."라고 하며 헌법불합치 결정을 내렸고, 그 이후의 후속조치로써 매수청구제도와 실효제도가 입법된 것입니다.

그런데 입법 시점 이전에 이미 도시계획시설 부지로 결정되어 있던 토지는, 결정된 지 30년이 지났든 하루가 지났든 상관없이, 일괄적으로 2000년 7월 1일을 기산일로 하여 이로부터 20년이 경과한 시점, 즉 2020년 7월 1일까지 시설 설치 사업이 시작되지 않으면 결정이 실효되는 것으로 입법을 하였습니다. 그리하여 시설 부지의 토지 소유자들은 아쉬운 대로 2020년 7월 1일이 오기만을 학수고대하였을 것이고, 반대로 관련 공무원들은 그 날이 다가올수록 긴장하며 비상 대책을 세웠을 것입니다.

지자체에서 할 수 있는 방안 중 첫 번째는 실효되기 전에 실시계획의 인가 절차까지 마치는 방법입니다. 실시계획 인가를 받으면 사업이 시작한 것으로 보므로 시효가 중단이 됩니다. 이 방안은 실제로 지자체가 사업 추진 의지를 가지고 있고, 재정이 뒷받침되는 상황에서만 해야 하는 선택안입니다.

두 번째 방안은 그대로 실효되게 내버려두고 실효고시를 하는 선택안입니다. 서울시의 경우에는 부지 결정만 해 두었던 계획도로 중 500개소가 넘는 곳이 실효 또는 해제되었습니다. *(출처: '선만 그어 놓은 도로' 서울서만 500곳 사라졌다. 2020. 7. 20. 서울경제)*

세 번째 방안은 도시계획시설 중 공원 부지로 결정되었던 토지를 용도구역 중 하나인 도시자연공원구역으로 지정하는 것입니다. 공원 부지는 장기 미집행 도시계획시설 중에서 면적 기준으로 가장 큰 비중을 차지하고 있습니다. 이러한 공원부지가 한번에 풀리면 난개발과 환경 파괴 이슈가 발생할 수 있기 때문에 국가와 지자체에서 도시자연공원구역이라는 아이디어를 짜낸 것이라 할 수 있습니다.

서울시의 경우 총 면적 118.5㎢의 장기미집행 도시계획시설 공원 부지 중 24.5㎢에 대해서는 매입하기로 결정하였고, 69.2㎢에 대해서는 도시자연공원구역으로 지정하였습니다. 나머지 24.8㎢는 기존에 북한산 국립공원으로도 이미 지정되어 있던 곳으로, 도시계획시설 결정이 실효되더라도 국립공원으로서 자연공원법에 의하여 여전히 관리 및 규제를 받습니다. 서울시는 2020년 6월 29일 장기미집행 도시공원 일몰제 대응방안을 발표하며 "한 평의 공원 녹지도 줄일 수 없다는 각오로 과감한 재정투자와 도시계획적 관리방안을 총동원해 한 뼘도 포기하지 않고 지켰다"라고 하였습니다. (출처: 서울시, 공원 지정 풀리는 땅 '도시자연공원구역'으로 묶는다, 2020.6.29., 연합뉴스)

서울시 입장에서는 난개발 및 환경 이슈를 비롯하여 여러 이유를 근거로 도심의 허파를 지키는 결정을 내린 것이지만, 토지 소유자 입장에서는 닭 쫓다가 지붕 쳐다보는 상황이 되어버렸습니다. 도시계획시설 결정은 20년이라는 실효제도가 있지만, 도시자연공원구역 지정은 별도의 해제절차를 밟지 않는 이상 영구적으로 그 효과가 지속되기 때문입니다. 이에 여러 토지 소유자들이 도시자연공원구역 지정 취소를 위한 행정소송을 제기한 것으로 알려져 있습니다. ("도시공원 일몰제 후폭풍 ··· 소유주 줄소송 현실화," 2020. 9. 10. 조선비즈)

(5) 국토계획법- 지구단위계획

　요즘은 우리나라의 웬만한 장소를 가도 현대적이고 쾌적할 뿐만 아니라 예쁘게 잘 꾸며 놓아 심미적 욕구를 충족시킬 수 있는 곳이 많다 보니, 제 개인적으로는 외국으로 나가고 싶다는 충동이 예전만큼 강하지는 않는 것 같습니다. 요즘은 외국의 유명한 관광지에 가서 웅장한 건축물을 보거나 해도 기대만큼 감흥이 크게 느껴지지 않는 것 같습니다.

　그러나 요즘도 몇 백년 전의 느낌을 그대로 간직한 유럽의 소도시를 가거나 하면, 마치 내가 동화 속의 한 장면으로 들어간 것 같아 오묘한 즐거움이 느껴지기도 하고, 여전히 삶의 활력소가 되곤 합니다.

독일의 로텐부르크
〈Source: Public Domain @Wikimedia Commons〉

　이러한 소도시들이 특유의 분위기를 자아낼 수 있도록 하는 원천은 무엇일까요? 개인적인 견해로는 다양성(Variety)과 통일성(Unity)이라는 다소 모순되어 보이는 특성을 동시에 달성하고 있는 건축물들이 가장 큰 역할을 하고 있다고 생각합니다. 이러한 곳의 건물들은 개별적으로 봤을 때, 우리나라의 아파트 단지와는 달리, 하나 하나가 개성이 있고 아기자기한 맛이 있습니다. 그러면서도 한 걸음 물러나 떨어져서 보면, 전체적으로 조화를 이루고 어느 정도의 통일성을 보여주면서 그 도시만의 특색을 만들고 있습니다.

　이러한 통일성은 건축 재료의 원거리 조달이 어려웠던 과거에 주변에서 쉽게 구할 수 있었던 재료만으로 건축을 하면서도, 그 지역의 환경에 가장 적합하게 건축하기 위한 주민들의 부단한 노력이 시각적으로 나타난 결과일 것입니다.

그리스 산토리니
〈Source: Public Domain @Wikimedia Commons〉

전 세계의 많은 관광객들이 찾는 그리스의 산토리니 섬은 그 특유의 새하얗고 깨끗한 건물로 유명합니다. 산토리니는 석회암이 풍부한 지역인데, 뜨거운 햇살을 반사시키기 위하여 석회암으로 하얗게 집을 지어 온 것입니다. 집을 색칠하는 도료 역시 석회암 성분을 띠고 있어서 집 색깔이 더욱 흰색을 띠게 되었다고 합니다. 현재는 없어졌지만, 예전에는 흰색 페인트만 사용하도록 법으로 규제하기도 하였고, 더러워진 벽을 방치할 경우에만 벌금이 부과된다고 합니다. 이와 같은 정부의 관리와 규제도 산토리니 섬이 전세계 많은 사람들의 버킷리스트 관광지로써의 자리를 유지하는 데 일조하였을 것으로 생각됩니다.

지구단위계획의 정의와 성격

도시계획법에서 가장 기본이 되는 제도는 용도지역제라 할 수 있습니다.

원칙적으로 전 국토의 모든 필지가 여러 용도지역 분류 중 하나로 지정되어 있습니다. 건축·개발행위를 하려고 할 때는 대상 토지가 무슨 용도지역으로 지정되었는지, 그리고 그에 따른 용도 규제 및 밀도 규제가 어떻게 되는지를 파악하는 일이 가장 먼저 해야 할 절차일 것입니다.

그런데 이를 다른 측면에서 생각해 보면, 용도지역별로 미리 정해 놓은 용도와 밀도의 경계선 안에서는, 개별 필지의 소유자는 어느 정도 자유롭게 개발 행위를 할 수가 있습니다. 이와 같이 개별 필지 소유자에게 주어지는 건축의 자유가 개개인의 창의성을 최대한까지 발휘할 수 있도록 하는 기능도 하지만, 많은 경우 난개발로 이어지고, 그 일대를 특색 없는 지역으로 만들어 버리기가 쉽습니다. 이러한 경우를 방지하고자 도시계획가가 일정 구역에 대해서는 미리 큰 그림에서부터 디테일한 부분에 이르기까지 세밀하게 설계를 하기도 하는데, 이러한 것을 지구단위계획이라고 합니다.

국토계획법에서는 지구단위계획을 '도시·군계획 수립 대상지역의 일부에 대하여 토지 이용을 합리화하고 그 기능을 증진시키며 미관을 개선하고 양호한 환경을 확보하며, 그 지역을 체계적·계획적으로 관리하기 위하여 수립하는 도시·군관리계획'이라 정의하고 있습니다. 표현이 다소 추상적이고 좋은 말은 다 들어가 있어서 이러한 설명만으로는 그 뜻에 대한 감을 잡기가 어려울 수 있을 것 같은데, 제도의 유래를 알면 조금 이해에 도움이 되실 것 같습니다. 지구단위계획 제도는 1980년에 건축법에 도입된 「도시설계」 제도와 1991년에 도시계획법에 도입된 「상세계획」 제도가 하나로 통합되어 현재의 국토계획법 상의 「지구단위계획」 제도로 이어져 온 것입니다.

용도지역제에서는 일정한 규제의 울타리만 쳐 놓고 필지 소유자에게 상당한 정도의 자유를 부여하는 것과 달리, 지구단위계획은 '설계', '상세'와 같은 단어에서 느껴지듯이 용도지역제 대비 도시계획가의 적극적·능동적인 행위라고 할 수 있습니다. 그리고 이러한 행위를 전 국토에 대해서 하는 것은 현실적으로 무리가 있으므로, 일정한 요건에 해당하는 지역에 대해서만 지구단위계획구역으로 지정하여 지구단위계획을 수립하는 것입니다.

✔ 도시관리계획-지구단위계획-건축계획의 구분

구 분	도시·군관리계획	지구단위계획	건축계획
대상 범위	시·군 전체	관할 행정구역내의 일부 지역	특정 필지
중점 사항	용도지역·용도지구 등 토지이용계획과 기반시설의 정비 등에 중점	토지이용계획과 건축물계획이 서로 환류되도록 함으로써 평면적 토지이용계획과 입체적 시설계획이 서로 조화를 이루도록 하는데 중점	건축물 등 입체적 시설계획에 중점

(참조: 지구단위계획수립지침 1-2-3)

지구단위계획의 내용과 구역 지정

지구단위계획의 내용에는 기반시설의 배치와 규모, 건축물의 용도제한·건폐율·용적률·높이를 비롯하여 아래와 같은 사항을 포함합니다.

국토계획법

제52조(지구단위계획의 내용)

① 지구단위계획구역의 지정목적을 이루기 위하여 지구단위계획에는 다음 각 호의 사항 중 제2호와 제4호의 사항을 포함한 둘 이상의 사항이 포함되어야 한다. 다만, 제1호의 2를 내용으로 하는 지구단위계획의 경우에는 그러하지 아니하다.

1. 용도지역이나 용도지구를 대통령령으로 정하는 범위에서 세분하거나 변경하는 사항
1의 2. 기존의 용도지구를 폐지하고 그 용도지구에서의 건축물이나 그 밖의 시설의 용도, 종류 및 규모 등의 제한을 대체하는 사항

2. 대통령령으로 정하는 기반시설의 배치와 규모
3. 도로로 둘러싸인 일단의 지역 또는 계획적인 개발, 정비를 위하여 구획된 일단의
   토지의 규모와 조성계획
4. 건축물의 용도제한, 건축물의 건폐율 또는 용적률, 건축물 높이의 최고한도 또는
   최저한도
5. 건축물의 배치, 형태, 색채 또는 건축선에 관한 계획
6. 환경관리계획 또는 경관계획
7. 교통처리계획
8. 그 밖에 토지 이용의 합리화, 도시나 농·산·어촌의 기능 증진 등에 필요한 사항
   으로서 대통령령으로 정하는 사항

(이하 생략)

지구단위계획구역의 지정

지구단위계획은 난개발 방지를 위하여 개별 개발수요를 집단화하고 기반시설을 충분히 설치함으로써 개발이 예상되는 지역을 체계적으로 개발·관리하기 위한 계획입니다. 그러므로 지구단위계획구역은 개발 수요가 있는 곳, 그런데 민간의 자율에 모든 것을 맡겼을 경우 난개발의 우려가 있는 곳 위주로 지정이 됩니다. 국토계획법 및 지구단위계획수립지침 상 지구단위계획구역으로 지정할 수 있는 지역은 상당히 많은데, 아래와 같이 간추려서 대략 세 부류로 정리해보겠습니다.

우선, 각종 공공 성격의 개발사업구역으로 지정된 곳입니다. 도시개발구역, 정비구역, 택지개발지구, 대지조성사업지구, 산업단지·준산업단지, 관광단지·관광특구가 이에 해당합니다. 이러한 곳은 개발사업 진행과 함께 백지 위에 그림 그리듯 지구단위계획이 수립됩니다. 한편, 정비구역과 택지개발지구의 경우에는 관련 사업이 끝난 후 10년이 경과한 후에도 지정권자가 의무적으로 지구단위계획구역으로 지정하여야 합니다.

두 번째로, 기존에 용도구역 지정 등에 의해 개발행위가 강하게 규제되던 지역이었으나 용도구역 해제 등에 의하여 규제가 풀리는 지역입니다. 개발제한구역, 도시자연공원구역, 시가화조정구역 또는 공원에서 해제되는 구역, 녹지지역에서 주거·상업·공업지역으로 변경되는 구역과 새로 도시지역으로 편입되는 구역 중 계획적인 개발 또는 관리가 필요한 지역이 이에 해당합니다. 이러한 곳은 오랜 기간 개발 수요가 잠재되어 있던 지역으로, 규제가 풀림과 동시에 난개발이 발생할 가능성이 클 것으로 우려되는 지역입니다.

마지막으로, 비도시지역 내에서는 상대적으로 개발 밀도가 높다고 할 수 있는 ① 계획관리지역 또는 ② 계획관리지역을 50% 이상 포함하면서 일정한 요건에 해당하는 지역, ③ 개발진흥지구 등의 지역에 대하여 지구단위계획구역으로 지정할 수 있습니다.

지구단위계획구역 내에서의 행위 제한

지구단위계획구역이 지정되고 계획이 수립된 경우, 그 구역 내 토지에서 건축 행위 시에는 그 계획에 맞게 하여야 합니다.

국토계획법

제54조(지구단위계획구역에서의 건축 등)
지구단위계획구역에서 건축물을 건축 또는 용도변경하거나 공작물을 설치하려면 그 지구단위계획에 맞게 하여야 한다.
다만, 지구단위계획이 수립되어 있지 아니한 경우에는 그러하지 아니하다.

지구단위계획구역으로 지정되어 계획이 수립될 경우 건축물의 배치나 형태, 색채까지도 행위 제한 규제를 받게 되는 경우도 있으므로, 이는 개별 필지 소유자에게는 불만 사항으로 작용할 수도 있습니다.

그러나 지구단위계획이 용도 및 밀도 규제의 완화를 통하여 기존의 경직된 용도지역제에 유연성을 주기도 하고, 그 목적이 토지 이용의 합리화, 기능 증진, 미관 개선, 양호한 환경 확보에 두고 있는 만큼, 지가 상승을 불러와서 결과적으로 토지 소유자에게 경제적 이득이 될 수도 있습니다.

(6) 수도권정비계획법

수도권은 서울특별시와 그 주변지역인 인천광역시 및 경기도를 말하는 것으로, 이 지역은 전 국토 면적의 12% 수준에 불과하면서도 전 인구의 50%가 집중되어 있는 곳입니다. 옛말에 "자식을 낳으면 서울로 보내고, 망아지는 제주도로 보내라."라는 말도 있습니다. 사람들이 선호하는 대학의 상당수가 서울에 자리를 잡고 있고, 사람들이 선호하는 대기업 본사의 대부분이 서울에 위치해 있습니다. 국가에서 특별한 조치를 취하지 않으면, 인구수와 '인구집중유발시설'의 수는 서로가 서로의 원인이 되어 늘어나기를 계속할 것만 같습니다.

이 지역에서는 인구집중억제 목적으로 제정된 수도권정비계획법에 의하여 추가적인 행위 제한을 받게 됩니다. 그리고 이 법에 의거하여 수도권정비계획을 수립하게 되는데, 동 계획은 국토계획법상의 도시·군계획이나 기타 법령에 따른 토지이용계획 및 개발계획에 우선하도록 법으로 규정(수도권정비계획법 제3조)되어 있습니다. 이러한 것에서도 국가가 수도권정비계획법에 부여하고 있는 중요성을 가늠할 수가 있습니다.

우리가 특별히 부동산 행위라고 인식하지 못하거나, 아니면 부동산과 관련된 행위는 단순히 부수적인 행위일 뿐이라고 생각할 수 있는 상황들, 예를 들면 대학 신설이나 대학정원 증가, 법인 설립이나 본점·주사무소의 사업용 부동산 취득시와 같은 경우에도 수도권정비계획법의 영향을 받습니다. 따라서 수도권 내에서 부동산과 관련된 행위를 하고자 할 때에는 항상 이 법의 규정들도 잘 검토해야 합니다.

수도권집중 억제정책과 수도권정비계획법의 제정

서울로의 인구집중, 이로 인해 발생하는 주택난 등 각종 도시문제, 그리고 서울과 기타 지역과의 발전 격차 심화로 인한 불균형, 이러한 문제들은 우리나라가 산업화를 시작한 이래로 완전히 해결하지 못한 채 줄곧 남아있는 과제입니다.

대한민국의 첫 총인구조사를 실시했던 1949년 당시의 서울 인구는 140만 명으로 전체 인구의 7% 수준이었습니다. 이후 1955년 조사에서의 서울 인구는 160만 명으로 약간 늘기는 했지만, 여전히 7% 수준을 유지하였습니다. 그러나 이후 서울로 인구가 몰려들기 시작하면서 1960년에는 250만 명, 1966년에는 380만 명으로 늘어났고, 전체 인구 대비 비율도 각각 10%, 13%로 증가하였습니다. 소설가 이호철님의 『서울은 만원이다』라는 작품이 동아일보에 연재된 것도 1966년입니다. 서울의 인구가 1980년대 후반에 1천만 명도 넘어섰고 전체 인구에서의 비중도 25% 가까이 증가했으나, 이후 경기도로 인구가 많이 분산되어 인구가 감소한 현재도 서울 인구가 9백만 명 이상은 계속 유지하고 있고 전체 대비 비율도 20% 수준인 것과 비교하면 별 것 아닌 것처럼 느껴질지도 모르겠습니다. 그러나 당시에는 서울 면적이 현재보다 작았고, 많은 인구를 수용할 고층 아파트도 없었으며, 상·하수도 등 각종 기반시설이 턱없이 부족했기 때문에 도시문제가 심각했습니다.

1963년부터 1966년까지 서울특별시장으로 재직했던 윤치영은 "서울을 좋은 도시로 만들지 말아야 농촌 인구가 몰려오지 않는다.", "서울에는 도시계획을 전혀 하지 않아도 매년 20~30만 명씩 인구가 모이니, 만약 도시계획을 잘 한다면 훨씬 더 많은 사람이 몰려, 인구집중을 유발하지 않으려면 아예 도시계획을 안 하는 것이 좋다."라는 궤변을 하기도 하였습니다. 그런데 이보다 더 황당하고 충격적 것은 윤치영 시장이 국회의원들에게 '지방민의 서울 이주를 허가제로 하는 입법'을 요청했던 것입니다. 이는 물론 비난만 받고, 실현되지는 않았습니다.

아무튼 1964년에 '대도시 인구집중방지책' 발표를 시작으로, '대도시 인구 및 시책의 조정대책(1969)', '수도권인구과밀억제에 관한 기본지침(1970)', '제1차 국토종합개발계획(1970)', '대도시 인구분산시책(1972)', '대도시 인구분산책(1973)', '서울시 인구소산계획(1975)', '수도권 인구재배치 기본계획(1977)', '제2차 국토종합개발계획(1981)', '수도권내 공공청사 및 대규모 건축물 규제계획(1982)', 등 서울 또는 수도권으로의 집중을 억제하고 국토의 균형 발전을 목표로 하는 정책들이 연이어 나왔습니다.

한편, 박정희 대통령은 1970년대 후반에 임시행정수도 건설계획을 추진하기도 하였습니다. 당시의 박정희 대통령은 인구 700만 명의 수도 서울이 휴전선으로부터 그리 멀리 떨어지지 않은 곳에 위치해 있다는 것에 심한 부담감을 느끼고 있던 것으로 보입니다. 그래서 서울에서 너무 멀지 않으면서도 휴전선으로부터 상당히 떨어져 있는 지역에 통일 이전까지 '임시'로 행정수도 기능을 할 도시의 건설 계획을 추진하였고, 그 대상지로 충청남도 공주군 장기면 일대를 선정하였습니다. 그러나 1979년에 박정희 대통령이 시해되었고, 수도 이전 계획은 그 뒤를 이은 전두환 정권에서 계승되지 않고 소멸되었습니다. (그 후 행정수도 이전 구상은 2000년대에 부활하여, 헌법재판소의 위헌확인 등 우여곡절을 겪은 후에 행정중심복합도시로서 충청남도 연기군 일대를 중심으로 한 현재의 세종특별자치시가 건설되었습니다.)

수도권 인구 분산을 위한 수도 이전 계획은 백지화되었지만, 1980년대 초반 서울로 인구 집중이 계속 심해지는 상황에서 수도권정비계획법이 제정되어 1983년부터 시행, 오늘날까지 이어지고 있습니다.

법의 목적

수도권 정비에 관한 종합적인 계획의 수립과 시행에 필요한 사항을 정함으로써 수도권에 과도하게 집중된 인구와 산업을 적정하게 배치하도록 유도하여 수도권을 질서 있게 정비하고 균형 있게 발전시키는 것을 목적으로 한다.

수도권의 범위와 권역 구분

수도권은 서울특별시와 그 주변지역인 인천광역시 및 경기도 전역을 의미합니다. (수도권정비계획법 제2조 제1호, 시행령 제2조) 따라서 서울뿐만 아니라 인천 및 경기도 내 모든 지역에서의 행위가 수도권정비계획법의 적용을 받습니다. 그런데 주지하다시피 수도권정비계획법은 인구 과밀의 문제를 해결하기 위한 법인데, 같은 수도권이라도 지역마다 상황이 크게 다릅니다. 서울과 휴전선 사이의 경기 북부 지역은 군사적인 이유에서 그동안 발전이 더디었고, 남한강과 북한강을 끼고 있는 경기 동부 지역은 수질보호 목적 차원에서 개발보다는 환경보전이 우선시되어 왔으며 앞으로도 그래야 하는 지역입니다. 그렇기 때문에 수도권정비계획법에서는 기존 행정구역의 경계에 구애되지 않고, 다음과 같이 세 종류의 권역으로 나누어서 각 권역의 특성에 맞게 규제를 합니다.

〈Source: 국토교통부〉

권 역	비 고
과밀억제권역	인구와 산업이 지나치게 집중되었거나 집중될 우려가 있어 이전하거나 정비할 필요가 있는 지역
성장관리권역	과밀억제권역으로부터 이전하는 인구와 산업을 계획적으로 유치하고 산업의 입지와 도시의 개발을 적정하게 관리할 필요가 있는 지역
자연보전권역	한강 수계의 수질과 녹지 등 자연환경을 보전할 필요가 있는 지역

규제 내용

수도권에 대한 규제는 크게 「인구집중유발시설」에 대한 규제와 「대규모개발사업」에 대한 규제로 나눌 수 있습니다.

수도권정비계획법에서는 「인구집중유발시설」을 "학교, 공장, 공공 청사, 업무용 건축물, 판매용 건축물, 연수 시설, 그 밖에 인구 집중을 유발하는 시설로서 대통령령으로 정하는 종류 및 규모 이상의 시설"로 정의하고 있습니다. 여기서 학교란 대학(산업대학, 교육대학, 전문대학 및 이에 준하는 각종학교를 포함)으로 한정되며, 초·중·고등학교는 인구집중유발시설에 포함되지 않습니다. 학교 이외의 시설은 건축물의 연면적이 기준 면적 이상일 경우 인구집중유발시설로 분류되는데, 공장은 500㎡, 공공청사는 1,000㎡, 업무용 건축물은 25,000㎡, 판매용 건축물은 15,000㎡, 복합 건축물은 25,000㎡, 연수시설은 30,000㎡ 이상일 경우에 적용됩니다.

수도권정비계획법은 이러한 인구집중유발시설 중에서 어떠한 종류의 것들이 수도권 내 각각의 권역에서 그 신설 또는 증설 행위가 제한되는지 규정하고 있습니다. 서울이 포함되어 있는 과밀억제권역은, 그 명칭에서부터 예상할 수 있듯이, 강도 높은 행위 제한이 이루어지는 지역입니다. 성장관리권역은 과밀억제권역에서의 인구와 산업을 이전받는 기능도 하는 지역으로 행위 제한은 상대적으로 약한 편입니다. 마지막으로 자연보전권역은 남한강과 북한강을 끼고 있어서 과밀억제권역 이상으로 강한 행위 제한을 받고 있습니다.

예를 들어 4년제 대학의 경우 수도권 내 모든 권역에서 신설이 금지되어 있습니다. 그러나 산업대학과 전문대학은 과밀억제권역(단, 서울 제외)이나 성장관리권역에서는 신설이 가능한데 반해, 자연보전권역에서의 산업대학 신설은 불가능하고, 전문대학의 경우 수도권정비위원회의 심의를 거친 경우에만 가능합니다. 그리고 자연보전권역에서는 업무용 건축물, 판매용 건축물의 신설·증설도 불가능합니다. 반대로 연수시설의 경우는 과밀억제권역에서는 예외 없이 금지되는 데 반해, 자연보전권역에서는 10% 이내의 증축 허용 등 일부 완화된 규정을 가지고 있습니다.

자연보전권역 내에서 건립된 연면적 15,000㎡ 이상의 판매용 건축물

앞의 「수도권 권역 현황」 지도에서 보시면 아시겠지만, 경기도 여주시는 전체가 자연보전권역에 들어가 있습니다. 수도권에 사시는 독자분이라면 여주에 대형 프리미엄 아울렛이 있다는 것을 많이 아실 것입니다. 자연보전권역에서는 연면적 15,000㎡ 이상의 판매용 건축물 신설이 금지되어 있다고 말씀드렸는데요, 그 아울렛 건물은 면적이 얼마나 될까요?

그 건물은 2개 동으로 구성되어 있는데, 각각 14,352㎡와 12,647㎡의 연면적을 가지고 있습니다. 합치면 15,000㎡는 훨씬 넘습니다. 그 아울렛은 2005년에 착공되어 2007년 초에 공사 진행률이 80%도 넘은 상태에서 건설교통부(現 국토교통부)로부터 수도권정비계획법 위반에 대한 시정조치 명령을 받았습니다. 아울렛 회사와 지자체 측은 두 동의 건물의 4차선의 도로를 사이에 두고 떨어져 있어서 상관없다고 주장하였으나, 건설교통부 측은 두개의 건물이 같은 목적의 판매 시설이고 소유자도 동일하기 때문에 연접 합산해서 판단하는 것이 옳다는 입장이었습니다.

결국 아울렛 회사는 그 회사의 모회사에게 건물 1개 동을 매각하여 소유권을 이전한 후에 모회사로부터 임차하여 사용하는 방식으로 규제를 우회하는 아이디어를 냈습니다. 편법 논란이 있었지만 건설교통부에서 이 경우에는 별도의 시설로 인정하여 회사나 지역 입장에서는 위기를 넘길 수 있었습니다.

결국 잘 넘어갔지만, 회사의 입장에서는 막대한 공사비를 지출하여 건물을 거의 다 지어가는 상황에서 건축 승인이 취소되거나 1개 동을 포기해야 할지도 모르는 위기의 순간이었습니다. 수도권 내에서 부동산 관련된 일을 할 때에는 항상 수도권정비계획법을 철저하게 검토하여야 한다는 교훈을 주는 사례입니다. 특히 이 경우와 같이 법령의 다양한 해석이 가능할 때에는 충분한 검토와 확인이 필수적입니다.

공장 및 학교에 대해서는 「총량규제」도 적용이 됩니다. 국토교통부장관은 그 신설·증설의 총허용량을 정하고, 이를 초과하는 신설·증설은 제한되게 합니다. 공장의 경우 국토교통부장관이 3년마다 수도권정비위원회의 심의를 거쳐 시·도별 공장건축의 총허용량을 결정하고, 시·도지사는 시·도별 총 허용량의 범위에서 연도별 배정계획을 수립합니다. 대학 및 교육대학의 입학 정원 증가 총수는 국토교통부장관이 수도권정비위원회의 심의를 거쳐 정하게 되어 있고, 산업대학·전문대학·대학원대학의 입학 정원 증가 총수도 동법에서 정하는 규제를 받습니다.

서울특별시에서 업무용 건축물, 판매용 건축물, 공공청사, 복합건축물을 건축할 때에는 표준건축비의 10%를 과밀부담금으로 납부하여야 합니다. 과밀억제권역이라도 서울특별시 이외의 지역에서는 과밀부담금이 부과되지 않습니다.

그리고 수도권정비계획법에서 규정하고 있는 내용은 아니나, 지방세법 및 조세특례제한법에 의하여 과밀억제권역에서의 부동산 취득 등의 경우에 지방세가 중과되거나 조세감면 혜택이 배제되는 등 세제상 불이익을 받는 경우가 있습니다.

우선 「지방세법」에 의해서 취득세 및 재산세가 중과가 됩니다. 지방세법 제13조(과밀억제권역 안 취득 등 중과)에 따르면, (i) 과밀억제권역에서 본점이나 주사무소의 사업용으로 신축하거나 증축하는 건축물과 그 부속토지를 취득하는 경우, (ii) 과밀억제권역에서 공장을 신설하거나 증설하기 위하여 사업용 과세물건을 취득하는 경우의 취득세율은 3배를 적용하도록 하고 있습니다. 부동산 취득세율이 일반적인 경우 4%이고 그 3배면 12%가 되므로, 무시할 수 없는 상당한 금액이 취득세로 부과된다 할 수 있습니다. 또, 제111조(세율)에 따르면, 과밀억제권역에서 공장을 신설·증설하는 경우에는 그 건축물에 대한 재산세를 5년간 5배 중과하도록 되어 있습니다.

「조세특례제한법」은 조세의 감면 또는 중과 등 조세특례와 이의 제한에 관한 사항을 규정하는 법률입니다. 이 법에서는 과밀억제권역에서의 행위와 관련하여 조세감면 혜택을 배제하는 내용의 법 조항이 여럿 있습니다. 예를 들어 청년창업중소기업의 경우 최초로 소득이 발생한 과세연도부터 5년간 소득세 및 법인세를 100% 세액감면 혜택을 주게 되어 있습니다. 그러나 수도권 과밀억제권역에서 창업한 청년창업중소기업의 경우 50%의 혜택만 제공이 됩니다.

마지막으로 「대규모개발사업」에 대한 내용입니다. 수도권정비계획법에서의 「대규모개발사업」은 동법 시행령에서 정하는 일정 규모 이상의 택지조성사업, 공업용지조성사업, 관광지조성사업, 도시개발사업, 지역개발사업을 의미합니다. 수도권에서 대규모개발사업을 시행하거나 그 허가등을 하려면 그 개발 계획을 수도권정비위원회의 심의를 거쳐 국토교통부장관과 협의하거나 승인을 받도록 규정하고 있습니다.

4. 개발사업법

"영동이 명동될 수 있잖아."

민 마담(김지수 扮), 영화 「강남 1970」에서

1971년의 명동거리
〈Source: 에카르트데게저,김상빈 역,2018,《독일지리학자가담은한국의 도시화와풍경》,푸른길〉

1976년 강남경찰서 기공식
〈Source: 서울사진아카이브〉

    부동산에 관심있으신 분이라면 2015년에 개봉된 이민호, 김래원 주연의 「강남 1970」이라는 영화를 보셨을지 모르겠습니다. 영화에서 배우 김지수씨가 정부 고위층으로부터 얻은 정보를 활용하여 부동산 투기를 하는 복부인 민 마담역으로 나오는데, "영동이 명동될 수 있잖아, 위에서 부채질만 잘 해주면."이라는 대사가 있습니다. 여기서 영동이란 영등포의 동쪽이란 의미로 현재의 서초구와 강남구를 가리킵니다. 더 이상 이 지역을 영동이라 부르지만 않지만, '영동대교', '영동대로', '영동고등학교', '영동중학교', '영동시장' 등, 그때의 흔적이 남아 있습니다. (강원도 지역, 특히 대관령(태백산맥) 동쪽 지역을 영동이라 부르기도 하고, 충청북도에는 포도로 유명한 영동군이 있습니다.)

    현재의 영등포구와 동작구에 해당하는 지역은 서울에서 인천항으로 가는 길목이기도 하고, 일찍이 공업이 발달해서 일본강점기였던 1936년에 이미 경성부에 편입된 기성 시가지입니다. 한때 강남이라고 하면 보통 이 일대를 의미하는 것으로, 현재 동작구에 위치한 '강남초등학교'와 '강남중학교' 등의 명칭에서도 유추할 수 있습니다.

    수도 서울의 영역이 현재와 얼추 비슷하게 된 것은 1963년의 일입니다. 현재 서울의 나머지 한강 이남 지역은 1963년 1월 1일에 모두 서울로 편입되었고, 현재의 강남대로를 중심으로 서쪽은 모두 영등포구, 동쪽은 성동구 관할이 되었습니다. 영등포구가 서쪽으로는 강서구로부터 동쪽으로는 현재의 서초구까지를 모두 포함하

1963~1972년의 서울의 행정구역

였듯, 성동구도 강북에서는 현재의 성동구와 광진구를, 강남에서는 강남구, 송파구, 강동구를 포함하는 광활한 지역이었습니다. (그래서 그 경계에 있는 영동 지역이 영등포구와 성동구에서 한 글자씩 따왔다라는 설도 있습니다.)

당시 영동지역은 앞의 사진에서 보듯이 명동은 물론, 영등포와도 비교할 수 없는, 논·밭·과수원·구릉지만 있는 소위 '깡촌'이었습니다. 영화에서 민마담이나 주인공인 김종대(이민기)는 그런 깡촌이 개발되어 금싸라기 땅이 될 것이라 확신합니다. 현재를 사는 우리는 '영동이 명동되어 버린 것'을 사후적으로 알지만, 그 당시로 가서 황무지와 같은 광경을 보고 상전벽해가 일어날 것이라고 상상할 수 있는 사람은 몇이나 있을까요?

서울 중구 충무로1가 24-2
(네이처리퍼블릭 명동월드점)
2004년부터 2020년까지 18년간
전국 공시지가 1위인 것으로 유명

서울 중구 명동2가 33-2
(우리은행 명동금융센터)
1989년~2003년 전국 공시지가 1위
2020년 현재 2위

(*) 매년 발표되는 공시지가 상위 10곳은 아직 모두 명동에 소재해 있습니다.

아무튼 영화에서 "위에서 부채질만 잘 해주면."이라 말하고, 서울시 도시계획과장을 가리켜 '이 분은 펜대로 산을 옮기시는 분'이라고도 말하듯이, 이들의 확신은 국가의 사업 추진력에 기대고 있습니다. 여기서 사업이란 영동개발이라는 토지구획정리사업을 가리킵니다. 당시에 영동제1지구(서초구)

472만 평, 영동제2지구(강남구) 365만 평으로, 총 837만 평의 전례없는 대형 토지구획정리사업이 진행되었습니다.

토지구획정리사업은 원래 도시계획법의 일부로 포함되어 있던 조항이나, 1966년에 토지구획정리사업법이라는 하나의 개별법으로 독립하였고, 2000년에 새로 제정된 도시개발법에 흡수되어 현재까지도 유지되고 있습니다. 도시계획법이 토지의 합리적 이용을 통한 공공복리 증진을 목적으로 하는 국가의 소극적 개입이라고 한다면, 도시개발법, 택지개발촉진법과 같은 개발사업법은 정부의 적극적 개입이라고 말할 수 있습니다.

(1) 도시개발법

✎ 법의 목적

도시개발에 필요한 사항을 규정하여 계획적이고 체계적인 도시개발을 도모하고 쾌적한 도시환경의 조성과 공공복리의 증진에 이바지함을 목적으로 한다.

✎ 법의 구성

조 문	내 용
제1장 총칙	목적, 용어의 정의
제2장 도시개발구역의 지정 등	지정권자 등
제3장 도시개발사업의 시행	
제1절 시행자 및 실시계획 등	
제2절 수용 또는 사용의 방식에 따른 사업 시행	
제3절 환지 방식에 의한 사업 시행	
제4절 준공검사 등	
제4장 비용 부담 등	
제5장 보칙	
제6장 벌칙	

토지구획정리사업은 6·25 전후(戰後) 복구 시부터(더 거슬러 올라가면 일제시대부터) 주로 사용된 개발 기법으로, 1962년 도시계획법 제정시부터 「토지구획정리」라는 하나의 장에 15개의 조항으로 관련 내용이 포함되었습니다. 이후 1966년에 토지구획정리사업법이 독립된 법으로 제정되고, 1960~1970년대 국가 주도의 개발사업의 상당수가 토

|잠실의 그때와 지금|

자양동 / 한강 / 신천강 / 성내천 / 잠실도 / 삼성동 / 송파강 / 탄천
개발 전(60년대 말)

자양동 / 한강 / 성내천 / 잠실동 / 삼성동 / 석촌호수(롯데월드) / 탄천
개발 후(70년대 말)

지구획정리사업을 통해서 진행되었습니다. 현재 강남 3구라고 불리는 서초구(영동1지구), 강남구(영동2지구), 송파구(잠실지구) 모두 1970년대에 토지구획정리사업을 통해서 탄생했습니다. (상전벽해의 '상전'이 뽕나무 밭이란 의미인데, 잠실은 원래 누에를 기르기 위한 뽕나무 밭이 많던 한강의 섬으로, 상전벽해란 표현이 정말 어울리는 곳입니다. 석촌호수는 그때 강을 매립하고 일부 남겨둔 흔적입니다.) 그러나, 1980년대부터 1990년대 초반까지, 당시의 시급한 주택난을 해결하고자 '주택 500만 호 건설', '주택 200만 호 건설'이라는 슬로건을 내세운 전두환·노태우 정권이 1980년에 제정된 택지개발촉진법에 의한 전면수용방식으로 개발사업을 빠르게 진행하자, 토지구획정리사업은 그 역할이 축소되었습니다. 토지구획정리사업법도 2000년에 폐지되었으며, 같은 해에 제정된 도시개발법 내 「환지 방식에 의한 도시개발사업」으로 그 내용이 들어가게 됩니다. 도시개발사업은 환지 방식뿐 아니라 수용(또는 사용)에 의한 방식이 있는데, 수용방식은 뒤에서 다룰 택지개발촉진법에서도 취하는 방식이므로, 여기서는 환지 방식에 의한 사업 시행을 살펴보겠습니다.

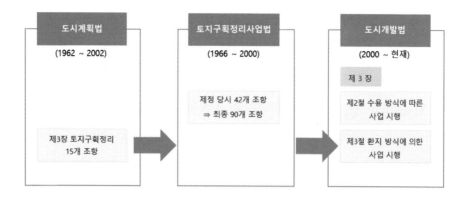

도시계획법	토지구획정리사업법	도시개발법
(1962 ~ 2002)	(1966 ~ 2000)	(2000 ~ 현재)

제3장 토지구획정리
15개 조항

제정 당시 42개 조항
⇒ 최종 90개 조항

제 3 장

제2절 수용 방식에 따른
사업 시행

제3절 환지 방식에 의한
사업 시행

◆ 토지 확보와 환지

부동산개발사업을 하면서 가장 어려운 일은 무엇일까요? 인·허가를 받는 것도 어렵고, 자금이 구멍나지 않도록 계획을 잘 세워서 관리하는 것도 어렵고, 여러 공사 관계자의 일정을 조율하고 컨트롤하는 것도 어렵고, 분양, 즉 결국에 파는 것까지 모두 어렵습니다. 그러나, 사람마다 모두 다르겠지만, 우선 개발행위를 할 땅을 확보하는 일을 꼽는 사람이 많은 것 같습니다. 시작이 반이라고, 좋은 땅만 확보하면 일의 반은 끝낸 것 같은 느낌이 들 것입니다. 그런데, 소규모 개인 디벨로퍼가 개발에 적합한 땅 한 필지를 구하는 것도 쉽지 않은데, 대형의 개발 프로젝트를 할 때 여러 토지 소유자로부터 땅을 확보하는 일은 당연히 더 어렵습니다. 개발 소문이 돌면 인근의 모든 땅값이 오르기 마련이고, 이미 매매계약이 체결되었더라도 매도자가 옆집 사람과 비교해서 자기가 싼 값에 계약을 체결했다는 생각을 하기 시작하면 이후 과정이 복잡해질 수도 있습니다. 그러다 보면 당초 계획했던 토지매입 예산을 초과하여 사업을 결국 포기하게 될 가능성도 있습니다. 이때 이러한 문제를 어느 정도 해결해 줄 수 있는 방안이 환지방식의 사업시행입니다.

제대로 쭉 뻗은 포장 도로도 없고, 꾸불꾸불한 흙 길 주변으로 논·밭·

구릉지나 황무지와 같은 땅만 있는 지역을 상상해 봅시다. 이런 곳을 우선 불도저로 싹 밀어버린 후에, 도로와 같은 기본적인 기반시설을 설치하고 공원·학교와 같이 거주자 모두에게 효용을 줄 수 있는 공공시설을 설치한 후에, 남은 땅을 원 소유자에게 나눠서 돌려줍니다. 원 소유자는 원 토지의 면적보다 작은 토지를 돌려받지만, 재산가치는 비교할 수 없이 더 크기 때문에 불만이나 이의 제기 없이 돌려받습니다. 그런데 이렇게 되면 사업시행자가 공사에 투입한 비용을 보상받을 수가 없습니다. 그렇기 때문에 원 소유자에게 돌려주는 비율을 조금 더 줄이고, 그만큼의 토지를 사업시행자가 보유하고 있다가 적당한 시기에 팔아서 받은 매각대금으로 투입 비용을 보상받습니다. 이와 같이 사업시행자가 현금화해서 비용에 충당할 목적으로 가지고 있는 토지를 체비지(비용이 체류하고 있는 토지)라고 합니다.

도로·공원·학교부지 등의 공공시설용지와 사업시행자 보상을 위한 체비지를 합쳐서 보류지라고 하는데, 토지 소유자는 결국 이 보류지에 해당하는 비율만큼 줄어든 토지를 받게됩니다. 이 때 줄어드는 비율을 감보율, 돌려받게 되는 토지를 환지라고 합니다.

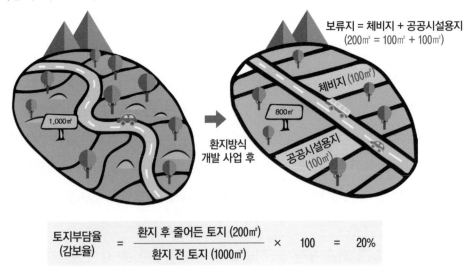

(2) 택지개발촉진법

🖋 법의 목적

도시지역의 시급한 주택난을 해소하기 위하여
주택건설에 필요한 택지의 취득, 개발, 공급 및 관리 등에 관하여
특례를 규정함으로써
국민 주거생활의 안정과 복지 향상에 이바지함을 목적으로 한다.

🖋 토지구획정리사업의 한계

일제시대부터 1970년대까지 토지구획정리사업을 통해서 영동, 잠실을 비롯하여 많은 곳에서 상전벽해가 일어났습니다. 토지구획정리사업은 국가·지자체의 재정이 충분치 않은 상태에서도 사업 진행이 가능하다는 장점이 있는 반면, 몇 가지 단점도 있습니다.

우선 절차가 복잡하고 사업 진행에 장기간이 소요됩니다. 토지구획정리사업은 개인의 사유재산권을 보호해준다는 개념이 있기 때문에 절차가 까다롭기 마련이고, 대체로 시간이 오래 걸립니다. 사업에 소요되는 비용은 체비지를 팔아서 충당해야 하는데, 매각이 적시에 이루어지지 않을 경우에는 사업이 지연될 위험도 있습니다. 그리고 토지 소유자가 줄어든 면적으로 환지를 받더라도 재산가치는 더 크기 때문에 이의 제기나 불만없이 환지를 받을 것이라 기대되지만, 감보율이 커질수록 불만이 커져 소유자와의 합의에 시간이 오래 걸릴 수도 있습니다. 실제로 도시계획 시 공공시설용지를 계속 늘려감에 따라 평균감보율도 1960년대, 1970년대, 1980년대 각각 31.6%, 43.7%, 55.0%로 증가해 왔습니다.

다음으로 투기로 인한 지가 상승과 개발이익의 사유화라는 문제점이 있습니다. 토지구획정리사업의 시행자인 국가·지자체는 체비지 매각을 통하여

비용만 충당하는 수준에서 그치는 데 반해서, 토지 투기에 참여하는 자는 지가상승으로 막대한 이익을 얻고, 또 지가 상승은 집값 상승으로 이어져서 서민이나 중산층의 주거 비용에 큰 부담으로 돌아가게 됩니다.

✔ 주택 500만 호 건설 계획과 택지개발촉진법

이러한 배경 속에서 1980년 12월 31일에 제정되어 1981년 1월 1일부로 시행된 법률이 택지개발촉진법입니다. 당시 시대적 상황을 보면 1978년에 중동 특수로 인한 달러 유입과 유동성 증가로 지가상승률이 50% 가까이 되기도 하였습니다. 한편 시해된 박정희 대통령의 뒤를 이어 정권을 잡은 전두환 정부는 집권 초기, 또는 그 이전인 국가보위비상대책위원회 시절부터, 두발 및 교복 자유화, 과외금지, 야간 통행금지 해제, 3S 정책(Sports, Screen, Sex) 등, 민심의 동요를 막고 취약한 권력 기반에 대한 국민적 지지를 얻기 위해 여러 선심성 정책을 내놓던 시기입니다. 이 즈음이었던 1980년 8월 4일, '10년간 주택 500만 호 건설'이라는 목표가 발표되었고, 같은 해 택지개발촉진법이 제정되었습니다.

택지개발촉진법은 34개라는 많지 않은 조항을 가진 간단한 법률이지만, 그만큼 일방통행적이고 강력한 힘을 가진 법률입니다. 현재는 민주화 시대의 흐름에 따라 다소 바뀌었지만, 제정 당시의 법률을 기준으로 설명드리면 아래와 같습니다.

택지개발사업은 특정 지역을 지정권자인 건설부장관(현재의 국토교통부장관에 해당)이 택지개발예정지구로 지정을 하면 그 지역에 적용되는 도시계획법을 비롯 19개 법률의 효력은 일시에 정지되고, 사업시행자는 전면 매수·수용의 방식으로 토지를 확보합니다. 다른 개발사업법이 그 사업의 진척 단계마다 각급 위원회의 심의를 거치도록 하여 적절한 제동이 걸리도록 규정하고 있으나, 택지개발촉진법은 이러한 시스템에서 벗어나 있습니다. 한편, 지가 또는 보상액은 건설부장관이 고시한 기준지가를 기준으로 합니다. 택지개발사업을 하는 경우 농지나 임야 등 지가가 저렴한 곳을 위주로 하기도 하였지만, 건설부 고시 기준지가로 못을 박음으로써 사업비 부담을 크게 줄일 수 있었습니다. 토지구획정리사업법의 단점인 시간과 지가 상승의 문제점을 해결할 수 있는 것입니다.

흔히 공영개발이라고 하면 보통 택지개발사업을 지칭하는 것으로, 제정 당시 개발사업의 시행자는 국가, 지자체, 한국토지개발공사, 대한주택공사만으로 제한되었습니다. 현재는 민간도 상기의 공공시행자와 공동으로 시행하는 방식(민·관 협동방식, PPP; Public and Private Partnership)으로는 참여가 가능하게 법이 개정되었습니다.

|1980년대 도시 내 신도시(Newtown in town) 건설|

지구	고덕	개포[*]	목동	상계	중계	합 계
면 적	95만 평	258만 평	130만 평	100만 평	48만 평	635만 평
주택건설	19천 호	32천 호	26천 호	40천 호	25천 호	117천 호
사업기간	`81~`84	`81~`88	`83~`95	`85~`92	`85~`92	
사업시행	토공	토공·주공·서울	서울시	주공	토공	

(*1) 개포지구는 토공과 주공은 택지개발사업법에 의해서, 서울시는 토지구획정리사업법에 의해 사업을 진행했으며, 상기 면적 및 호수는 모두 합산 기준입니다.

제5공화국 시절에 시행된 대표적인 택지개발사업으로 고덕, 개포, 목동, 상계, 중계 지구를 꼽을 수 있습니다. 이 5개 지구의 개발을 통해서 12만 호 가량의 주택이 공급되었습니다.

◆ 주택 200만 호 건설계획과 그 후유증

우리나라 1980년대 후반은 88 서울 올림픽도 개최하고, 단군 이래 최대 호황이라 불렸던 3저 호황으로 인해서 코스피 지수도 최초로 1,000을 넘는 등 한마디로 잘나가던 시기입니다. 그러나 집 없는 서민 입장에서는 주택 가격 상승으로 인하여 매우 힘들었던 시기이고, 이와 관련해서 사회적 이슈도 많이 나왔던 시기입니다. 1988년도에 집권한 노태우 정부는 지가 안정을 위해 토지공개념 3법을 제정하여 시행하는 한편, 주택 200만 호 건설 계획을 발표하였습니다. 동 계획으로 개발된 것이 분당, 일산, 평촌, 산본, 중동이라는 5개의 1기 수도권 신도시입니다.

|1기 신도시 건설|

지 구	분당 (성남시)	일산 (고양시)	평촌 (안양시)	산본 (군포시)	중동 (부천시)	합 계
면 적	595만 평	477만 평	155만 평	127만 평	165만 평	1,519만 평
주택건설	98천 호	69천 호	42천 호	42천 호	41천 호	292천 호
사업기간	'89~'96	'90~'95	'89~'95	'89~'92	'90~'96	
사업시행	토공	토공	토공	주공	토·주공 ·부천	
최초입주	'91. 9.	'92. 8.	'92. 3.	'92. 4.	'93. 2.	

노태우 정부의 주택 200만 호 건설 계획은 1991년 8월 말에 조기 달성되었으며, 1990년대 중반의 주택 가격 안정에 큰 역할을 하였습니다. 그러나 전국 곳곳에서 일시에 진행된 대규모 건설 사업은 건설자재 품귀현상, 인력난을 불러일으켰고, 결국 부실공사 논란까지 낳게 되었습니다. 90년대 중반에는 집값 안정, 1990년대 후반에는 IMF 외환위기로 인하여 대형 택지개발사업 추진은 끊어졌다가, 2000년대 초반 판교 지구를 비롯한 2기 신도시 개발이 다시 이어졌습니다.

지 구	성남 판교	화성 동탄1	화성 동탄2	김포 한강	파주 운정	광교
면 적	270만 평	273만 평	727만 평	355만 평	503만 평	342만 평
주택건설	29천 호	42천 호	117천 호	61천 호	88천 호	31천 호
사업기간	'03~'17	'01~'18	'08~'21	'02~'17	'03~'23	'05~'19
사업시행	경기·성남 ·LH	LH, SH	LH, GH	LH	파주시, LH	경기·수원· 용인·GH
최초분양	'06. 3.	'04. 6.	'12. 8.	'06. 3.	'06. 9.	'08. 9.
최초입주	'08. 12.	'07. 1.	'15. 1.	'08. 3.	'09. 6.	'11. 7.

지 구	양주 (옥정·화천)	위례	고덕 국제화	인천 검단	수도권 합 계	지방 2개 신도시
면 적	339만 평	206만 평	406만 평	339만 평	3,761만 평	452만 평
주택건설	63천 호	45천 호	57천 호	75천 호	608천 호	58천 호
사업기간	'07~'18	'08~'20	'08~'20	'09~'23		
사업시행	LH	LH	경기, LH, GH, PUC	인천, IMCD, LH		아산 (탕정·배방) 대전 도안
최초분양	'12. 10.	'11. 11.	'17. 상	'18. 상		
최초입주	'14. 11.	'13. 12.	'19. 하	'20. 상		

(LH: 한국토지주택공사, SH: 서울주택도시공사, GH: 경기주택도시공사, PUC: 평택도시공사,
IMCD: 인천도시공사)

택지개발촉진법은 그동안 폐지 논의가 여러 번(2014년 9월, 2016년 10월 등) 나왔으나 현재까지 존속하는 법률입니다. 그러나 과거 주택보급율이 절대적으로 낮았고 군사 정권이었던 시절에 사유 재산권의 보호나 자연 환경 보전은 우선순위에서 제쳐 두고, 시급한 주택난을 해결하고자 만든 특례법 성격인만큼, 현재는 그 역할이 많이 축소된 상태입니다.

🖋 택지개발사업지구 지도

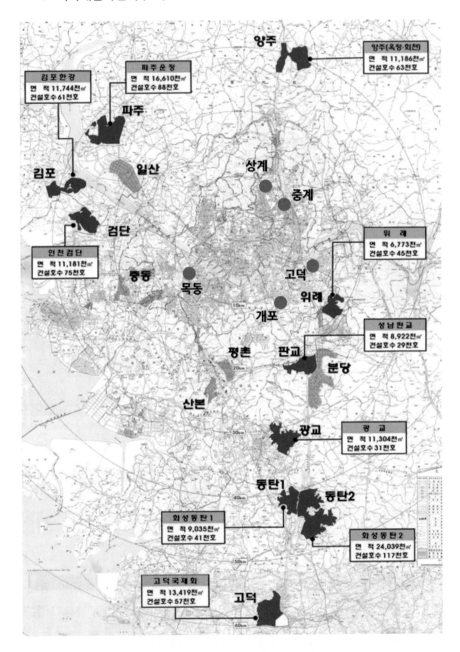

(Source: 국토교통부 홈페이지 정책자료/정책정보/신도시 개념 및 건설현황)

제3한강교와 경부고속도로, 그리고 말죽거리 신화

일 자	진 행
1963. 01. 01.	영동지구(現 서초구·강남구) 서울로 편입
1966. 01. 07.	남서울계획(a.k.a. 영동개발, 강남개발) 신문보도
1966. 01. 19.	제3한강교(現 한남대교) 가설공사 착공
1966. 12. 28.	영동지구 토지구획정리예정지 결정(건설부고시 제3008호)
1967. 11. 14.	경부고속도로 건설 결정
1967. 12. 21.	영동지구 등 구획정리사업 공고(서울시 공고 제211호)
1968. 01. 18.	영동토지계획정리사업 실시계획 인가(건설부 공고 제6호)
1968. 02. 01.	경부고속도로 공식적인 착공일자(기공식)
1968. 02. 02.	영동토지구획정리사업 시행공고(서울시 공고 제26호)
1968. 12. 21.	경부고속도로 서울-수원 구간 개통
1969. 12. 25.	제3한강교 준공
1970. 07. 07.	경부고속도로 전 구간 개통
1970. 11. 05.	양택식 서울시장의 영동지구 개발계획 발표
1971. 08. 25.	반포본동 주공아파트 1단지 착공(1973년 준공)
1972. 04. 03.	종로구·중구 전역 포함 강북지역 29㎢을 특정시설제한 조치
1973. 06. 27.	영동지구를 개발촉진지구로 지정(각종 세제 혜택 등)
1975. 01. 01.	성동구에서 강남구로 분구(당시 서초구, 송파구, 강동구 포함)
1975. 03.	압구정동 현대아파트(1차) 착공(1976년 6월 완공)
1975 .09. 05.	잠수교 착공(1976. 07. 15. 준공)
1976. 01. 28.	도시계획법 시행령 개정으로 「아파트지구」 조항 신설
1976. 04. 08.	강남고속버스터미널 착공
1976. 05. 14.	남산 제3호 터널 착공(1978. 05. 01. 개통)
1976. 08. 21.	반포·압구정·청담·도곡지구(약 236만 평)를 아파트지구로 지정
1978. 03. 09.	지하철 2호선 강남구간 착공(1982. 12. 23. 잠실운동장-교대구간 개통)
1978. 05. 27.	대치동 은마아파트 착공(1979. 09. 03. 준공)
1988. 01. 01.	강남구에서 서초구 분구

강남개발은 현재 한남대교로 불리는 제3한강교가 착공된 1966년 1월에 시작되었다고 할 수 있습니다. 그러나 착공 당시만 하더라도 서울시의 분위기는 강남개발을 염두에 두었다고 하기보다는, 사실 북한의 남침이 재발하는 경우 6·25 전쟁 당시보다 훨씬 늘어난 서울 인구의 도강용으로 다리를 만든다는 분위기였던 것 같습니다. 6·25 전쟁 때 한강교 폭파로 인하여 생긴 트라우마가 서울 시민들에게 당시까지도 남아있던 것 같습니다. 지금은 남·북한의 경제력 차이가 비교도 안 되고, 핵을 제외한 북한의 군사력이 그렇게 위협적이지는 않지만, 1970년대 초반까지도 1인당 국민소득이 비슷하거나 오히려 북한이 더 높았고, 1968년에는 김신조를 비롯한 북한 공작원 31명이 서울에 침투해서 청와대까지 습격하던 시절입니다. 이러한 전쟁과 피난에 대한 트라우마가 1970년대 강남개발이 강북 인구의 유입에 성공하며 안착한 데에도 영향을 미쳤던 것으로 보입니다.

폭파된 한강 인도교 옆에 임시로 놓인 부교를
건너서 피난을 떠나는 서울 시민들
〈Source: UN Photo〉

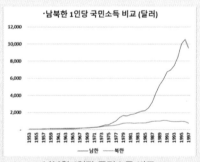

남북한 1인당 국민소득 비교
(1961년 ‒ 1997년)
(원자료: 통계청)

제3한강교 착공과 비슷 시기에 당시 서울시장이 남서울계획이라 하여 강남개발계획을 발표하기도 하였으나, 당시까지만 하더라도 간단한 스케치만 있는 장기적인 계획 정도로만 여겨졌고, 구체적이고 실질적인 진척은 없는 상태였습니다. 이러한 상황이 급반전을 맞은 계기가 갑작스러운 경부고속도로 공사의 시작입니다. 박정희 대통령이 1964년 서독 방문 때 아우토반을 직접 체험하였고, 1967년 봄 대통령 선거유세에서 경부고속도로 건설 계획을 처음 언급했습니다. 그리고 1968년 2월 1일에 공사에 착공하여 1970년 7월 7일에 2년 반이라는 유례없는 초단기간에 완공되었습니다. *(기공식 이전에 미리 공사를 시작했으나, 그 기간을 포함해도 3년을 넘지는 않습니다.)* 공사를 진행하는 입장에서 초단기라는 목표 공사기간도 난관이었지만, 토지 확보를 위한 재원 문제도 해결해야 할 과제였습니다. 이때 활용된 것이 환지 방식의 토지구획정리사업입니다. 환지 방식은 토지 원소유자들로부터 토지를 모두 받아 개발사업을 한 이후에, 도로 등의 공공시설용지나 사업비 충당을 위한 체비지를 보류하고 더 적은 면적의 토지를 환지로서 돌려주기 때문에, 초기에 토지 매수를 위한 재원이 필요하지 않게 됩니다. 영동개발사업은 한남대교 남단에서 시작되는 경부고속도로 부지 확보를 위해서는 더 늦추거나 늦장을 부릴 수 없는 사업이 되어버린 것입니다.

영화 「강남 1970」의 배경이 되는 해는 1970년이나, 사실 강남 지역의 땅값 상승은 1960년대 중반부터 이미 진행 중이었습니다. 말죽거리 신화라는 표현이 있습니다. 말죽거리*(조선시대 한양을 오가는 여객들이 주막에서 여장을 풀며 말에게는 죽을 먹었다는 데에서 유래)*는 현재의 양재동 지역으로, 제3한강교가 완공되면 강남이 크게 개발될 것이라는 소문이 돌았고, 당시 제방이 없어서 비가 오면 한강물에 침수되는 압구정동보다 더 인기가 있었습니다. 그래서 말죽거리 동남쪽 일대의 부동산소개소는 문전성시를 이루기도 했습니다. *(자가용이 흔하지 않고, 택시 장시간 이용도 부담스럽고, 영동지역에 버스 정류장도 없어서, 멀리 동작동 국립묘지에서부터 버스를 내려 걸어와야 했던 시절입니다.)*

다음 표에서 보시는 바와 같이 1963년과 1979년 사이 16년동안 중구 신당동, 용산구 후암동의 지가가 25배 상승한 데 반해, 강남구 학동, 압구정동, 신사동의 경우도 지가가 1,000배 뛰었습니다. 가히 신화란 표현이 어울리지 않을 수 없습니다.

구 분 (단위: 원)	중구	용산구	강남구		
	신당동	후암동	학동	압구정동	신사동
1963	20,000	20,000	300	400	400
1964	30,000	25,000	1,000	1,000	1,000
1965	40,000	30,000	2,000	2,000	2,000
1967	80,000	70,000	3,000	3,000	3,000
1968	100,000	70,000	3,000	3,000	5,000
1969	200,000	100,000	5,000	5,000	10,000
1970	200,000	150,000	6,000	10,000	20,000
1971	150,000	150,000	10,000	15,000	20,000
1972	150,000	150,000	10,000	15,000	30,000
1973	150,000	120,000	15,000	15,000	30,000
1974	150,000	120,000	70,000	50,000	70,000
1975	200,000	150,000	100,000	70,000	100,000
1976	250,000	200,000	150,000	100,000	150,000
1977	250,000	200,000	150,000	100,000	150,000
1978	350,000	350,000	250,000	250,000	250,000
1979	500,000	500,000	400,000	350,000	400,000
비 고	25 배	25 배	1,333 배	875 배	1,000 배

(주요 참고자료: 『서울도시계획이야기』, 손정목 저)

5. 주택법

대한민국헌법

제23조

③ 국가는 주택개발정책등을 통하여 모든 국민이 쾌적한 주거생활을 할 수 있도록 노력하여야 한다.

우리나라 국민의 부동산에 대한 관심은 지대합니다. 그중에서도 특히 아파트를 중심으로 한 주택 시장에 전 국민의 관심이 쏠려 있습니다. 앞서 제1장에서도 말씀드렸듯이 주식에 대해서는 무관심한 채 살아갈 수 있지만, 부동산에 대해서는 그렇게 하기가 쉽지 않습니다. 부동산 중에서도 토지나 상가 투자에는 무심하게 살아갈 수 있지만, 주택에 대해서는 관심을 끊고 관련 지식 쌓는 일을 게을리하며 살아가기는 어렵습니다. 부동산의 종류 중 주택이 가지는 특별한 위치와 성격 때문에 국가는 주택법이라는 별도의 부동산 공법을 통해서 주택건설사업의 시행, 공급방식과 공급가, 주택시장의 관리 등에 대한 규율을 하고 있습니다.

주택법은 우리나라의 주택보급률이 처음으로 100%를 넘어섰던 2002년의 다음 해인 2003년에 제정되어 시행되었습니다. 주택법의 원래 명칭은 「주택건설촉진법」이었는데, 주택보급률이 100%를 넘어서는 시점에 변화된 경제적·사회적 여건에 맞추어 주거복지 및 주택관리 등의 부분을 보강하는 개정을 하면서 기존 명칭에서 '건설 촉진'이라는 표현을 삭제하며 '주택법'이 되었습니다.

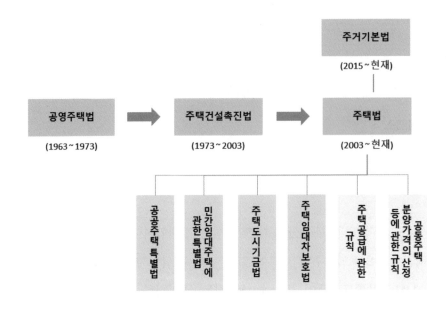

주거기본법

(2015~현재)

공영주택법 (1963~1973) → 주택건설촉진법 (1973~2003) → 주택법 (2003~현재)

공공주택 특별법 | 민간임대주택에 관한 특별법 | 주택도시기금법 | 주택임대차보호법 | 주택공급에 관한 규칙 | 공동주택 분양가격의 산정 등에 관한 규칙

주택건설촉진법은 1973년부터 시행되었는데, 그 이전으로 더 거슬러 올라가면 1963년에 제정되어 시행된 공영주택법이라는 법이 있었습니다. 공영주택법은 지방자치단체나 대한주택공사('주공')(2009년에 한국토지공사와 합병하여 한국토지주택공사(LH)가 됩니다.)가 무주택자에게 저렴한 가격으로 주택을 공급할 수 있도록 정부가 이들 사업주체에게 장기 저리로 대부하거나 비용 일부를 보조할 수 있도록 근거를 만든 법입니다.

공영주택 공급에도 불구하고 주택보급률의 하락이 계속되던 1973년에 공영주택법을 폐지하고, 주택건설촉진법을 시행합니다. 기존의 공영주택법이 사업주체를 지자체와 주공이라는 공공기관으로 한정하여 지원하였던 데 반해, 주택건설촉진법부터는 민간도 사업주체로서 이 법의 규제와 혜택을 받을 수 있게 되었습니다. 요즘은 대부분의 사람들이 삼성 래미안, GS 자이, 대림 아크로, 현대 힐스테이트 등 대형 민간 건설사의 브랜드 아파트를 선호하지만, 1970년대 초반까지 민영 아파트는 드물었고, 아파트 건설은 대부분 공공의 주도에 의해 이루어지던 때였습니다.

서울시는 1969년부터 1년 넘는 기간 동안 447개 동의 시민아파트를 건설했습니다. 원래 1972년까지 3년 동안 2천 동의 시민아파트를 건설할 계획을 세웠는데, 여기서 와우아파트 붕괴라는 대사건이 일어납니다. 와우아파트는 서울 마포구의 와우산 기슭에 지은 시민아파트로, 1969년에 착공하여 6개월만에 공사를 끝냈으나 완공 후 4개월 정도 지나서 1동이 붕괴되는 사고로 34명이 사망하고 40명이 중경상을 입은 대한민국 건설사의 흑역사 중 하나입니다. 사고 발생 후 당시까지 완공된 434개 동의 시민아파트의 안전도 검사를 한 결과, 349개 동이 보수가 필요하다는 검사 결과가 나왔고, 이 중에서도 상태가 심각한 101개 동은 1977년 이전까지 막대한 비용을 들여 철거하기에 이르렀습니다.

서울시는 여의도에 '시범아파트'라는 이름의 아파트를 지어 1971년에 완공하였습니다. 이 아파트의 명칭 '시범'은 '튼튼하게 지어서 와우아파트의 붕괴로 땅에 떨어진 아파트라는 주거용 고층 건물의 이미지를 회복하고 아파트의 모범을 보이겠다.'라는 의미와 의지를 담은 것으로, 이 아파트는 완공 후 50년이 지난 현재도 여의도 아파트의 대표격으로 건재하고 있습니다.

아무튼 1973년에 주택건설촉진법에서 민간도 사업주체로 참여할 길을 열어주면서 무게의 중심 추는 민간 부문으로 기울기 시작했습니다. 1976년에는 도시계획법에 아파트지구 조항(아파트지구는 주거지역의 고밀도 개발을 강제하기 위하여 1976년에 도시계획법 시행령에 추가된 용도지구의 하나이며, 아파트가 이미 주거 형태의 대세로 자리잡은 2000년 이후로는 더 이상 아파트 단지 건설을 강제하는 의미가 없어져 2003년 중에 폐지되었습니다.)을 추가하였는데, 갓 토지구획정리사업을 끝낸 강남 지역의 곳곳을 아파트지구로 지정하여서 민간 건설사의 아파트 건설을 유도하였습니다. 그리고, 1978년에는 「주택공급에 관한 규칙」을 제정·시행하면서 선분양 제도를 도입하여서, 아파트 단지 건설시에 필요한 막대한 비용에 대한 자금 부담을 건설사로부터 덜어주었습니다.

✒ 법의 목적

쾌적하고 살기 좋은 주거환경 조성에 필요한
주택의 건설, 공급 및 주택시장의 관리 등에 관한 사항을 정함으로써
국민의 주거안정과 주거수준의 향상에 이바지함을 목적으로 한다.

✒ 법의 구성

조 문	내 용
제1장 총칙	목적, 용어의 정의 등
제2장 주택의 건설 등	
제1절 주택건설사업자 등	
제2절 주택조합	지역주택조합 등
제3절 사업계획의 승인 등	
제4절 주택의 건설	
제5절 주택의 감리 및 사용검사	
제6절 공업화주택의 인정 등	
제3장 주택의 공급 등	청약, 분양가상한제 등
제4장 리모델링	
제5장 보칙	
제6장 벌칙	

이전의 주택법 체계에서는 '주택종합계획의 수립 등' 및 '주택자금(국민주택기금, 국민주택채권, 주택상환사채, 국민주택사업특별회계 등, 대한주택보증주식회사)'도 있어서 관련 내용을 다루었으나, 2015년에 「주거기본법」과 「주택도시기금법」

이 제정되어 이관되면서 현재는 별도의 법률에서 해당 내용을 다루고 있습니다.

주택의 정의와 종류

주택법은 법의 적용 대상이 되는 '주택'에 대해서 아래와 같이 정의하고 있습니다.

🔖 **주택**

세대(世帶)의 구성원이 장기간 독립된 주거생활을 할 수 있는 구조로 된 건축물의 전부 또는 일부 및 그 부속토지

주택은 단독주택과 공동주택으로 구분됩니다. 단독주택은 '1세대가 하나의 건축물 안에서 독립된 주거생활을 할 수 있는 구조로 된 주택'을 말하며, 세부 분류로서 단독주택, 다중주택, 다가구주택이 있습니다. 공동주택은 '건축물의 벽, 복도, 계단이나 그 밖의 설비 등의 전부 또는 일부를 공동으로 사용하는 각 세대가 하나의 건축물 안에서 각각 독립된 주거생활을 할 수 있는 구조로 된 주택'을 말하며, 세부 분류로서 아파트, 연립주택, 다세대주택이 있습니다.

그리고 주택은 아니지만 주택정책의 수립 및 시행시 주택에 준하는 것으로 보아 관리하는 준주택이라는 것이 있습니다. 준주택은 '주택 외의 건축물과 그 부속토지로서 주거시설로 이용가능한 시설 등'으로 정의되며, 그 종류로서 기숙사, 다중생활시설(고시원), 노인복지주택, 오피스텔이 있습니다.

단독주택과 공동주택의 중요한 차이는 건물 1개 동 전체가 하나로서 등기가 이루어지는지, 건물 내 각 세대별로 구분되어 등기가 이루어지는지 여

부입니다. 단독주택에 속하는 다가구주택과 공동주택에 속하는 다세대주택
은 건물 외관상으로는 구분이 쉽지 않은 경우도 있는데, 법적으로는 '하나
의 등기인지, 구분등기인지'라는 큰 차이가 있습니다.

구 분	세부 분류	층 수	면 적	비 고
단독주택	단독주택			
	다중주택	3개 층 이하	330㎡ 이하	
	다가구주택	3개 층 이하	660㎡ 이하	19세대 이하
공동주택	다세대주택	4개 층 이하	660㎡ 이하	
	연립주택	4개 층 이하	660㎡ 이상	
	아파트	5개 층 이상		

　　단독주택의 분류로는 일반적인 단독주택 이외에 다중주택과 다가구주
택이라는 것이 포함됩니다. 다중주택은 우리가 대학가에서 흔히 볼 수 있
는 '원룸 건물'로써, 주택으로 쓰는 층수(지하층 제외)가 3개 층 이하이고 1개
동의 주택으로 쓰이는 바닥면적의 합계가 330㎡(100평) 이하로 지어야 합니
다. 다가구주택의 층수 기준은 다중주택과 동일하나, 면적은 그 2배인 660
㎡(200평)을 한도로 지을 수 있습니다. 여기에 19세대 이하라는 추가적인 규
정이 있습니다. 이는 다중주택이 학생이나 젊은 직장인 등 1인 가구를 주
타겟으로 하는 데 비해서, 다가구주택의 경우는 한 가정이 들어와 거주하
는 경우가 많으므로, 주방도 제대로 갖추게 하고 세대별로 일정 면적 이상
의 주거공간을 확보하게끔 하려는 의도로 보입니다.

　　공동주택은 주택으로 쓰는 층수가 5개 층 이상이면 아파트로 분류되고,
4개 층 이하인 경우에 주택으로 쓰는 1개 동의 바닥면적 합계가 660㎡(200
평) 이상이면 연립주택, 그 이하이면 다세대주택으로 분류됩니다.

길을 걷다 보게 되는 주거용 건물이 지상 5층의 건물이면 아파트, 지상 4층의 건물이면 연립주택이나 다세대주택인 것으로 추측할 수 있지만, 항상 그렇지는 않습니다. 우선, 건물 전체의 층수 기준이 아니라 '주택으로 쓰는 층수'를 기준으로 판단을 하는데, 요즘은 주차공간을 확보를 위하여 1층을 필로티 구조로 하는 경우가 많기 때문에 다세대주택이나 연립주택도 건물 전체의 층수는 5층이 됩니다. 여기에 「도시형생활주택」으로 허가를 받은 단지형 연립주택이나 단지형 다세대주택의 경우 건축위원회의 심의를 받아서 주택으로 쓰는 층수를 5개 층까지 건축할 있습니다. 이 경우에는 연립주택·다세대주택 건물이지만 필로티 구조의 1층까지 포함해서 6층 건물이 됩니다.

20세기의 가장 위대한 건축가 중 한 명인 르 코르뷔지에(Le Corbusier)의 대표작 「빌라 사보아(Villa Savoye)」입니다. 1층을 필로티 구조로 한 것으로도 유명합니다.

〈Source: (CC BY-SA 3.0) Valueyou @ Wikimedia Commons〉

주택의 분류 중 중요한 또다른 하나는 국민주택과 민영주택의 구분입니다. 국민주택이란 '국민주택규모'라 불리는 일정한 기준 면적 이하로 공공 부문(국가, 지방자치단체, 한국토지주택공사(LH), 주택사업 목적으로 설립된 지방공사(SH 등))에서 직접 건설하거나, 공공 자금(국가·지방자치단체의 재정 또는 주택도시기금으로부터 자금)의 지원을 받아 건설하는 주택을 말합니다. 그리고 민영주택이란 국민주택을 제외한 주택을 말합니다.

구 분		국민주택규모 (주거전용면적)	
		85㎡ 이하	85㎡ 초과
공 공		국민주택	민영주택
민 간	공공자금 지원	국민주택	–
	그 외의 일반적인 경우	민영주택	민영주택

'국민주택규모'란 주거전용면적이 1호 또는 1세대당 85㎡ 이하인 주택(수도권을 제외한 도시지역이 아닌 읍·면 지역은 1호 또는 1세대당 주거전용면적이 100㎡ 이하인 주택)을 말합니다. 아파트 분양 현장에 가거나 부동산 중개업소 앞에서 아파트 매물 광고를 보면 전용면적 84㎡의 아파트를 유난히 많이 볼 수 있습니다. 국민주택규모 이하의 주택은 주택도시기금의 자금 지원이나 부가가치세 면세와 같은 각종 세제 혜택이 있기 때문에, 건설사들이 가능한 면적을 넓게 지으려고 하면서도 국민주택규모는 넘지 않으려고 하기 때문에 주거전용면적 85㎡ 근처까지 꽉 채워서 공급하는 경우가 많습니다.

그 외에 주택법에서 정의하고 있는 주택의 종류에는 임대주택과 토지임대부 분양주택이 있습니다. '임대주택'이란 임대를 목적으로 하는 주택으로서, 「공공주택 특별법」에 따른 공공임대주택과 「민간임대주택에 관한 특별법」에 따른 민간임대주택으로 구분됩니다. '토지임대부 분양주택'이란 토지의 소유권은 주택건설사업의 시행자가 계속 가지게 되고, 건축물 및 복리시설 등에 대한 소유권만 수분양자에게 이전되는 형식의 주택을 말합니다.

부동산, 특히 아파트와 같은 공동주택의 단위 면적당 금액에 대한 정보를 보거나 다른 사람과 대화를 나눌 때면 머리가 살짝 아파옴을 느끼게 되는 경우가 종종 있습니다. 우리나라는 2007년 7월 1일부터 '평'단위 대신에 '제곱미터'를 쓰도록 하고 있고(비법정단위를 광고 등에 사용 시 과태료 부과), 2009년 4월 1일부터는 입주자 모집 공고 시에 세대별 공급면적을 주거전용면적으로 표시하는 것을 원칙으로 하고 있습니다. 워낙 오랜 기간 동안 '평'이라는 면적 단위, 그리고 주거전용면적에 주거공용면적을 더한 '분양면적' 개념에 익숙해져 있었던 터라, 벌써 10년이 더 지난 지금까지도 새 기준이 불편하게 느껴지는 것은 어쩔 수 없는 것 같습니다.

주변에서 "미국은 아직도 인치, 피트, 야드, 마일, 온스, 파운드, 화씨(Fahrenheit)와 같이 유별난 단위를 사용한다."라고 불평하거나 비난하는 경우를 종종 보게 됩니다. 1999년에 미국 NASA에서 화성으로 보낸 우주선이 폭발하는 사고가 발생한 적이 있었는데, 당시 조사 결과 야드–파운드와 같은 미국 특유의 단위를 쓰는 우주선 제조사와 미터법을 쓰는 NASA 간의 차이가 폭발의 원인이 되었다고 합니다. '인치'는 손가락 마디, '피트'는 발 크기이므로, 길이나 거리를 자 없이 어림짐작으로 파악해야 할 때에는 나름 편한 면도 있을 것 같고, 또 미국인들 본인 입장에서야 익숙한 것이 최고일 터이기는 하겠지만, 아무튼 외국인인 우리 입장에서는 답답할 뿐입니다. 그런데 생각해보면, 요즘은 우리나라에서 거주하는 외국인들도 많아졌는데, 아직도 부동산 면적을 말할 때 '평'을 기준으로 이야기하는 우리나라 문화에 그들이 답답해 할지도 모르겠다는 생각이 들기도 합니다.

'1평'은 3.305785㎡입니다. 1평은 대략 180㎝×180㎝ 사이즈의 정사각형이라고 보시면 됩니다. 이 단위는 한 사람이 팔과 다리를 벌리고 누울 수 있는 넓이에서 기원했다고 합니다. 평을 제곱미터 기준으로 환산하고자 할 때에는 평 면적에 3.3을 곱해주면 대략적인 수치를 구할 수 있습니다. 그런데 요즘에는 공식적인 표기가 다 제곱미터 기준으로 되어있어서 제곱미터를 평 기준으로 환산하고 싶을 때가 많은데, 제곱미터 면적을 3.3으로 나누면 되긴 하지만 암산으로 계산하는 것은 대부분 어렵다고 느끼실 것입니다. 이럴 때는 제곱미터 면적을 3.3으로 나누는 것보다, 1m^2는 0.3025평이므로, 제곱미터 면적에 3을 곱해주고 10으로 나누는 방식이 암산하기에 훨씬 쉽습니다. 예를 들어 국민주택규모 기준인 85m^2의 경우에는 80에 3을 곱한 후 10으로 나눈 '24'와 5에 3을 곱한 후 10으로 나눈 '1.5'를 더하면 25.5평이 나옵니다. 조금 더 정확하게 계산된 평수는 25.7125평이긴 하지만, 큰 차이는 없습니다.

아파트 분양시에나 부동산 중개업소 앞에 붙은 아파트 매물 광고에 84m^2가 유난히 많이 보인다고 말씀드렸습니다. 그런데 필자가 어렸을 때 아파트 광고를 보면 32평~34평의 것이 유난히 많았습니다. 33평이면 109m^2인데, 그 당시 국민주택규모의 기준이 더 컸던 것일까요? 이는 국민주택규모의 기준이 변경된 것이 아니고, 「주택공급에 관한 규칙」(이하 「규칙」)의 개정으로 주택공급면적의 표시 기준이 변경되었기 때문입니다.

아파트를 비롯한 공동주택은 개별 세대의 현관문을 닫고 들어가서 그 거주자가 독점적.배타적으로 사용할 수 있는 공간과, 그 외에 모든 입주자가 공동으로 사용하는 공간으로 나누어집니다. 전자와 같은 공간의 면적을 「주거전용면적」이라 하고, 후자와 같이 공동으로 사용으로 하는 공간의 면적을 「공용면적」이라 하는데, 공용면적은 「주거공용면적」이라 하여 계단, 복도, 현관 등 공동주택의 지상층에 있는 공용면적과 「그 밖의 공용면적('기타공용면적')」이라 하여 주거공용면적을 제외한 지하층, 관리사무소, 노인정 등의 공용면적으로 나누어집니다.

주택공급면적의 구분

구 분	비 고
주거전용면적	주거의 용도로만 쓰이는 면적
주거공용면적	계단, 복도, 현관 등 공동주택의 지상층에 있는 공용면적

(舊) 공급면적/분양면적	주거전용면적 + 주거공용면적
그밖의 공용면적 (기타공용면적)	주거공용면적을 제외한 지하층, 관리사무소, 노인정 등 공용면적
계약면적	주거전용면적 + 주거공용면적 + 기타공용면적

  예전에는 분양시 입주자 모집공고의 주택공급면적 표기에 주거전용면적
뿐 아니라 주거공용면적까지 포함하여 산정하였습니다. 그리고 이를 흔히
분양면적이라 불렀습니다. 그러나 2009년 4월 1일에 「규칙」이 개정되어 시
행된 이후로는 세대별 공급면적을 주거전용면적으로 표시하도록 하였고,
주거공용면적과 기타 공용면적은 별도 표시할 수 있게 바뀌었습니다. 이
는 전용면적이 같은 주택도 전용률에 따라 다르게 표기함에 따라 발생되
는 주택공급면적에 대한 혼란이라는 문제점을 해소하기 위하여 개정한 것
입니다.

  '전용률'이라는 표현을 많이 들어보셨을 것입니다. 공동주택의 전용률
은 흔히 주거전용면적을 과거의 분양면적, 즉 주거전용면적과 주거공용면
적을 합한 금액으로 나눈 비율을 의미합니다. 아파트마다 조금씩 다르지
만 대략 80%로 보시면 됩니다.

$$\text{전용률} = \frac{\text{주거전용면적}}{\text{주거전용면적} + \text{주거공용면적}}$$

  (참고: 오피스텔 투자에 관심 있으신 분은 "이 오피스텔의 전용률은 50%이다."라
는 식의 말을 들어보셨을 것입니다. 이는 공동주택의 전용률 계산하는 방식과 일반 건
물의 전용률 계산하는 방식의 차이가 있기 때문입니다. 오피스텔의 전용률 계산 시 전
용면적을 계약면적으로 나누기 때문에 지하주차장의 면적이 큰 경우에는 그만큼 분모
가 커지기 때문에 전용률 수치가 낮게 나오게 됩니다.)

  다음 그림에서 보듯이, 전용면적 84㎡인 아파트의 평 기준 면적은
25.41평이며, 전용률이 80%라 하면 과거의 분양면적 32평 아파트와 실
질적으로 동일한 면적의 아파트입니다.

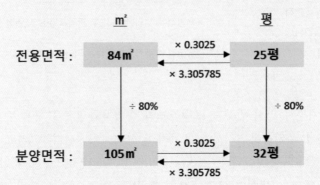

주거전용면적 84㎡의 분양 평수 전환(전용률 80% 가정)

한편, 공식적인 용어는 아니지만, '실평수'라는 용어도 많이 들어보셨을 것입니다. 건축법상 일정 기준 이하의 발코니 면적은 건물의 바닥면적 산정에 포함되지 않습니다. 그래서 발코니 면적을 흔히 '서비스 면적'이라고 부릅니다. 발코니는 확장하는 경우에 원래의 주거전용면적과 구분없이 사용할 수 있는데, 이런 경우 주거전용면적에 발코니 확장면적을 더한 것을 흔히 실평수라고 합니다.

주택건설사업의 시행

연간 일정 호(戶)수 이상의 주택건설사업을 시행하려는 자는 우선 국토교통부에 등록을 하여 국가의 관리를 받도록 되어 있고, 한 번에 일정 호(戶)수 이상의 주택건설사업을 시행하려고 하는 경우에는 법에서 정한 승인권자로부터 사업계획의 승인을 받아야 합니다. 주택법에서 규율하고자 하는 주택건설사업이 집단 주거지 개발의 성격을 띄고 있기 때문에 부대시설 및 복리시설까지 그 규율 대상에 포함되며, 건축법의 건축허가 절차보다 주택법의 사업계획 승인절차가 까다로운 편입니다.

우선 등록의 경우 공동주택을 기준으로 말씀드리면, 연간 20세대 이상의 주택건설사업을 시행하려는 자는 자본금, 기술인력 및 사무실면적에 있어서 일정한 요건을 갖추어 국토교통부에 등록을 하여야 하고, 연간 영업실적, 영업계획 및 기술인력 보유현황, 월별 주택분양계획 및 분양실적을 제출하여야 합니다.

✔ 등록 대상자

구 분		등록 대상 기준
주택건설사업	단독주택	20호 이상
	공동주택	20세대 이상 (단, 도시형생활주택의 경우는 30세대 이상)
대지조성사업		1만㎡ 이상

(*) 국가·지방자치단체, 한국토지주택공사, 지방공사, 주택건설사업목적으로 설립된 공익법인은 별도의 등록이 필요 없으며, 주택조합 및 근로자의 고용자도 등록사업자와 공동 시행하는 경우에는 등록 의무가 없습니다.

🖋 등록 요건

항 목		기준 요건	
자본금		3억 원 이상 (개인인 경우에는 자산평가액 6억 원 이상)	
기술 인력	주택건설사업	「건설기술 진흥법 시행령」 별표 1에 따른	건축 분야 기술인 1명 이상
	대지조성사업		토목 분야 기술인 1명 이상
사무실 면적		사업의 수행에 필요한 사무장비를 갖출 수 있는 면적	

그리고 보통 공동주택을 기준으로 30세대 이상의 주택건설사업을 시행하기 위해서는 승인권자로부터 사업계획승인을 받아야 합니다.

🖋 사업계획승인 대상사업

구 분		등록 대상 기준
주택건설사업	단독주택	30호 이상 (일부 예외: 50호 이상)
	공동주택	30세대 이상 (일부 예외: 50호 이상)
대지조성사업		1만㎡ 이상

승인권자는 사업의 해당 대지면적의 크기에 따라서 달라집니다. 대지면적이 10만㎡ 이상인 경우 특별시장, 광역시장, 특별자치시장, 도지사·특별자치도지사('시·도지사') 또는 대도시(인구 50만 이상)의 시장으로부터 사업계획의 승인을 받아야 하고, 대지면적이 10만㎡ 미만일 경우에는 특별시장, 광역시장, 특별자치시장, 특별자치도지사 또는 시장, 군수가 승인권자가 됩니다. 즉, 서울시에서 아파트 건설을 하기 위해서는 대지면적에 상관없이 서울시장

으로부터 승인을 받아야 하나, 경기도 과천시에서 아파트 건설사업을 할 경우에는 대지면적의 크기에 따라 과천시장으로부터 승인을 받아야 할 수도 있고, 경기도지사로부터 승인을 받아야 할 수도 있습니다.

주택법상의 사업계획 승인을 받아야 하는 대상인지 여부, 즉 공동주택 30세대 이상을 짓는지에 따라 인·허가권자가 달라지는데, 해당 지역이 속한 행정구역에 따라 변화가 없을 수도 있습니다. 물론 동일한 인·허가권자라 하더라도 절차 요건의 까다로운 정도는 크게 다를 것입니다. 이를 정리하면 아래의 표와 같습니다.

✎ 부동산 개발사업별 인·허가권자

구 분	주택법 미적용 (30세대 미만) → 건축법의 건축허가		주택법 적용 (30세대 이상) → 주택법의 사업계획승인	
	일반 원칙	21층 이상의 건축물	대지면적 10만㎡ 미만	대지면적 10만㎡ 미만
특별시	구청장	특별시장	특별시장	특별시장
광역시	구청장/군수	광역시장	광역시장	광역시장
대도시	시장	시장	시장	시장
중소도시	시장	시장	시장	도지사
군	군수	군수	군수	도지사
특별자치시	특별자치시장	특별자치시장	특별자치시장	특별자치시장
특별자치도	특별자치도지사	특별자치도지사	특별자치도지사	특별자치도지사

일상에서 뉴스를 접할 때뿐만 아니라, 부동산 공법의 조문에서도 '시·도지사'라는 표현과 '대도시'라는 표현이 빈번하게 나오는 것을 볼 수 있습니다.

저도 처음에 그랬지만, '시·도지사'에서의 '시'가 모든 도시를 의미하는 것으로 잘못 이해하시는 분도 계실 수 있을 것 같습니다. 그러나, 여기서의 '시'는 오직 특별시, 광역시 및 특별자치시만을 의미합니다. 특별시로는 국민 모두 알다시피 서울특별시 한 곳만 있으며, 광역시에는 부산, 대구, 인천, 광주, 대전, 울산의 여섯 곳, 특별자치시는 세종특별자치시 한 곳만 있습니다. 그리고 '도지사'는 경기, 강원, 충남, 충북, 전남, 전북, 경남, 경북의 여덟 개 도에 있으며, 제주도에는 2006년 「제주특별자치도 설치 및 국제자유도시 조성을 위한 특별법」 제정 이후 도지사 대신에 '특별자치도지사'가 생겼습니다. 이와 같이 시·도지사에는 모두 17명이 있습니다.

한편, 「지방자치법」 제175조(대도시에 대한 특례인정)에서는 "서울특별시, 광역시 및 특별자치시를 제외한 인구 50만 이상 대도시의 행정, 재정운영 및 국가의 지도, 감독에 대하여는 그 특성을 고려하여 관계 법률로 정하는 바에 따라 특례를 둘 수 있다."라고 규정하고 있습니다. 부동산 공법에서도 인구 50만 이상의 대도시 시장에게는 인·허가권 등 여타의 인구 50만 미만 도시의 시장에게는 부여하지 않는 권한을 부여하는 경우가 종종 있습니다. 2020년 현재 이러한 대도시로는 경기도의 수원, 고양, 용인, 성남, 화성, 부천, 남양주, 안산, 안양, 평택, 충남의 천안, 충북의 청주, 전북의 전주, 경남의 창원, 김해, 경북의 포항, 이렇게 16개의 도시가 있습니다.

그리고 추가로 '시장, 군수, 구청장'이라는 표현도 부동산 공법에서 자주 보게 되는 표현인데, 여기서의 '구청장'은 특별시와 광역시 내의 자치구 구청장만 의미하고, 기타의 일반 대도시 내 임명직 구청장은 포함하지 않습니다.

알박기와 매도청구권

앞서 개발사업법에 대한 설명을 드리면서도 말씀드렸었듯이, 부동산 개발사업을 하면서 가장 중요한 것은 입지 좋은 곳의 땅을 찾아내고, 그 땅의 소유권을 100% 확보하는 일인 것 같습니다. 그런데 개발 계획에 대한 소문이 돌면 주민들의 땅값에 대한 기대치도 오르기 마련이고, 시세보다 훨씬 높은 금액에 거래를 제안하여도 계약 성사가 쉽지 않은 경우가 있습니다.

만일 사업부지 내 토지의 대부분을 매수하여 매매대금까지 지급하였으나, 일부 토지에 대한 소유권 확보에 성공하지 못하여 공사 착수에 들어가지 못한다면 사업 시행자 입장에서의 손해는 이만저만이 아닙니다. 이미 매입한 토지에 대해서는 PF대출을 통해서 매매대금을 지불하였을 것인데, 대출로 인한 이자비용 부담이 매우 큰 편입니다. 토지 확보와 인·허가 절차가 완료되지 않은 개발사업은 제1금융권에서 PF대출을 받기가 어렵기 때문에 저축은행을 비롯한 제2금융권에서 브릿지 대출(Bridge Loan)을 받는 경우가 많은데, 이것이 상당한 고금리이기 때문에 사업이 계속 지연되는 경우 막대한 금융비용이 쌓일 수 있습니다. 그리고 사업 추진을 처음 시작했을 당시에는 부동산 시장의 상황이 좋았으니까 시작했을 터인데, 착공이 몇 년째 지연되는 와중에 부동산 경기가 꺾여서 사업이 존폐 기로에까지 놓이는 경우도 있습니다.

'알박기'라는 표현은 모두 잘 아실 것입니다. 알박기를 통해서 시세의 몇 배 이상을 받고 토지를 넘긴 사례는 뉴스를 통해서 여러 번 보셨을 것입니다. 어감으로 봐서는 공식적인 문서에 어울리는 표현은 아닌 것 같은데, 대체할 만한 단어가 없어서인지 법원 판결문에서도 사용되는 표현입니다. 2009년에 나온 헌법재판소 결정문에서는 알박기를 "(i) 개발예정지역의 땅을 미리 사놓고 (ii) 집요하게 주택건설사업의 추진을 방해하며 (iii) 개발사업자로부터 시가보다 훨씬 많은 돈을 받고 매도하는 행위"라고 하였습니다. 이것으로부터 본다면 개발 계획이 존재하기 이전에 토지를 취득하여 평온하게 소유하고 있던 사람이 단순히 시세보다 많은 금액을 대가로 받았거나 끝까지 거래를 거절하여 버렸다는 이유만으로 '알박기'라 불리며 부정적 시선을 받는 것은 부당해 보입니다. 그런데 현실적으로는 이러한 경우도 구별없이 '알박기'라 부르며 부정적인 인식을 입히는 경향이 있는 것 같습니다.

아무튼 사업 시행자 입장에서는 '악의적 알박기'든 '원래 의도는 없던 알박기'이든 알박기 문제를 해결해야 합니다. 공공성·공익성이 높은 사업의 경우는 수용 제도를 이용하여 해결할 수 있습니다. 대한민국 헌법 제23조 제3항을 보면 "공공필요에 의한 재산권의 수용, 사용 또는 제한 및 그에 대한 보상은 법률로써 하되, 정당한 보상을 지급하여야 한다."라고 규정함으로써 수용 제도의 근거를 마련하고 있습니다.

도시계획시설사업, 도시개발사업, 택지개발사업, 공공 부문에 의해서 시행되는 국민주택 건설사업 및 관련 대지조성사업, 정비사업(일부 재건축사업은 제외), 산업단지개발사업, 경제자유구역 개발사업, 역세권개발사업, 관광지 및 관광단지 조성사업 등과 같은 공익사업의 경우에 「공익사업을 위한 토지 등의 취득 및 보상에 관한 법률」에 따라 '사업인정(공익사업을 토지등을 수용하거나 사용할 사업으로 결정하는 것)'을 받으면 법에서 정한 일정한 절차를 거쳐서 보상금을 지급하고 필요한 토지를 수용할 수 있습니다. 이러한 사업에서는 시행자가 국가, 지자체, 공공기관일 때는 물론이고, 민간 사업자도 일정한 요건의 충족 시 수용권 행사가 가능합니다. 헌법 제23조 제3항의 문구를 보아도 '공공필요의 유·무', '법률에 의한 절차 진행', '정당한 보상 제공'이 중요한 것이지, 사업 시행의 주체를 공공 부문으로 한정하지는 않은 것으로 해석됩니다.

주택건설사업의 경우는 어떨까요? 내가 가지고 있는 땅이 수용되어 도로로 건설된다면 비록 내 의사에 상관없이 토지 소유권을 잃었지만 많든 적든 보상금을 받았을 뿐더러, 공익을 위하여 공헌했다는 자부심을 가지거나 자기위안으로 삼는 것도 가능할 것입니다. 그러나 주택건설사업의 경우는 사업으로 인한 효익이 개발이익을 얻게 되는 사업 시행자와 완공된 주택의 소유자로서 권리를 향유할 수분양자에게 돌아갑니다. 그렇기 때문에 주택건설사업이 공공 사업이라고 말할 수는 없습니다. 그러나 주택법의 규제를 받으며 시행되는 주택건설사업은 일정 호수 이상의 주택을 건설하는 경우가 그 대상이고, 주택의 대량 공급은 어느 정도의 공공성이 있다고 보아서 수용 제도와 그 실질적인 경제적 효과가 유사한 '매도청구제도'를 2005년부터 주택법에 도입하였습니다.

('수용'이란 단어는 모든 독자분에게 굉장히 익숙한 단어이겠지만, '매도청구'라는 용어는 대부분 낯설어 하실 것 같습니다. 낯설지 않게 느껴지시는 분들도 주택건설사업이 아닌 재건축 사업을 통해서 들어보신 분이 많을 것 같습니다. 그도 그럴 것이 매도청구제도는 재건축 분야에서 먼저 도입되어 존재하는 규정이기도 하고, 주택건설사업과 관련해서는 많은 사람들이 용어 구별에 대한 명확한 지식이 없다 보니 '매도청구'라는 용어를 사용하는 것이 올바른 상황에서도 친숙한 '수용'이라는 표현을 사용하는 경우가 많은 것 같습니다.)

주택법

제21조(대지의 소유권 확보 등)

① 제15조 제1항 또는 제3항에 따라 주택건설사업계획의 승인을 받으려는 자는 해당 주택건설대지의 소유권을 확보하여야 한다. 다만, 다음 각 호의 어느 하나에 해당하는 경우에는 그러하지 아니하다.

1. 「국토의 계획 및 이용에 관한 법률」 제49조에 따른 지구단위계획의 결정이 필요한 주택건설사업의 해당 대지면적의 80퍼센트 이상을 사용할 수 있는 권원(權原)을

확보하고, 확보하지 못한 대지가 제22조 및 제23조에 따른 매도청구 대상이 되는 대지에 해당하는 경우

(이하 조문 생략)

제22조(매도청구 등)

② 제21조 제1항 제1호에 따라 사업계획승인을 받은 사업주체는 다음 각 호에 따라 해당 주택건설대지 중 사용할 수 있는 권원을 확보하지 못한 대지의 소유자에게 그 대지를 시가(市價)로 매도할 것을 청구할 수 있다. 이 경우 매도청구 대상이 되는 대지의 소유자와 매도청구를 하기 전에 3개월 이상 협의를 하여야 한다.

1. 주택건설대지면적의 95퍼센트 이상의 사용권원을 확보한 경우: 사용권원을 확보하지 못한 대지의 모든 소유자에게 매도청구 가능
2. 제1호 외의 경우: 사용권원을 확보하지 못한 대지의 소유자 중 지구단위계획구역 결정고시일 10년 이전에 해당 대지의 소유권을 취득하여 계속 보유하고 있는 자를 제외한 소유자에게 매도청구 가능

(이하 조문 생략)

주택법상 주택건설사업계획의 승인을 받기 위해서는 먼저 해당 주택건설대지의 소유권을 확보하는 것이 원칙인데 몇 가지 예외가 있습니다. 그중 하나가 지구단위계획의 결정이 필요한 주택건설사업의 경우인데, 해당 대지면적의 80% 이상에 대해서 사용 권원을 확보하고, 나머지 부분이 매도청구 대상이 되는 대지에 해당하는 경우에는 승인을 받을 수 있습니다. 그리고 사업주체는 3개월 이상의 협의에도 토지 매수에 실패한 경우 토지소유자에게 매도청구를 하는 것이 가능하되, 토지 소유자가 지구단위계획구역 결정고시일 10년 이전부터 소유권을 취득하여 계속 보유한 장기 보유자일 경우에는 사업주체가 95% 이상의 사용권원을 확보한 경우에만 매도청구를 통하여 시가에 넘겨받는 것이 가능합니다.

이 제도가 처음 도입된 2005년만 하더라도 사업주체는 대지면적의 90%에 대한 사용권원을 확보하여야 했고, 소유권을 취득한지 3년이 지나지 않

은 토지 소유자에게만 매도청구가 가능하여서 현재보다 사유재산권을 두텁게 보호하였습니다. 그러나 2007년과 2008년의 개정에서 사업주체에게 유리한 방향으로 기준이 완화되었고, 이후 추가 개정없이 현재까지 유지되고 있습니다.

이 제도의 도입 취지는 처음부터 폭리를 취할 목적으로 개발사업부지내 토지를 확보한 자가 알박기를 통하여 거액을 챙기고 이러한 원가 상승이 분양가 상승으로 이어지는 것을 막기 위한 것으로, 3년 이내의 단기 보유자일 경우 의도적인 알박기였을 가능성이 있다고 보고 사업주체의 매도청구를 가능하게 한 것이었습니다. 그러나 현재는 의도 여부를 불문하고 사업의 원활한 진행을 돕는 방향으로 개정되었습니다.

✔ 매도청구제도 조건의 변화

구 분		사업주체의 사용권원 확보율			
		80% 미만	80 ~ 90%	90 ~ 95%	95% 이상
토 지 소유자의 보유기간	3년 미만	×	× → ○	○	○
	3 ~ 10년	×	× → ○	× → ○	× → ○
	10년 이상	×	×	×	× → ○

(○: 매도청구 가능, ×: 매도청구 불가)

위 표에서 보시는 바와 같이, 권원 확보율이 80%~90%일 경우에 처음 도입때만 하더라도 매도청구가 불가능했으나, 개정 후에는 10년 미만 보유자에 대해서는 매도청구가 가능하도록 바뀌었습니다. 그리고 권원 확보율이 90%를 넘은 경우에도 처음에는 3년 미만 보유자만 가능했으나, 개정 후에는 확보율이 90%~95% 사이일 경우에는 10년 미만 보유자까지, 95% 이상일 경우에는 보유기간에 상관없이 모든 토지 소유자에게 매도청구가 가능하도록 개정되었습니다.

이러한 제도의 도입은 당연히 여러 토지 소유자의 불만을 불러 일으켰습니다. 토지 소유자 중 일부는 여러 차례에 걸쳐 헌법재판소에 위헌소원을 제청하였습니다. (2008헌바133, 2009헌바240, 2010헌바219) 그러나 헌법재판소에서는 아래와 같은 점을 들어 헌법에 위반되지 않는 것으로 결정하였습니다.

"토지는 다른 재산권과 달리 공동체의 이익이 더 강하게 존중될 것이 요구되는 점, 지구단위계획에 따라 20호 이상의 주택을 건설하는 사업은 민간사업자가 시행하는 경우에도 공공성이 강하다고 할 것이고 20호 이상의 주택을 건축하기 위해서는 일단의 연접 토지가 반드시 필요한 점 등에 비추어 보면, 지구단위계획에 따른 주택건설이라는 공익사업을 원활하게 추진하게 하려는 공익이 이 사건 법률조항으로 제한을 받게 되는 사익을 능가한다고 할 수 있으므로…"

매도청구와 관련하여 한 가지 유의할 점은 사용권원 확보율이나 보유기간과 같은 정량적인 요건을 충족하더라도 매도청구권 행사가 인정되지 않는 경우가 있을 수 있다는 것입니다. 토지 소유권 및 독자적 개발사업 기회의 상실과 같이 매도청구로 인하여 토지 소유자에게 주어지는 불이익이 주택건설사업으로 인해 얻는 민간업체의 이익과 공익의 증가보다 크다는 이유로 법원이 매도청구를 인정하지 않은 사례가 있습니다.

2008년 화성시는 어느 민간업체의 주택건설사업계획을 승인하고 지구단위계획구역의 지정 결정을 하였습니다. 물론 그 업체는 대지 면적의 80% 이상에 대한 사용권원을 확보한 상태였으므로 사업계획의 승인을 받았을 것이고, 매도청구권을 당연히 행사할 수 있을 것으로 기대하였을 것입니다. 그러나 동 사업계획이 존재하기 몇 년 전부터 별도의 개발사업을 벌이기 위해 토지를 취득하여 보유하고 있던 한 토지 소유자가 자신의 토지가 사업구역에 포함되자 수원지방법원에 주택건설사업계획의 승인처분 취소를 구하는 소송을 제기하였고, 법원은 이를 받아들여 화성시로 하여금 사업계획의 승인을 취소하도록 하였습니다.

법원은 알박기 방지를 위한 매도청구권 제도의 정당성을 인정하면서도, 당시 소유자가 알박기를 통한 부당이득을 목적으로 토지를 취득했던 것으로 보이지는 않는 점, 해당 토지가 사업구역의 가장자리에 위치하고 있는데, 그 토지를 사업부지에서 제외하더라도 특별히 주택건설사업이 불가능해지거나 사업성이 크게 떨어질 것으로 보이지는 않는 점, 당시 이미 인근에서 진행중인 택지개발사업으로 대규모 주택공급이 예상되는 상황에서 동 주택건설사업이 갖는 공익성은 상대적으로 약하다는 점 등, 여러 요인들을 종합적으로 고려하여 판단한 끝에 매도청구권을 인정하지 않는 취지의 판결을 내렸습니다.

매도청구 이외의 알박기 대처

지금까지 사업시행자가 대지에 대해서 일정 비율 이상의 사용권원을 확보한 상태에서 알박기에 대처하는 방안인 매도청구권에 대해서 살펴보았습니다. 여기서는 그렇지 못한 사업시행자도 사용할 수 있는 전략(?)에 대해서 알아보겠습니다. 이 방법들은 알박기로 폭리를 취해서 이미 부당이득을 챙긴 토지 소유자에 대해서 취하는 '사후적' 조치라 할 수 있습니다. 거래가액이 어찌되었든 양자의 합의에 의하여 계약을 체결해 놓고서 나중에 가서 다른 소리를 하는 것이 그리 좋게 보이지 않습니다만, 토지 소유자 입장에서 사업 시행자가 이러한 행동을 취할 수도 있다는 사실을 알고 있는 것은 도움이 될 것 같습니다.

악의적 알박기는 형법상 부당이득죄로 고발될 수 있습니다. 부당이득죄는 코로나 바이러스가 강타했던 2020년 봄, 마스크 품귀 현상이 있던 당시에 폭리를 노리는 사람들이 사재기를 한다는 뉴스 중에 언급이 많이 되어서 일반인에게도 익숙한 조항일 것입니다. 형법에는 아래와 같은 규정이 있습니다.

형법

제349조(부당이득)

① 사람의 궁박한 상태를 이용하여 현저하게 부당한 이익을 취득한 자는 3년 이하의 징역 또는 1천만 원 이하의 벌금에 처한다.　　　　　　　　　　　　*(이하 생략)*

그런데 단순히 시세보다 훨씬 더 비싼 가격에 매도하였다고 해서 부당이득죄가 성립하는 것은 아닙니다. 2009년 대법원 판례에서는 인근 토지 시가의 40배가 넘는 대금을 받고 매도한 사안에서 부당이득죄의 성립을 부정한 사례*(대법원 2008도8577)*가 있습니다. 판례에서는 알박기의 부당이득죄 성립을 인정하기 위해서는 "피고인(토지 매도인)이 피해자(사업시행자)의 개발사업 등이 추진되는 상황을 미리 알고 그 사업부지 내의 부동산을 매수한 경우이거나 피해자에게 협조할 듯한 태도를 취하여 사업을 추진하도록 한 후에 협조를 거부하는 경우 등과 같이 피해자가 궁박한 상태에 빠지게 된 데에 피고인이 적극적으로 원인을 제공하였거나 상당한 책임을 부담하는 정도에 이르러야 한다. 이러한 정도에 이르지 아니하고, 단지 개발사업 등이 추진되기 오래 전부터 사업부지 내의 부동산을 소유하여 온 피고인이 이를 매도하라는 피해자의 제안을 거부하다가 수용하는 과정에서 큰 이득을 취하였다는 사정만으로 함부로 부당이득죄의 성립을 인정하여서는 아니된다."라고 설시한 바 있습니다.

위와 같이 법원은 알박기, 특히 개발사업에 대한 정보 없이 그 이전부터 소유하고 있던 자에 대한 부당이득죄 성립에 관해서 매우 신중한 태도를 취하고 있습니다. 이러한 경우에 사업시행자는 '궁박'한 상황을 이유로 들어 민법상의 무효 제도를 이용할 수 있습니다.

민법

제104조(불공정한 법률행위)

당사자의 궁박, 경솔 또는 무경험으로 인하여 현저하게 공정을 잃은 법률행위는 무효로 한다.

제137조(법률행위의 일부무효)

법률행위의 일부분이 무효인 때에는 그 전부를 무효로 한다. 그러나 그 무효부분이 없더라도 법률행위를 하였을 것이라고 인정될 때에는 나머지 부분은 무효가 되지 아니한다.

제138조(무효행위의 전환)

무효인 법률행위가 다른 법률행위의 요건을 구비하고 당사자가 그 무효를 알았더라면 다른 법률행위를 하는 것을 의욕하였으리라고 인정될 때에는 다른 법률행위로서 효력을 가진다.

그런데 매매계약이라는 법률행위가 전부 무효가 된다면 사업시행자 입장에서도 좋을 것이 없습니다. 거래금액이 무효가 된다면 원칙적으로 거래 전부가 무효로 되므로 사업시행자가 확보한 토지와 지불한 돈을 원상복귀시켜해야 하고, 이는 사업의 정지 또는 포기를 의미하므로 가만히 있었던 것보다도 못합니다. 그러나 민법에는 '무효행위의 전환'이라는 조항도 두고 있어서, 예를 들어 계약서상 매매금액에는 못 미치더라도 시세보다 비싼 금액이라면 토지 소유자가 당연히 팔았을 것이라고 인정되는 경우에는 그 금액으로 매매가가 조정되어 새로운 계약이 체결되는 효력을 가집니다. 이에 따라 사업시행자는 일부 금액을 돌려받을 수 있고, 토지소유자는 그 금액을 반환해야 할 상황에 처하게 됩니다.

6. 정비사업법

서울에서 거주하시는 분 중에는 지금까지 설명드렸던 도시개발사업, 택지개발사업, 주택건설사업보다는 재개발·재건축 사업으로 대표되는 정비사업에 더 큰 관심을 가지시는 분이 많을 것 같습니다. 앞서의 개발사업들이 주로 서울의 외곽지역에서 추진되는 경우가 많은 반면, 정비사업은 강남 3구를 비롯하여 서울 내 좋은 입지에서 이미 주거지로써 역할을 하고 있는 지역에서 시행되는 경우도 많아서 사람들의 이목을 강하게 끌어당기고 있는 것 같습니다. 이 '재개발'과 '재건축'이라는 단어에는 사람들의 여러 감정들이 복합되어 서려 있는 것 같습니다.

우리나라 최초의 정비사업은 종로 3가 일대에 위치한 세운상가입니다. 세운상가는 한때 전자상가로 유명했던 곳이지만, 유명 건축가 김수근씨가 설계한 우리나라 최초의 주상복합건물이기도 합니다. 2000년대의 타워팰리스가 그러하였듯이, 1970년대만 하더라도 세운상가아파트는 고위공직자나 연예인들이 주로 거주하는 선망의 대상이었다고 합니다. 세운상가 터는 원래 일본강점기 때 소개도로(疏開道路)라고 하여 미군의 폭격으로 발생한 화재가 도심 일대를 뒤덮는 것을 막기 위하여 밀집지역 중간에 공터로 만든 곳이었습니다. 그러하였던 곳에 해방 이후 무허가 판자촌이 형성되었고 윤락촌도 같이 형성되면서 서울 도심의 유명한 슬럼가가 되었습니다. 문제 해결을 위하여 서울시는 1966년 이 일대를 재개발지구로 지정하였고, 같은 해에 무허가 건물 철거 및 세운상가 착공에 들어가 1968년에 완공하였습니다. 도시계획법이 처음 만들어졌던 1962년에는 법에 '재개발지구'가 없었는데 1965년 시행령 개정시에 '재개발지구'가 추가되었고, 세운상가는 우리나라 최초의 정비사업이 되었습니다.

그러나 우리나라 정비사업의 본격화는 미국 대통령의 한국 방문과 함께 시작되었다고 해도 과언이 아닐 것입니다. 1966년 10월에 미국의 린든 B. 존슨 대통령이 방한하였는데, 당시 2백만 명 정도의 서울시민이 김포공항에서부터 서울시청 앞 광장까지의 길 위에서 미국 대통령을 열렬히 환영하였습니다. 당시 서울 인구가 대략 380만 명 정도 되었으니 서울 시민 거의 두 명에 한 명꼴로 환영 행사에 동원된 것입니다. 미국 내에서는 베트남 전 관련 반전 시위로, 다른 국가 방문 시에는 반미 시위로 인하여 골치를 많이 썩이고 있던 미국의 존슨 대통령은 이러한 환영에 매우 기뻐하며 "오늘은 내 생애 최고의 날이오."라고까지 말했다고 합니다.

　　그런데 이 날은 그래도 조금은 잘 살게 되기 시작한 한국의 수도인 서울 시내의 '맨얼굴'이 세계로 송출된 날이기도 합니다. 그날의 환영식 광경 영상이 일본을 거쳐 인공위성을 통하여 미국에서도 바로 방송되었는데, 여기에서 서울시청 인근에 있는 소공동 화교 집단거주지의 지저분한 모습이나 그 외에 곳곳의 판자촌의 모습이 미국 방송사를 통하여 미국의 가정에 전달된 것입니다. 방송 후 부끄러워서 얼굴을 들고 다닐 수 없었던 미국의 교민들은 서울시청 주변의 슬럼지대를 깨끗하게 해달라(clearance)는 탄원서를 청와대로 보내기도 하였습니다. 이러한 사건은 당시의 박정희 대통령과 서울시가 도심 재개발을 결심하게 된 계기로 알려져 있습니다.

　　'불량지구개량사업을 촉진하기 위하여 필요한 때에 재개발지구를 설정할 수 있다.'라는 하나의 조항만 시행령에 존재하던 도시계획법을 1971년에 개정하면서 재개발사업 관련 23개 조항을 추가하여 재개발사업 절차의 근거를 마련하였고, 같은 해에 소공동과 무교동 일대의 재개발 사업을 본격적으로 시작하였습니다. 이후 우여곡절을 겪으며 한국화약㈜(현재의 ㈜한화)가 소공동의 화교 소유 토지를 모두 사들였고, 1973년에 프라자 호텔의 건설에 착공하여 1976년에 완공하였습니다.

1974년에는 미국의 제럴드 포드 대통령 방한, 1979년에는 미국의 지미 카터 대통령의 방한이 있었습니다. 포드 대통령 또한 김포공항에서 서울시청까지 200만 명의 열렬한 환영을 받았다고 합니다. 카터 대통령은 방한 시에 여의도 국회의사당과 침례교회의 방문도 일정에 넣었는데, 이로 인해 '김포공항-여의도-마포로-서소문-시청'으로 이어지는 경로의 통행이 예상되는 상황이었습니다. 이에 서울시는 이를 '귀빈로'라 명명하고 대대적인 정비 작업에 들어갔습니다. 노래 「마포종점」의 가사에서와 같이 한적한 곳이던 마포로의 좌우변은 이때부터 개발되며 고층빌딩이 들어서기 시작하였습니다.

잘 아시다시피 1980년대에 우리나라는 국제적인 대규모 체육행사를 2개나 연이어 개최하였습니다. 1981년 9월에 88 서울올림픽 유치가 결정되었고, 11월에는 86 아시안게임의 유치가 확정되었습니다. 선수단뿐만 아니라 수많은 관광객들이 입국하고 방송국 카메라와 기자들이 집결되는 상황, 그렇게 전 세계의 이목이 집중될 상황에서 정부가 도시 정비사업에 더 박차를 가했을 것은 충분히 짐작할 수 있는 일입니다. 1983년 2월에 서울시에서 95개의 재개발촉진지구의 지정, 건물의 고도제한 해제, 건폐율·용적률 상향, 기존 금지 건축물의 신·개축 허용 등의 조치가 이루어졌고, 이를 통하여 현재도 여러 지역에서 랜드마크 역할을 하고 있는 많은 건물들이 이 당시에 지어지게 되었습니다. (주요 참고자료: 「서울 도시계획 이야기」, 손정목 저)

도시 및 주거환경정비법 (약칭: 도시정비법)

✔ 법의 목적

> 도시기능의 회복이 필요하거나 주거환경이 불량한 지역을 계획적으로 정비하고 노후·불량건축물을 효율적으로 개량하기 위하여 필요한 사항을 규정함으로써 도시환경을 개선하고 주거생활의 질을 높이는 데 이바지함을 목적으로 한다.

✔ 법의 구성

조 문	내 용
제1장 총칙	목적, 용어의 정의 등
제2장 기본계획의 수립 및 정비구역의 지정	
제3장 정비사업의 시행	
제1절 정비사업의 시행방법 등	
제2절 조합설립추진위원회 및 조합의 설립 등	
제3절 사업시행계획 등	
제4절 정비사업 시행을 위한 조치 등	
제5절 관리처분계획 등	
제6절 공사완료에 따른 조치 등	
제4장 비용의 부담 등	
제5장 정비사업전문관리업	
제6장 감독 등	
제7장 보칙	
제8장 벌칙	

통합 정비사업법의 제정

'재건축'이나 '재개발'이라는 용어는 뉴스에서는 물론 일상 생활 속 지인과의 대화에서도 수없이 말하고 들어 모두 친숙하실 것이나, '정비사업'이라는 용어는 다소 낯설게 느끼시는 분도 많이 계실 것 같습니다. 2002년에 제정되어 2003년부터 시행된 「도시 및 주거환경정비법」에서는 재건축사업,

재개발사업 및 주거환경개선사업을 아우르는 개념으로 '정비사업'이라는 용어를 사용하고 있습니다. 주거환경개선사업은 저소득층 거주지, 과거에 흔히 '달동네'로 불렸던 지역에서 많이 행한 정비사업입니다. 도시정비법의 제정 이전까지 재개발사업은 「도시재개발법」에 의해, 주거환경개선사업은 「도시저소득주민의 주거환경 개선을 위한 임시조치법」에 의해, 재건축사업은 「주택건설촉진법」내 관련 조항에 의거해서 시행되었습니다. 그러나 2000년대 들어서 정비사업과 관련하여 전체적인 큰 계획을 세우고 이에 따라 체계적으로 정비사업을 시행할 필요성이 커짐에 따라 「도시 및 주거환경정비법」이라는 하나의 통합된 정비사업법이 제정된 것입니다.

정비사업의 종류

그런데, 재건축과 재개발, 이 두 개념의 차이는 무엇일까요? 재건축과 재개발의 차이의 핵심은 '도로나 상·하수도 같은 기반시설이 이미 갖춰진 곳에서의 정비사업인지, 그렇지 않은 곳에서의 정비사업인지'에 있습니다. 재건축은 보통 아파트 단지를 비롯한 공동주택 단지를 그 단위로 하여 사업이 시행되는 반면에 재개발은 그보다는 조금 더 넓으며 단독주택과 다가구주택이 밀집해 있는 지역에서 시행된다는 점, '압구정동 현대아파트 재건축'이라는 말은 있어도 '압구정동 현대아파트 재개발'이라는 표현은 존재하지 않듯이 재개발은 상대적으로 낙후되고 서민들이 거주하는 지역에서 주로 시행되는 반면에 재건축은 부촌(富村)에서도 건물만 노후화되면 시행된다는 점, 재개발은 보통 서민 거주지역에서 시행되고 도로나 상·하수도 같은 기반시설이 재정비되다 보니 공공성이 높은 것으로 인정되나, 재건축은 사회적 인식상 공공성이 낮은 것으로 본다는 점 등 여러 차이가 있습니다. 하지만 그 근원적인 차이는 기반시설의 유무에서 발생한다고 할 수 있습니다.

도시 및 주거환경정비법

제2조(정의)

2. '정비사업'이란 이 법에서 정한 절차에 따라 도시기능을 회복하기 위하여 정비구역에서 정비기반시설을 정비하거나 주택 등 건축물을 개량 또는 건설하는 다음 각 목의 사업을 말한다.

　가. 주거환경개선사업: 도시저소득 주민이 집단거주하는 지역으로서 정비기반시설이 '극히 열악'하고 노후·불량건축물이 '과도하게 밀집'한 지역의 주거환경을 개선하거나 단독주택 및 다세대주택이 밀집한 지역에서 정비기반시설과 공동이용시설 확충을 통하여 주거환경을 보전·정비·개량하기 위한 사업

　나. 재개발사업: 정비기반시설이 '열악'하고 노후·불량건축물이 '밀집'한 지역에서 주거환경을 개선하거나 상업지역, 공업지역 등에서 도시기능의 회복 및 상권활성화 등을 위하여 도시환경을 개선하기 위한 사업

　다. 재건축사업: 정비기반시설은 '양호'하나 노후·불량건축물에 해당하는 공동주택이 '밀집'한 지역에서 주거환경을 개선하기 위한 사업

　　도시정비법의 정의 조항에서 같이 정비기반시설이 열악한지 양호한지에 따라서 재개발사업과 재건축사업이 구분됩니다. 정비기반시설이란 도로, 상하수도, 공원, 공용주차장, 공동구 및 열, 가스 등의 공급시설을 의미합니다. 재개발이 예정된 지역에 가보면 도로도 좁고, 골목길의 여기저기에 주차되어 있는 차량들 때문에 시야가 가려 위험한 상황이 발생될 수도 있고, 아직 전봇대가 서 있는 것을 볼 수가 있습니다. 주거환경개선사업은 재개발사업보다 주거환경이 더 열악한 곳을 개선하기 위하여 시행하는 사업입니다. 임창정, 하지원 주연의 2007년 영화 「1번가의 기적」에서 보면 여주인공이 살고 있는 달동네에서 화장실과 우물을 공동으로 사용하는 장면이 나오는데, 주거환경개선사업은 이러한 주거환경을 연상하시면 빠르게 이해가 되실 것입니다. 주거환경개선사업을 재개발사업과 구분하여 규정하는 이유는 그

구역내 토지등소유자로 구성된 조합이 시행자로서 사업을 진행하는 것이 원칙인 재건축·재개발사업과 달리, 주거환경개선사업은 시장, 군수 또는 LH와 같은 공적 기관이 시행자가 되어 사업을 진행하는 것이라 이로 인한 절차상의 차이가 존재하기 때문입니다. 세 가지 정비사업의 차이를 요약하면 아래와 같습니다.

구 분	정비기반시설	노후·불량건축물	비 고
주거환경개선사업	극히 열악	과도하게 밀집	도시저소득 주민의 집단거주지역
재개발사업	열악	밀집	상업·공업지역도 해당
재건축사업	양호	(공동주택이) 밀집	

정비사업의 과정

정비사업의 과정은 굉장히 길고 복잡한 절차입니다. 여기서는 편의상 기본계획 및 정비계획의 단계, 사업시행계획 및 관리처분계획의 단계, 사업시행의 단계, 이렇게 3단계로 나누어 봤습니다.

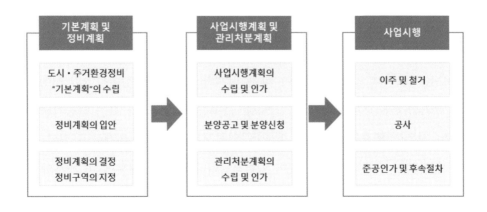

도시정비법이라는 통합 정비사업법이 제정된 이유가 전체적인 큰 계획을 먼저 세우고 이에 따라 체계적으로 도시를 정비하기 위해서인 만큼, 법에서는 지자체에게 도시·주거환경정비기본계획을 수립하게끔 하고 있습니다. 이 기본계획에는 정비사업의 기본방향이나 정비예정구역 등의 내용이 들어가며, 10년 단위로 수립됩니다. 기본계획을 통하여 그 도시 내 정비사업의 큰 그림이 그려지고 나면, 각 정비사업별로 정비계획을 수립하여 구체적인 내용을 정하게 됩니다. 여기까지의 과정은 모두 지자체 내에서의 과정이므로 민간이 관여하는 부분은 없습니다. 단, 법에서 정한 일정한 경우에는 토지등소유자가 정비사업의 입안을 제안할 수도 있습니다.

여기서 '토지등소유자'란 간단히 정비구역 내 부동산 소유자 정도로 이해하시면 될 것입니다만, 도시정비법에서 계속 나오는 중요한 용어로 법에서 정한 보다 정확한 정의를 보면 아래와 같습니다.

구 분	토지등소유자
주거환경개선사업 재개발사업	정비구역에 위치한 토지 또는 건축물의 소유자 또는 그 지상권자
재건축사업	정비구역에 위치한 건축물 및 그 부속토지의 소유자

다음으로 사업시행자가 사업시행계획과 관리처분계획을 수립하고 시장·군수등으로부터 인가를 받아야 하는 단계가 있습니다. 정비사업의 시행자는 주거환경개선사업의 경우처럼 시장·군수등 또는 LH와 같은 공공기관이 되는 경우도 있으나, 재건축·재개발사업에서는 토지등소유자로 구성된 조합이 사업의 시행자가 되는 것이 일반적입니다. 그렇기 때문에 이 경우에는 조합을 설립하는 것이 우선일 것인데, 그 설립과정은 다음과 같습니다.

<table>
<tr><td>추진위원회 구성</td><td></td><td>조합 설립</td></tr>
</table>

추진위원회 구성	조합 설립
토지등소유자 과반수의 동의 시장·군수등의 승인 동의 및 승인 대상 : 　5명 이상의 추진위원 　운영규정	토지등소유자 일정비율 동의 시장·군수등의 인가 동의 및 인가 대상 : 　정관 　정비사업비와 관련된 자료 　기타 서류

조합을 설립하기 위해서는 조합설립추진위원회가 먼저 구성되어야 하는데, (i) 추진위원장을 포함한 5명 이상의 추진위원, (ii) 추진운영회 운영규정에 대하여 토지등소유자 과반수의 동의와 시장·군수 등의 승인을 받아야 합니다. 이렇게 구성된 추진위원회는 조합 설립을 위하여 정관, 정비사업비와 관련된 자료 및 기타 서류를 준비하여 일정 비율 이상의 토지등소유자로부터 동의를 받은 후에 시장·군수 등으로부터 인가를 받아야 합니다. 이때 토지등소유자의 동의비율은 사업별로 아래와 같습니다.

구 분	토지등소유자의 동의
재개발사업	토지등소유자의 4분의 3 이상 및 토지면적의 2분의 1 이상의 토지소유자의 동의
재건축사업	공동주택의 각 동별 구분소유자의 과반수 동의, 주택단지의 전체 구분소유자의 4분의 3 이상 및 토지면적의 4분의 3 이상의 토지소유자의 동의

조합설립이 인가되면 조합은 사업시행자로서 사업시행계획서를 작성합니다. 사업시행계획에는 토지이용계획(건축물배치계획 포함), 정비기반시설 및

공동이용시설의 설치계획, 건축물의 높이 및 용적률 등에 관한 건축계획, 정비사업비 등의 내용이 들어가게 됩니다. 사업시행계획이 시장·군수 등으로부터 인가를 받으면 사업시행자인 조합은 분양공고를 하고, 일정 기간 분양신청을 받습니다. 분양신청기간이 종료되면 분양신청의 현황을 기초로 관리처분계획을 수립합니다. 사업시행계획에는 건축계획이나 정비사업비 등 전체적인 계획이 주 내용이라면, 관리처분계획에는 분양대상자별 종전자산과 분양예정 자산의 평가액과 같이 조합원 개개인에 더 직접적으로 영향을 미치는 내용이 들어갑니다.

관리처분계획의 인가 후 소유자나 임차인을 비롯한 거주자는 더 이상 부동산을 사용·수익할 수 없고 이주를 해야 합니다. 그후 철거와 함께 공사가 시작되며, 공사완료 후에는 시장·군수 등으로부터 준공 인가를 받습니다. 이후 정비구역 해제, 이전고시, 등기, 청산 등의 과정이 따르게 되면 길고 길었던 정비사업이 마무리됩니다.

5
PART

부동산과 금융

한 목수가 돈을 빌려 각종 공구를 구입해 생산성을 높인 결과 돈을 더 많이 벌게 되었다. 이처럼 생산이 늘고 소득이 증대한 것은 목수가 노동장비율을 높였기 때문이고, 그 노동 장비를 갖추게 된 것은 애초에 돈을 빌릴 수 있었기 때문이다. 만약 목수가 누군가에게 돈을 빌릴 수 없었다면 생산과 소득의 증가는 제한적이었을 것이다. 누구나 알고 있는 사실이지만, 금융은 이래서 중요하다. 금융은 돈이 있는 자가 돈이 부족한 자에게 일시적으로 돈을 융통해 주는 것이다. 이렇게 흑자 주체에서 적자 주체로 돈이 흘러가게 함으로써 실물 경제에 자본을 공급하고 산업 발전과 경제 성장을 이끌며, 나아가 새로운 일자리 창출에 기여한다.

- 『금융경제학 사용설명서』, 이찬근, 2011, p. 18

앞서 「부동산의 특성」에서 말씀드렸듯이 부동산의 큰 특징 중 하나는 '비싸다!'라는 점입니다. 대출을 끼지 않고 현금만으로 그 비싼 집을 산다는 것은 절대 쉬운 일이 아닙니다. 그리고 모든 물건의 가격이 금리의 오르내림에 영향을 받지만, 대출을 끼고 사는 경우가 많은 부동산의 가격은 금리와 유동성, 대출규제와 같은 금융 여건의 변화에 더욱 민감하게 반응합니다. 그렇기 때문에 대출로 부동산을 사려는 사람은 물론이거니와, 부동산 정도는 100% 현금으로 사는 사람도 부동산 금융에 관심을 가지지 않을 수 없습니다. 부동산 수요자뿐만 아니라, 부동산을 공급하는 시행사도 부동산 개발 프로젝트를 수행하기 위하여 필요한 막대한 자금을 자기자본만으로 충당하는 경우는 없으며, 대부분 PF대출과 같은 타인자본을 조달하여 사업을 진행합니다.

2000년대에 들어서 우리나라 부동산의 가장 두드러지는 특징은 금융과의 결합입니다. 1997년의 IMF 외환위기 이전만 하더라도 주택구입자금을 대출받으려는 개인에게 은행의 문턱은 높았습니다. 당시의 은행 대출은 국가 정책적으로 기업에게 집중되어 있었습니다. 그러나 외환위기 이후 2000년대부터는 불확실하고 위험한 기업 대출보다는 담보가 확실하여 안전한 주택담보대출이 선호되었습니다. 그리하여 주택담보대출의 취급이 크게 늘었으며, 2013년에는 가계부채가 1천조 원을 돌파하였고 2020년 말 기준 가계부채 잔액은 1,727조 원에 이르고 있습니다.

한편, 미국에서는 2000년대 초·중반 저금리가 장기간 지속되면서 주택가격 역시 계속적으로 상승하자 은행들은 채무상환능력이 부족한 사람들에게까지 비우량주택담보대출(Sub-prime Mortgage Loan)을 남발하였고, 이러한 대출계약을 기초로 MBS, CDO, CDS 등의 파생 금융상품을 만들어내다가 결국 2008년에 글로벌 금융위기라는 파국을 맞기도 하였습니다. 글로벌 금융위기 당시 우리나라는 다른 나라들과 비교하여 그 피해가 상대적으로 작았는데, 그 주요한 이유로 2000년대 초·중반부터 LTV(Loan-To-Value ratio, 주택담보대출비율) 및 DTI(Debt-To-Income ratio, 총부채상환비율)를 도입하여 대출 규제를 해왔다는 점을 꼽기도 합니다.

MBS는 Mortgage-Backed Securities의 약자로, 우리말로는 주택저당증권으로 번역됩니다. 간략하게 설명하자면, 더 어렵게 들릴지 모르겠지만, MBS란 주택담보대출을 '증권화(證券化, securitization)'라는 절차를 통해서 만든 금융상품의 일종입니다. 부동산은 부동성에서 파생되는 지역성 또는 국지성이라는 특성을 가지고 있는데, 주택에 대한 대출인 주택담보대출 역시 어느 정도 지역성·국지성을 가지고 있습니다. 은행은 대출 신청자에 대해서 대면 인터뷰를 통해서 간략히 신상을 파악하고, 신용조사 및 감정평가사를 통한 담보물건 현장답사를 수행합니다. 이러한 절차가 수반되어야 하기 때문에 서울에 있는 은행에서 부산에 있는 사람에게 대출해주기란 쉽지 않으며, 하물며, 외국에 있는 사람에게 주택담보대출을 해준다는 것은 상상하기 어렵습니다. 그러나 대출계약을 증권화한 MBS와 그 MBS를 다시 한번 금융공학(Financial Engineering) 기법을 통해서 포장해 낸 CDO(Collateralized Debt Obligation)는 증권으로서 유통이 용이하기 때문에, 유럽에 있는 투자자가 미국에 있는 주택담보대출 신청자에게 결과적으로 자금을 공급하는 일이 가능해집니다. 이것이 바로 미국의 서브프라임모기지 위기가 전 세계의 금융위기로 전이 및 확대될 수 있었던 이유입니다.

우리나라가 글로벌 금융위기의 피해가 상대적으로 적었다고는 하나, 완전히 비껴갈 수 있었던 것은 아닙니다. IMF 외환위기를 계기로 부동산 개발사업의 시행 구조가 바뀌었고, 기존에 건설사가 겸하던 시행업무가 2000년 이후부터는 대부분 분리되어 '디벨로퍼'라 불리는 시행사들이 많이 생겨났습니다. 시행사의 대부분은 영세한 자본력을 가지고 있음에도 불구하고 PF대출이라는 금융기법을 통해 부동산 시장 활황기에 전성기를 누렸습니다. 그러나 글로벌 금융위기 이후 부동산 경기가 침체되자 자본력이 영세한 시행사들은 위기를 맞았고, PF대출에 지급보증을 제공했던 건설사들도 연쇄적으로 워크아웃이나 법정관리에 들어가게 되었습니다. 외환위기 때와 별 다를 것이 없는 상황을 맞게 된 것입니다.

한편, 2000년대에 우리나라에 도입된 부동산 관련 신종 금융기법으로 부동산펀드(Real Estate Fund, 부동산집합투자기구)와 리츠(REITs, Real Estate Investment Trusts, 부동산투자회사)란 것이 있습니다. 구체적인 특성에서는 차이가 있으나, 두 금융상품 모두 간접·집합투자라는 점에서 공통점을 가지고 있습니다. 특히 리츠의 경우 상장되어 있는 경우도 있어서 적은 금액으로 주식처럼 쉽게 사고 팔 수 있습니다. 과거에는 부동산에 투자하기 위해서는 상당한 목돈이 필요했으나, 이제는 소액의 개인투자자라도 부동산펀드나 리츠와 같은 금융상품에 투자함으로써 부동산에 직접 투자하는 것과 같은 이익을 향유할 수 있는 시대가 되었습니다. 이와 같이 부동산 소유자는 보유한 부동산을 활용하여, 소액 투자자에게는 부동산 투자 기회라는 유인(誘引, incentive)을 제공하는 한편, 쉽게 조달하기 힘든 거액의 자금을 마련하게 되는 이점을 갖게 됩니다.

간략히 살펴본 바와 같이 현재는 부동산과 금융이 서로 떼려야 뗄 수 없는 관계가 되어 버렸습니다. 이 장에서는 부동산 금융을 소비자 금융과 공급자 금융으로 나누어서 조금 더 자세히 살펴보도록 하겠습니다.

1. 소비자 금융

(1) 주택 금융

가구소득 대비 주택가격을 의미하는 PIR(Price to Income Ratio) 지수가 2021년 3월 기준으로 서울은 17.7, 전국 평균은 6.6((월간)KB주택가격동향_시계열(2021. 05.))에 이르고 있습니다. 벌어들이는 소득의 50%만 소비하고 나머지 50%는 모두 저축한다는 무리한 가정을 하더라도, 저축만으로 주택을 사는데 서울에서는 35년, 전국 평균 기준으로는 13년이 걸립니다. 사회초년생 또는 젊은 신혼부부가 대출의 지원 없이 보유 현금만으로 주택을 장만한다는 것은, 소위 '금수저, 은수저' 출신이 아니라면, 쉬운 일이 아닙니다.

우리나라 정부는 경제 성장기에 부족한 자본이 산업 육성을 위하여 쓰이도록 하며, 부동산 투기를 하는 쪽으로 흘러 들어가지 않도록 규제를 하여 왔습니다. 대신에 정부는 주택난 해결을 위하여 신도시 개발을 주도하기도 하고, 한국주택은행(이하 '주택은행')을 설립해서 이로 하여금 주택금융을 지원하도록 하는, 나름대로의 체제를 구축해 놓았습니다.

주택은행 설립 전에는 한국산업은행에서 주택자금 업무를 담당하였으나 그 역할과 비중이 크지 않았고, 1967년에 한국주택금고를 설립하고, 1969년에 한국주택은행으로 그 명칭을 변경하면서 본격적으로 주택금융 업무를 시작하였습니다.

주택은행이 주택구매희망자에게 대출을 해주려면 주택은행도 어디에서 자금을 조달해 와야 하는데, 다른 은행처럼 일반적인 예·적금을 통하여 조달하기도 하지만, 주택은행만의 특색 있는 자금조달방식이 몇 가지 있었습니다.

우선 청약예금을 통한 조달입니다. 1978년에 시행된 「주택공급에 관한 규칙」에 근거하여 주택부금 가입자에게 청약우선권을 부여하는 국민주택 청약부금 제도가 실시되었는데, 청약예금이 있어야만 주택공급대상 자격이 부여되었으므로, 주택은행의 주택청약 정기예금 예수금이 큰 폭으로 증가하였습니다.

두 번째로 주택복권 발행 수익을 통한 조달입니다. 주택복권은 1969년 부터 발행이 시작되어 상당한 기간 동안 독점적 지위를 누리기도 하였습니다. (1980년대 후반에 500원에 판매되어 1등 당첨되면 1억 원의 당첨금을 받았고, 1억 원이면 그 당시에 괜찮은 주택을 충분히 장만할 수 있었습니다. 그런데, 최근 압구정 현대아파트 거래 가격이 평당 1억 원을 기록했다는 기사에 격세지감을 느낍니다.) 그러나, 2002년부터 발행되기 시작한 로또 복권의 인기로 인하여 뒤로 밀리게 되면서 2006년에 폐지되었습니다.

세 번째는 국민주택채권의 발행입니다. 국가 혹은 지방자치단체로부터 면허·허가·인가 등을 받거나 등기·등록을 신청하는 자, 그리고 정부투자 기관과 건설공사의 도급계약을 체결하는 자에 대해서는 이 국민주택채권을 의무적으로 매입하게 하였습니다. 앞의 청약예금과 주택복권 제도가 특색은 있으나 주택은행의 자금조달에 있어서 차지하는 비중이 작았던데 비해서, 국민주택채권 발행은 일정한 경우에 해당하면 의무적으로 매입을 하였기 때문에 자금 조달에 있어서 큰 비중을 차지했습니다.

주택은행은 1997년에 민영화되었고, 2001년에는 국민은행과 합병하면 서 그 이름도 사라지게 되었습니다. IMF 외환위기 이후에 주택금융에 있어 서의 독점적 지위를 잃었는데, 이때부터 은행 간 경쟁이 시작되면서 새로운 주택금융의 시대로 전환되게 됩니다.

✦ 주택금융의 역사

일 자	진 행
1954. 04. 01.	한국산업은행 설립- 주택자금 담당
1967. 03. 30.	한국주택금고 설립(한국주택은행의 전신)
1969. 01. 04.	한국주택은행 설립
1969. 09. 15.	주택복권 첫 발행(2006년까지 발행)
1973. 03. 02.	국민주택채권(제1종) 첫 발행
1978. 02. 00.	주택청약 정기예금
1980. 07. 00.	국민주택청약부금
1981. 04. 07.	국민주택기금 설립
1983. 05. 30.	제2종 국민주택채권 첫 발행- 투기과열지구내 민영주택 공급 시 채권입찰제 (다액 매입자순) 시행
1988. 01. 04.	주택금융신용보증기금 설립
1989. 07. 25.	주택상환채권 발행승인지침 도입- 일정 기간이 지나면 주택으로 상환 받을 수 있는 권리가 주어지는 채권(분당·일산 등 5대 신도시의 아파트 건설 재원으로 활용)
1997. 08. 30.	한국주택은행 민영화
1998. 01. 26.	금융기관 여신운용 규정 개정- 여신금지업종 규정 삭제 및 은행들의 부동산 대출자율화
1999. 01. 29.	한국주택저당채권유동화㈜(KoMoCo) 설립 및 주택저당증권(MBS) 제도 도입
2001. 11. 01.	한국주택은행과 국민은행 합병 ⇒ '국민은행'으로
2002. 09. 09.	LTV 규제 도입
2004. 03. 01.	한국주택금융공사 설립
2005. 09. 05.	DTI 규제 도입
2009. 05. 06.	주택청약종합저축 출시

(출처: 한국의 주택금융 70년 및 기타 인터넷 자료 참고)

주택은행이 주택금융의 공급자로서 기능을 하고, 서민층을 위해서는 '국민주택기금'을 별도로 만들어서 관리하기도 하였지만, 민간을 위한 주택 금융은 턱없이 부족했습니다. 우리나라는 다른 나라와 달리 '전세 제도'가 발달했는데, 이는 민간부문 주택금융의 부족에 기인합니다.

1997년까지는 부동산 부문에 대한 여신(여신(與信): 신용공여의 약자로 대출, 지급보증 및 유가증권의 매입(자금지원적 성격에 한함), 그밖에 금융거래상의 신용위험이 따르는 은행의 직접적·간접적 거래를 의미합니다.)을 제한하는 「금융기관 여신운용 규정」에 의해 토지 매입을 위한 대출, 세대당 100㎡를 초과하는 주택의 건설 또는 매입을 위한 대출 등은 원천적으로 금지되었습니다. 그리고 그 외의 경우일지라도 가계대출에 할당된 재원 자체가 워낙 빈약했기 때문에 주택 구매를 위한 대출은 현실적으로 어려웠습니다.

◆ 1998년 이전 부동산 부문에 대한 여신 제한(금융기관 여신운용 규정)

가. 여신금지 부문(금융기관 여신운용 규정)
- 토지의 매입자금
  - 서민주택 건설용, 공장건설용, 실수요자의 농지용, 학교법인 교지용, 비영리법인이 정부로부터 매입하는 사옥건설용 및 지방자치단체가 시행하는 도로건설 사업용 등은 제외
- 세대당 100평방미터를 초과하는 주택, 오피스텔, 스키장 및 유원지(「관광진흥법」에 의한 휴양업소 제외)의 건설 또는 매입과 콘도미니엄의 매입
- 여신금지 업종(9개 업종)
  - 콘도미니엄업
  - 건평 또는 대지 330평방미터 초과 식당업(관광 관련 지역 소재업소 등 제외)
  - 주점업, 부동산업, 골프장, 도박장, 불건전 오락가구 제조업, 댄스홀·댄스교습소, 터키탕(증기탕), 안마시술소

나. 10대 계열에 대한 부동산 취득 규제
- 부동산 취득에 대한 주거래은행의 사전승인제도
- 부동산 취득 시 자구의무 부과제도 및 자기자본 지도비율
- 비업무용 부동산에 대한 주거래은행의 처분 촉구 등

(출처: 한국의 주택금융 70년)

이러한 상황은 외환위기 직후인 1998년 1월 「금융기관 여신운용 규정」의 개정으로 여신금지업종 규정이 삭제되고 은행들의 부동산 대출이 자율화되면서 바뀌었습니다. 외환위기 이전만 하더라도 우리나라의 금융은 관치금융(官治金融)의 시대였기 때문에 정부가 은행 자금의 배분에 직·간접적으로 개입하였는데, 관치금융의 폐해가 IMF 외환위기의 원인으로 지적되기도 해서 정부의 입김이 약해졌고, 은행들도 외환위기 이후 인식의 변화로 불확실하고 위험한 기업대출보다는 담보가 확실하고 안전한 주택담보대출을 선호하게 되면서 은행들이 주택담보대출을 비롯한 가계대출을 경쟁적으로 취급하기 시작하였습니다.

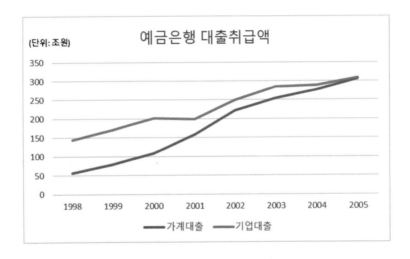

(Data source: 한국의 주택금융 70년, 한국은행 경제통계시스템(ECOS))

1998년만 하더라도 예금은행의 전체 대출취급액에서 가계대출이 28%, 기업대출이 72%의 비중을 차지하였으나, 2005년에는 각각 50%로 비슷한 수준이 되었습니다. 가계대출은 이후에도 계속 증가하여 2013년에는 1천조 원을 돌파하였고, 경제·금융 정책 담당자들에게 새로운 고민거리로 대두되었습니다.

LTV·DTI

외환위기 이후 2000년대부터 저금리가 '뉴 노멀(New Normal)'인 시대가 시작되었습니다. 대출규제가 완화되고 여기에 금리까지 낮아져서 이자비용의 부담이 작아지면 소비 수요가 늘어나는 것은 자연스러운 일입니다. 금융조건이 소비자에게 우호적으로 변하면, 아래의 그래프에서와 같이, 동일한 가격의 주택에 대해서 구매력을 갖추게 된 수요자가 많아지므로 수요곡선은 우측으로 이동합니다. 이 때 부동산은 단기간에 공급을 늘리기 어렵기 때문에 수요곡선 이동의 효과가 오롯이 가격에만 반영되어서 큰 폭의 가격 상승이 일어나게 됩니다.

✎ 대출규제 완화 또는 금리 하락 시 주택 수요곡선의 이동

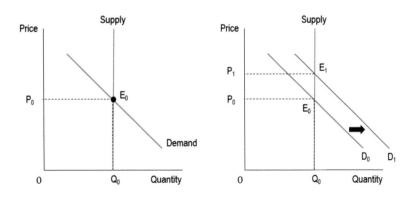

부동산 가격 상승이 발생하면 소비자 심리를 자극하여 대출을 받아서라도 구매하려는 수요자가 증가하고, 이로 인하여 또 가격이 상승하고, 다시

또 수요가 증가하고…, 이러한 상황이 반복 발생합니다. 이와 같은 반복순환구조를 중간에 끊기 위하여 정부가 실시하는 대표적 대출규제가 LTV와 DTI입니다.

LTV 및 DTI는 담보가치와 소득을 기준으로 대출 가능 금액을 제한함으로써, (i) 은행 간 공격적인 대출 영업 경쟁을 지양하게끔 하여 은행 경영의 건전성을 확보하고, (ii) 더 나아가 약탈적 대출로 인한 신용불량자 양산을 방지하며, (iii) 주택가격의 안정화까지 도모하기 위한 정책적 규제 수단입니다.

LTV·DTI는 가계부채 증가를 억제하는 기능을 하며, 2008년의 글로벌 금융위기 당시 우리나라의 피해가 상대적으로 적었던 원인 중 하나로 꼽히기도 합니다. 그러나 한편으로는 보유 현금이 적은 무주택자의 주택 취득을 어렵게 하고 부유층의 자산 쏠림 현상을 심화하는 이른바 '사다리 걷어차기(Kicking away the ladder)' 기능을 한다는 부정적 시각도 존재합니다.

LTV는 Loan-To-Value ratio의 약자로, 우리말 용어로는 '담보인정비율'이라 합니다. (주택담보대출 취급시 담보가치에 대한 대출취급가능금액의 비율을 의미합니다.)

$$LTV = \frac{주택담보대출금액 \;+\; 선순위채권 \;+\; 임차보증금\ 및\ 최우선변제\ 소액임차보증금}{담보가치} \times 100$$

LTV는 문자 그대로 담보가치(Value) 대비 대출금액(Loan)으로 생각하면 쉽습니다. 예를 들어 LTV 상한이 50%일 때, 주택의 시가가 10억 원이라면 대출은 최대 5억 원까지 받을 수 있습니다. 단, 선순위채권 및 일정 요건을 충족하는 임차보증금이 있는 경우에는 그만큼 주택담보대출 가능 금액이 줄어들게 됩니다. 만일 채무불이행으로 법원 경매가 진행되어 담보 처분 가액을 채권자간 분배하는 경우에 이러한 채권들은 은행보다 우선권이 있기 때문에, 그만큼 차감하고 대출을 하지 않으면 은행이 손실을 입을 위험이 있기 때문입니다.

DTI는 Debt-To-Income ratio의 약자로, 우리말 용어로는 '총부채상환비율'이라 합니다. (차주(借主, 빌리는 사람, 채무자)의 연간 소득에 대한 연간 대출 원리금 상환액의 비율을 의미합니다.)

$$DTI = \frac{\text{해당 주택담보대출 및 기존 주택담보대출의 연간 원리금 상환액} + \text{기타 부채의 연간 이자 상환액}}{\text{연소득}} \times 100$$

DTI도 마찬가지로 소득(Income) 대비 부채(Debt)로 생각하면 쉽습니다. 단, LTV에서의 Loan은 대출금액 전체를 의미하는데, 여기서의 Debt는 주택담보대출의 연간 원리금 상환액을 의미합니다. 그리고, 채무자가 주택담보대출 이외의 부채도 가지고 있는 경우에는 그러한 부채와 관련해서 지급할 연간 이자 상환액도 주택담보대출의 연간 원리금 상환액에 가산하여 계산합니다.

한편, DTI를 보완하고자 2020년에 새로 추가한 규제 기준으로 DSR이란 것이 있습니다. DSR은 Debt-Service-Ratio의 약자로, 우리말 용어로는 '총부채원리금상환비율'이라 합니다. (차주의 총 금융부채 상환부담을 판단하기 위하여 산정하는 차주의 연간 소득 대비 연간 금융부채 원리금 상환액 비율을 의미합니다.)

$$DSR = \frac{\text{금융회사 대출의 연간 원리금 상환액}}{\text{연소득}} \times 100$$

DTI는 그 계산식에서 볼 수 있듯이, 주택담보대출에 대해서는 연간 '원리금' 상환액을 반영하도록 되어있으나, 기타부채의 경우는 연간 '이자' 상환액만을 가산하도록 되어 있습니다. 따라서 주택담보대출 외의 채무에 대해서는 지급해야 할 '이자' 금액만 반영하고 상환해야 할 '원금'은 무시하게 되어서, 채무자의 소득 대비 실질적인 부채의 부담 정도가 과소 평가되는 허점이 있었습니다. 이를 개선하여 모든 금융기관으로부터 받은 대출에 대해서 연간 원리금 상환액으로 계산하도록 한 것이 DSR입니다.

LTV 및 DTI 규제는 담보 설정될 주택이 규제지역(투기지역·투기과열지구·조정대상지역)에 소재하는지 여부 및 고가주택(시가 9억 원 초과 주택)에 해당하는지 여부 등에 따라 다르게 적용되고 있습니다. 구체적인 내용은 「제8장 부동산과 정책」 편에서 살펴보도록 하겠습니다.

(2) MBS

MBS란 주택담보대출을 증권화하여 만든 주택저당증권으로, ABS의 일종입니다. MBS 설명에 앞서 '증권'이라는 개념과 'ABS'에 대한 설명에서부터 시작하겠습니다.

증권과 증권화

'증권이란 무엇인가?'

여러분은 누군가가 증권이 무엇이냐고 물어보면 자신있게 답해 주실 수 있으신지요? 답하실 수 있다면, 어떠한 방식으로 설명을 해주시나요? 또, 그 설명을 들은 상대방은 이해를 하나요? 흔히, 농담 반 진담 반으로, 모두가 그 제목을 알고 있지만, 주변에서 아무도 읽어본 사람이 없는 책을 가리켜 고전이라고 합니다. 이와 비슷하게, 우리가 기본 상식이라고 하는 단어 중에 그 뜻을 설명해보라 하면 입이 떨어지지 않는 단어들이 꽤 많은 것 같습니다.

필자도 부끄럽지만 고백을 하자면, 경영학과 학생이었음에도 불구하고 머리 속에서 증권의 개념이 잡힌 것이 꽤 늦었던 것 같습니다. 금융과 증권의 개념 구분도 모호했고, 증권은 그냥 주식과 채권을 아울러 일컫는 말 정도로 생각했습니다. 아마 신문 금융 면에서의 주요 내용은 증권시장과 관련된 내용이고, 증권시장의 대표격은 주식시장과 채권시장이었기 때문에 그랬던 것 같습니다. 그리고, 그 채권이 이 채권(債券)인지, 저 채권(債權)인지도 구분하지 못하였습니다.

증권은 한자로 證券이라 쓰며, '증거 증'에 '문서 권', 즉 증거가 되는 문서를 의미합니다. 그리고 증권의 대표적인 유형으로 유가증권(有價證券)이란 것이 있는데, 앞서 언급한 주식과 채권, 그리고 어음과 수표, 후술할 MBS도 유가증권에 해당합니다. 우리가 실생활에서 그냥 '증권'이라고만 말해도 대부분 '유가증권'을 의미하는 것이 보통입니다.

유가증권은 '재산적 가치가 있는 사권(私權), 즉 재산권을 표창(表彰)한 증권으로서 그 권리의 발생·행사·이전의 전부 또는 일부를 그 증권에 의하여야 하는 것'을 의미합니다. (출처: 『어음·수표법』, 이철송) 재산권이 증권에 표창되어 있다는 것은, 그 증권의 점유가 권리 행사의 요건으로 되어 있는 상태를 가리키며, 흔히 권리가 증권에 화체(化體)되어 있다고 표현합니다.

유가증권에 대한 정의와 설명이 여전히 어려울 수 있으므로 예를 들어 설명해 보겠습니다. 우리가 흔히 접할 수 있는 유가증권의 또 다른 예로 '상품권'이 있습니다. 그리고, 증거증권이라 하여 증권의 일종이기는 하나, 유가증권이 아닌 것으로 '차용증'을 들 수 있습니다.

제가 백화점 상품권을 구매하여 보관하고 있다가 제 자유로운 의사에 의하여 주변 지인에게 선물로 준 경우뿐 아니라, 길에서 흘려 잃어버렸는데 누군가가 주워서 가져갔거나, 또는 누군가가 고의로 훔쳐간 경우에 저는 더 이상 그 상품권을 점유하고 있지 않습니다. 그 상품권의 소지자가 물건을 사러 백화점에 갔을 때, 백화점 직원은 그 소지자가 정당한 권리자인지 여부는 개의치 않으며 상품권을 받고 물건을 내어줍니다. 제가 백화점에 가서 직원에게 그 상품권은 분실되었거나 도둑맞은 것이므로 진정한 소유자인 나에게 돌려 달라 하며 따져 봐도 소용이 없습니다. 다만, 유실물 습득자나 절도범을 찾아내는 데 혹시 성공한다면, 그들과 다른 법리에 의하여 따져볼 수 있을 뿐입니다.

이번에는 제가 주변 지인에게 돈을 빌려주고 차용증을 받아 가지고 있는 경우를 생각해 보겠습니다. 누군가가 그 차용증을 훔치거나 주워서 가지고 있다가 차용증에 써져 있는 상환약정일에 채무자인 제 지인에게 찾아가 돈을 갚으라고 요구하더라도, 제 지인은 그들에게 돈을 갚지 않습니다. 지인은 그들에게 돈을 빌린 적도 없고, 차용증 상의 채권자 명의에 그들의 이름이 적혀 있지도 않기 때문입니다. 심지어 필자가 지인에게 돈을 빌려주기로 약속하고 먼저 차용증부터 2부 작성해서 지인과 나누어 가졌는데 갑자기 마음이 바뀌어서 돈을 빌려주지 않은 경우에, 제가 미친 척하고 상환약정

일에 지인을 찾아가서 상환을 요구하더라도 그는 필자에게 돈을 줄 이유가 없습니다. 차용증 상의 채권자 명의에 필자 이름이 기재되어 있기는 하지만 채권·채무 관계가 실제로 존재하지는 않기 때문입니다.

그러나, 만약 필자와 지인 간에 금전 거래를 약속하면서 유가증권이 아닌 차용증을 작성하는 대신에 유가증권인 약속어음을 발행하였다면, 위의 이야기는 완전히 달라집니다. 최근에는 사용 빈도가 많이 줄었지만, 예전에는 돈을 빌리면서 약속어음을 발행하는 경우도 많았습니다. 약속어음이란 '발행인이 소지인에게 장래의 특정한 시기에 일정한 금액을 지급할 것을 약속하는 어음의 한 종류'입니다. 금전거래의 증표 또는 담보로서 어음이 발행되었다면, 어음 발행인인 채무자는 처음 본 사람이 와서 어음을 제시해도 돈을 지급하여야 하고, 심지어 약속어음 발행의 원인이 되는 채권·채무 관계가 무효 또는 취소된 경우에도 어음 발행인은 어음상의 금액을 지급해야 될 수도 있는 불리한 위치에 서게 됩니다. (원인관계가 무효·취소되었으나 당초의 채권자가 어음을 제시하는 경우에는 어음 발행자에게 입증책임이 전환되어서 어음이 발행되지 않은 경우보다 불리할 수는 있지만 어음금을 지급하지 않을 수 있습니다. 그러나, 어음이 한 번 다른 사람에게 배서되어 유통된다면, 어음 발행인은 어음금을 지급하여야 합니다.)

유가증권이 아닌 일반적인 채권이더라도 양도가 꼭 불가능한 것은 아닙니다. 그러나 그 채권의 성질이 양도하지 아니하는 경우와 채무자가 반대의 의사를 표시한 경우에는 양도하지 못 하도록 되어 있습니다. (민법 제449조) 만약 내가 제1금융권 은행에서 대출을 받았는데 대부업체나 사채업자와 같은 제3금융권에 채권이 양도될 것이라 통지가 온다면, 승낙하실 분은 아마 아무도 안 계실 것입니다. 이에 비해 유가증권은 채무자의 승낙을 필요로 하지 않고 양도가 가능하기 때문에, 유통성을 가지게 되는 것입니다. 이 유통성이야말로 유가증권이 존재하는 궁극의 목적입니다.

🏷️ 증권의 양도성과 유통성

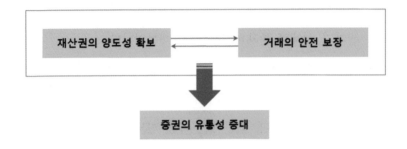

이번에는 여러분이 근대 초기 유럽의 대항해시대에 네덜란드에서 살고 있는 투자자라고·한 번 상상해 보시기 바랍니다. 내가 투자한 선단(船團)이 출항하여 신대륙으로부터 금은보화와 각종 진기한 물건들을 싣고 돌아오기만 한다면 투자 결과는 '대박'이겠지만, 그 당시의 신대륙 항해는 목숨을 걸고 하는 위험한 벤처였습니다. 돌아오기까지 몇 년이 걸릴지 모를 뿐 아니라, 신대륙에서 원주민과의 갈등, 해적의 위협, 전염병 창궐을 겪거나 배가 난파되어 바다 속에 수장(水葬)되거나 해서 선원 전원이 몰살되기라도 한다면, 혹은 겨우 살아서 돌아와도 빈손으로 온다면 투자 결과는 '쪽박'인 것입니다. (벗어나는 이야기지만, 우리에게 『하멜표류기』로 유명한 헨드릭 하멜은 네덜란드 동인도회사의 직원이었습니다. 하멜이 조선에서의 억류생활에서 벗어나 네덜란드로 돌아간 후 14년간 받지 못한 임금을 받기 위하여 쓴 보고서가 하멜표류기입니다. 하멜표류기의 원제는 '스뻬르레르호의 불행한 항해일지'입니다. 불행하였다고 하니, 조선에서의 생활이 그리 만족스럽지는 못했나 봅니다.)

그런데 선단이 돌아오기까지의 긴 기간에 어떤 이유에서든지 급하게 자금이 필요한 경우가 있을 수 있습니다. 투자수익금을 분배 받을 권리를 중간에 다른 사람에게 양도할 수도 있겠지만, 권리를 사겠다는 사람을 찾기도 쉽지 않을 뿐 아니라, 원매자(願買者)를 찾더라도 그 권리를 얼마에 평가하여 거래할지 이견을 좁히기란 쉽지 않습니다.

그러나 양도의 법적절차가 간단하고 용이해서 양도가 빈번하게 발생하고, 양도가 빈번하여 시세라고 말할 수 있는 가격이 형성되어 있으며, 증권거래소라는 공식적 만남의 장소가 존재하고, 증권법 및 증권거래법(우리나라의 경우는 「자본시장과 금융투자업에 관한 법률」)과 같은 법적 기반이 갖춰져 있으면, 최소한 이론적으로는, 안전하게 재산권의 거래를 할 수 있을 것입니다.

세계최초의 주식회사(1602)
네덜란드 동인도회사(VOC)의 조선소
〈Source: Public Domain @Wikimedia
Commons〉

세계최초의 증권거래소(1602)
네덜란드 암스테르담 증권거래소
〈Source: Public Domain @Wikimedia
Commons〉

동인도회사(VOC)의 직원이었던
하멜의 동상(네덜란드 호린험)
〈Source: (CC BY-SA 3.0) Wikifrits @
Wikimedia Commons〉

『하멜표류기』 1668년 초판본의 표지
(Source: Google)

채권(債權)과 채권(債券)

우리는 일상 생활에서 한자가 다른 채권(債權)과 채권(債券)이라는 단어를 마치 같은 단어인 마냥 사용하는 경향이 있는 것 같습니다. 사실 하나는 다른 하나에 포함되어 겹치는 부분이 있기도 하고, 크게 문제됨이 없이 사용해 온 것 같습니다. 그래도 여기서 잠깐 정리를 하고 가겠습니다.

우리나라 민법은 일부 가족관계에 대한 내용을 제외하고는 대부분 재산권과 관련된 내용으로 이루어져 있습니다. 그리고 민법에서 규율하는 재산권은 물권(物權)과 채권(債權)이라는 두 축으로 구성되어 있습니다. 물권은 '특정의 물건을 직접 지배해서 이익을 얻는 배타적인 권리'를 뜻합니다. 물권의 가장 대표적인 예로 소유권이 있으며, 영어로는 'real right'라고 합니다. 이에 비해서, 채권은 '특정인(채권자)이 특정인(채무자)에 대하여 특정의 행위(급부)를 청구할 수 있는 권리'를 의미합니다. 채권은 계약에 의해서 발생하는 것이 대표적이며, 영어로는 'claim'이라고 합니다. *(참고: 『물권법·채권총론』– 곽윤직 저)*

채권의 청구 대상이 되는 급부가 반드시 금전일 필요는 없으나, 우리가 일상에서 주로 듣게 되는 채권은 대부분 금전채권일 것입니다. '일정액의 금전의 급부(인도)를 목적으로 하는 채권'을 가리켜 금전채권이라고 합니다. 영어로는 상황에 따라 credit, receivables, loan으로 번역됩니다. 우리가 보통 '채권·채무 관계', '채권추심'이라고 말할 때의 채권은 바로 이 채권(債權)입니다.

한편, 채권(債券)은 이러한 금전채권을 증권화한 것을 의미하며, 영어로는 'bond'라고 합니다. 「자본시장과 금융투자업에 관한 법률」에서는 증권을 여섯 가지의 종류로 구분하고 있으며, 그 중 하나인 채무증권에 대해서는 '국채증권, 지방채증권, 특수채증권, 사채권, 기업어음증권, 그 밖에 이와 유사한 것으로서 지급청구권이 표시된 것'이라 정의하고 있습니다. '채권시장'이라 말 할 때의 채권은 보통 이 채권(債券)을 가리킵니다.

ABS와 MBS

| 두 마을 이야기 |

어느 한 도시에 두개의 마을이 있는데, 두 마을에는 정확하게 같은 수의 주민이 살고 있습니다. 한 마을의 이름은 업타운이고, 마을 주민 모두가 자가 소유의 주택에서 거주하고 있을 뿐 아니라, 상당한 여윳돈도 가지고 있습니다. 다른 마을의 이름은 다운타운인데, 여기는 모두가 집을 가지고 있지 않으며, 집을 살 자금도 가지고 있지 못합니다.

두 마을은 '다운타운의 주민이 집을 살 수 있도록, 업타운의 모든 주민이 다운타운의 주민 한 명씩과 짝을 맺어 돈을 빌려주기'로 합의를 보았습니다. 그런데 물론, 업타운의 주민이 다운타운의 주민에게 돈을 빌려줬다가 떼이는 경우도 분명 있을 것입니다. 업타운 주민 중에는 빌려준 돈을 떼이는 일 없이 이자까지 돌려받는 이도 있겠지만, 운이 나쁜 이는 이자는커녕 원금까지도 일부 또는 전부를 회수하지 못하게 될 수 있습니다. 업타운 주민들은 마치 러시안 룰렛을 하고 있는 기분이 들 것입니다.

'모 아니면 도'와 같은 인생철학과는 거리가 먼 업타운 주민들이 아이디어를 짜냅니다. 업타운 주민들은 가상의 중간 매개체를 하나 만들어서 자신들의 대출채권을 모두 그 중간 매개체로 이전시킵니다. 그러면 다운타운 주민들은 대출원리금을 원래의 채권자가 아닌 그 중간 매개체에 상환을 하고, 업타운 주민은 그 중간 매개체로 들어오는 금전을 똑같이 분배해 나눠 갖습니다.

다운타운 주민 중에 연체를 하는 사람도 있고, 채무불이행을 하는 사람도 있겠지만, 그러한 경우의 비율이 많지는 않을 것이라며, 업타운 주민들은 희망찬 기대를 합니다. 연체와 채무불이행으로 발생할 일부 손실을 공유하여야 하지만, 더 이상 러시안 룰렛을 하고 있다는 기분을 느낄 필요가 없게 되었습니다. 여기에 더해서, 중간 매개체에 대한 지분을 증권화할 수만 있다면, 계속 보유할 필요없이 원하는 시기에 매각하여 현금화할 수도 있을 것입니다.

은행 영업의 기본 구조는 예금과 같은 단기 자금으로 조달하여 대출과 같은 장기 자금으로 운영하는 것입니다. 저금리 시대가 지속되어 은행 예금의 인기도 시들해지면서 은행도 재원 조달의 다변화를 꾀하고 있기는 하지만, '은행'을 '은행'이라 부를 수 있게 하는 은행만의 고유영역은 예금입니다.

은행은 보통예금이나 당좌예금과 같은 요구불예금의 경우 고객이 인출을 요구하면 이에 바로 응하여 지불해야 하고, 정기예금이나 정기적금과 같은 저축성예금도 고객이 중도해지 수수료만 부담하면 바로 예금을 반환해 줘야 합니다. 그런데, 은행은 고객의 예금을 일정 비율만 지급준비금이라 하여 은행 시재금 또는 한국은행 예치금으로 남겨놓고, 그 외의 대부분은 대출 등 수익 활동의 재원으로 사용하며, PF대출이나 주택담보대출을 비롯해서 대부분의 대출채권은 원리금이 장기간에 걸쳐서 회수되는 것이 보통입니다. 그렇기 때문에, 모든 예금자가 일시에 인출을 요청할 경우 지급불능상태에 빠질 위험이 있으며, 이러한 은행의 대규모 예금인출사태를 뱅크런(Bank Run)이라고 합니다.

은행은 자산부채종합관리(ALM: Asset & Liability Management)의 일환으로서 보유하고 있는 대출채권을 제3자인 외부투자자에게 매각하기도 합니다. 이러한 채권매각은 IMF 외환위기 직후인 1998년에 부실기업 및 금융기관의 유동성 확보와 구조조정을 지원하기 위하여 제정된 「자산유동화에 관한 법률」(약칭: 자산유동화법)의 시행으로 용이해졌습니다.

앞서, 증권이 아닌 일반적인 채권도 양도가 가능하기는 하나, 채무자에게 통지하거나 승낙을 받아내는 것을 요건으로 한다고 말씀드렸는데, 이는 실무적으로 매우 번거로운 절차입니다. 그러나 자산유동화법에서는 통지 절차를 비롯해서 여러 자산 이전 절차를 간소화하는 특례 조항을 두고 있기 때문에 자산의 양도가 보다 원활하게 이루어질 수 있게 되었습니다.

'자산유동화', 자산을 유동화한다는 말일텐데, 알듯 말듯, 단어만으로 그 뜻을 짐작하기가 쉽지 않습니다. 유동성이란 표현은 "기준금리 인하로 유동성이 증가하여 주택가격이 상승했다."와 같은 뉴스 기사를 통해서 이미 꽤 익숙하실 것입니다. 유동성은 원래 자산을 손실없이 현금화할 수 있는 정도를 의미합니다.

현금은 당연히 유동성이 가장 높은 자산입니다. 예금 중에서 요구불예금은 현금과 거의 동등한 수준의 유동성을 가지며, 정기예금·정기적금은 당장 현금화하려면 해지 수수료를 부담해야 하므로 요구불 예금보다는 상대적으로 유동성이 낮으나, 여전히 높은 편입니다. 여기에 비해 만기까지의 기간이 장기인 대출채권이나 단기간에 팔기 어려운 부동산의 경우에는 유동성이 매우 낮습니다. 부동산 중에서도 아파트의 경우는 상대적으로 유동성이 있는 편이나, 기업이 자신의 제조 공정에 딱 맞춰서 건설한 공장의 경우라면 유동성은 매우 낮습니다. 아파트도 급매로 내놓으면 어느 정도 할인을 해야 하는데, 특화된 공장이라면 할인의 폭이 매우 커야 팔릴 것입니다.

한편, 기업은 재무상태표(舊 대차대조표, Balance Sheet)라 불리는 재산목록을 회계기준에 따라 작성하는데, 이 때 유동성 배열법이라 하여, 우선 유동자산과 비유동자산이라는 큰 범주로 구분하고, 유동성이 높은 자산에서부터 낮은 자산의 순으로 자산 내역을 기재합니다. 대략 전체적으로 현금-매출채권-재고자산-투자자산-부동산 등의 순서입니다. 유동자산에는 보통 1년 이내에 현금화가 가능한 자산이, 비유동자산에는 그 이상 소요되는 자산이 속합니다.

✔ 일반적인 기업의 재무상태표 자산 항목 예시

구 분	분 류	계정과목
유동자산	당좌자산	현금및현금성자산, 단기투자자산, 매출채권, 미수수익, 미수금, 선급비용, 선급금
	재고자산	상품, 제품, 반제품, 재공품, 원재료
비유동자산	투자자산	투자부동산, 장기투자증권, 지분법적용투자주식, 장기대여금
	유형자산	토지, 건물, 기계장치
	무형자산	영업권, 산업재산권, 컴퓨터 S/W, 개발비
	기타비유동자산	임차보증금, 장기매출채권, 장기미수금

은행의 경우 주요 자산이 대출채권인데, 일반 기업처럼 유동자산과 비유동자산으로 구분하여 재무상태표를 작성한다면 상환 만기일을 기준으로 1년 이내이면 유동자산으로, 1년 이후이면 비유동자산으로 분류해야 할 것입니다. 그러나 은행에 있어서 더 중요한 것은 채무자가 대출원리금을 상환할 능력이 있는지 여부입니다. 이자 지급이 3개월 이상 연체되거나 최종 부도·청산·파산·폐업에 해당하는 경우, 관련된 대출채권은 흔히 NPL(Non-Performing Loan, 무수익여신)이라 불리는 부실채권으로 분류되어 특별한 주의 하에 관리됩니다. 이러한 부실채권은 만기까지 잔존기간의 장·단에 관계없이 채무자의 상환을 기대하기 어렵기 때문에, 현금화하기 어려운, 즉 유동성이 부족한 자산입니다.

은행에게는 이러한 채권들을 외부에 매각하고자 하는 유인이 있습니다. 그러나 부실채권이라는 것은, 담보 처분을 비롯한 채권추심 노력을 통해서 일부 또는 전부, 심지어 연체이자까지 회수될 수도 있으나, 어찌될지 장담을 할 수 없기 때문에 선뜻 나서서 이를 사려는 투자자를 구하기가 쉽지 않습니다. 이러한 문제점을 해결하기 위하여 「두 마을 이야기」에서 업타운 주민들이 자신들의 채권을 모두 가상의 중간 매개체를 만들어서 이전하고 대신 그 중간 매개체에 대한 지분을 받았듯이, 은행은 SPC(Special Purpose Company)라는 약칭으로 주로 불리는 특수목적회사(유동화전문회사)를 설립하여서, 많은 채권들을 모아서 한꺼번에 SPC로 양도합니다. 많은 채권 중에 어떤 채권이 회수되고 어떤 채권이 안 될지를 미리 특정해서 알 수는 없지만, 확률·통계 지식을 활용하면 채권 전체의 적정한 가치가 얼마나 될지 산정할 수 있을 것입니다. 이렇게 채권을 모으는 작업을 풀링(Pooling)이라 부릅니다.

🏷️ 유동화 구조

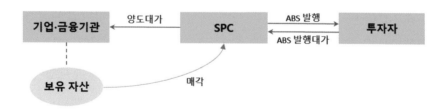

한편, 실체가 없는 명목회사(Paper Company)인 SPC는 은행에게 줄 양도대가를 마련하기 위하여 투자자에게 ABS(Asset-Backed Securities)라 불리는 증권을 발행하고 투자자로부터 발행 대가를 받습니다. 증권을 보유하게 된 투자자들은 SPC로 이전된 자산으로부터 향후 현금 수입이 발생하는

때, 여기서는 대출채권의 원리금이 회수될 때, 이자나 배당의 형태로 수익금을 받게 될 것을 기대하면서 ABS에 투자하는 것입니다.

IMF 외환위기 때 자금난에 처했던 많은 기업과 금융기관들이 이러한 방식으로 자금을 조달하여 위기에서 벗어날 수 있었습니다. 일반 기업의 경우 매각이 쉽지 않은 보유 부동산을 자산유동화 절차에 따라 ABS를 발행하여 자금난을 해결하기도 하였습니다. ABS 투자자들은 부동산에서 발생하는 임대수익을 SPC를 거쳐서 전달받게 됩니다. 한편, 기업·금융기관은 자산유동화 시에 외부 투자자를 모집하여 ABS를 발행하는 대신, 자신들이 직접 ABS를 인수하는 옵션을 선택할 수도 있습니다. 비록 유동성 그 자체라고 할 수 있는 현금이 유입되는 것은 아니지만, 매각이 용이한 증권을 소지함으로써 NPL이나 부동산을 계속 직접 보유하고 있는 경우보다 유동성은 증가하였다고 할 수 있을 것입니다.

한편, 자산유동화증권 중에서도 주택담보대출을 기초자산으로 증권화하여 만든 자산유동화증권이 MBS라는 영어 약칭으로 더 많이 불리는 주택저당증권입니다. MBS는 우리나라의 경우 아래 그림에서와 같이 한국주택금융공사가 시중은행으로부터 주택담보대출채권을 매입하고, 이를 기초로 MBS를 만들어서 투자자로부터 자금을 모은 뒤 시중은행에 매입대금으로 지불합니다.

✎ MBS의 발행 구조

이러한 과정을 통하여 일반 개인에까지 주택구입을 위한 자금이 전달되고, 결국 사회적 후생이 증가한다고 볼 수 있습니다. 그러나, 미국의 경우는 복잡한 금융공학 기법을 이용하여 MBS를 기초로 한 CDO, CDS와 같은 파생 금융상품을 만들어 유통시키다가 글로벌 금융위기의 원인이 되기도 하였습니다.

2. 공급자 금융

(1) 시행사와 PF대출

2000년대 이전만 하더라도 국민 중에 PF란 단어를 들어본 적이라도 있는 사람은 극소수였을 것입니다. 그러나 어느 순간에서부터 부동산 관련 업종에 속하지 않는 사람일지라도, 그 의미까지는 잘 몰라도, 들어본 적은 많은 시사 상식의 단어가 되었습니다.

2000년대 초·중반 자본력도 별로인 시행사가 PF대출로 부동산개발사업을 벌였는데 대박이 났다는 이야기를 듣고 부러워했던 기억이라든지, 글로벌 금융위기 발생 이후인 2010년을 전후로 시공을 맡은 건설사들이 PF대출에 지급보증을 섰다가 줄지어 워크아웃이나 법정관리에 들어갔다라는 기사, 2011년에 영업정지 명령을 받았으며 2012년에 결국 파산한 부산저축은행을 비롯해서 많은 저축은행들이 충분한 사업타당성 검토도 없이 PF사업에 불법대출 내지는 부실대출을 해줬다가 거액의 손실이 나서 예금자들이 불안에 떨고 있다는 기사가 기억 나시는 분들도 계실 것입니다.

이렇게 전에 들어본 적 없던 PF란 단어가 많이 들리는 것은 1997년의 IMF 외환위기를 기점으로 우리나라의 부동산개발사업의 방식에 근본적인 변화가 생겼기 때문입니다.

외환위기 이전에는 건설사들이 부동산개발사업에 필요한 토지를 매입하기 위하여 기업 자신의 명의로 직접 자금을 차입하였습니다. 여타 산업의 기업들도 모두 그렇게 하는 전통적이고 일반적인 방식이기는 하나, 토지 매입에 막대한 자금이 소요되는 부동산개발사업의 특성상, 당시 건설사들의 부채비율은 평균 600~700%에 달했습니다. (부채비율은 부채/자본 비율로, 부채비율이 높을수록 영업이익에서 고정적으로 지출되어야 할 이자비용 금액이 커지게 되고, 더 나아가 채무불이행, 부도, 파산의 상황에까지 이를 수 있는 위험이 있으므로, 재무적 안정성이 떨어진다고 표현합니다.) 그런데 당시 건설사들은 전국의 여러 곳에 사업장을 두고 있는 경우가 많았고, 어느 한 사업장에서 분양 저조로 자금 흐름에 차질이 발생하면, 이로 인하여 분양이 정상적으로 이루어지고 있는 다른 사업장에서까지 공사가 멈춰버리는 일이 빈번하게 발생했습니다. 한보, 청구, 우성건설 등 한때 영화를 누렸던 많은 건설사들이 외환위기 이후 존재 자체가 사라졌고, 그 외에 많은 건설사들이 법정관리 절차와 함께 과거의 영화를 뒤로하고 중소 규모의 건설사로 전락하게 되었습니다.

IMF의 구제금융을 받은 우리나라는 IMF의 아주 강한 권고에 따라 기업의 부채비율 관리를 시작하였고, 각 산업별로 적정 부채비율 수준을 정하여 그 기준을 초과하는 경우에는 세제상의 불이익을 주는 등 규제 조치를 단행하였습니다. 변화된 환경 속에서 건설사들이 기존의 방식대로 시행과 시공을 겸하기는 어려워졌고, 여기서 흔히 '디벨로퍼'라고 불리는 시행업이 대두되게 됩니다.

시행사가 하는 일은 기존에 시행과 시공을 겸하던 건설사가 하던 일 중에서 시공 업무를 제외한 모든 업무를 하는 것입니다. 집을 짓는 사업에서 집을 짓는 업무를 제외하면 업무에 무엇이 남을까 의아하게 생각할 수도 있는데, 시행사는 전략가, 코디네이터, 또는 오케스트라의 지휘자와 같은 역할을 하는 중요한 위치에 있습니다. 시행사는 다음의 그림에서와 같이 사업의 중심에서 모든 관계자와 계약을 맺고 사업을 조율하며, 각 사업단계에서의 문제를 해결해 나갑니다.

◆ 시행사의 역할

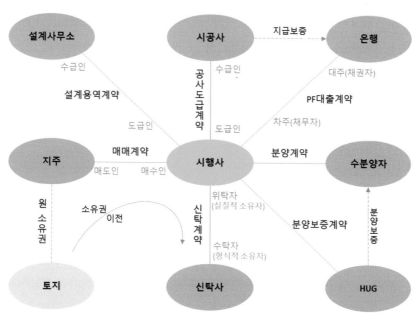

시행사는 우선 사업부지를 물색하고 토지 소유권 또는 사용권한을 확보합니다. 부동산 사업의 성패는 좋은 토지를 확보했느냐에 따라 결정되는데, 이러한 토지를 찾아내고 소유권까지 확보하는 과정이 쉽지 않습니다. 알박기 등의 문제를 해결하여 사업부지 완전 확보에 성공하면 토지 및 관련 권리를 다른 시행사에게 팔아 넘기는 식으로 큰 이익을 보는 시행사도 있을 정도입니다.

소유권 확보나 인·허가 절차 완료 전에는 주로 저축은행을 비롯한 제2금융권에서 브릿지론(Bridge Loan)을 조달하여 토지매입자금으로 사용합니다. '브릿지'가 다리이므로 그 자체가 목적지가 아니라, 목적지까지 임시로 연결시켜 준다는 의미가 있습니다. 이 시점에서는 사업을 완성할지에 대한 리스크가 크므로 은행과 같은 제1금융권에서 대출을 받기 어렵습니다. 그렇기 때문에 이자율은 높지만 제2금융권에서 임시로 돈을 빌리는 것입니다. 토지 확보와 인·허가 절차가 완료되면 제1금융권 은행에서 본 PF 대출을 받고 기존의 브릿지론은 상환합니다.

프로젝트 파이낸스(Project Finance)

(i) 프로젝트 자체의 현금흐름을 상환재원으로 하고,

(ii) 프로젝트 자산을 담보로 하되,

(iii) 사업주(sponsors)에 대한 소구권(遡求權, recourse)은 제한하면서,

(iv) 특수목적회사(SPC)에게 제공되는 금융

(출처: 『프로젝트 파이낸스』, 반기로)

프로젝트 금융을 전통적 방식의 금융인 기업금융(Corporate Finance)과 대비하여 설명 드리겠습니다.

어떤 한 기업이 있는데, 그 기업은 우산 사업과 짚신 사업을 한다고 가정해 보겠습니다. 전통적인 기업금융 방식에서는 어떠한 사업부 쪽으로 들어갈 자금인지에 상관없이 그 기업의 명의로 차입을 합니다. "돈에는 꼬리표가 없다."라는 표현을 많이 쓰는데, 이 경우에도 차입한 돈이 어느 사업부로 흘러 들어갈지에 대한 대략적인 감을 가지고는 있을지언정, '어느 쪽이다.'라

고 딱 단정지을 수는 없습니다. 비가 많이 오면 우산이 많이 팔리고 비가 많이 오지 않으면 짚신이 많이 팔릴 테니 크게 적자가 발생할 확률은 적을 것 같기는 하지만, 설명을 위하여 가정하면, 우산 사업부에서 최첨단 공정 시설에 과도한 금액을 투자하였는데 몇 년간 비가 거의 오지 않아서 거액의 손실이 발생하였다고 하겠습니다. 우산 사업부에서 발생하는 손실이 짚신 사업부에서 발생하는 이익으로도 커버가 안 된다면, 그 기업은 채무불이행, 더 나아가서 부도 및 파산에까지 이를 수 있습니다. 이익을 창출하는 사업 부가 있더라도 기업 전체는 위기에 처할 수 있는 것입니다.

✒ 기업금융과 프로젝트금융의 비교

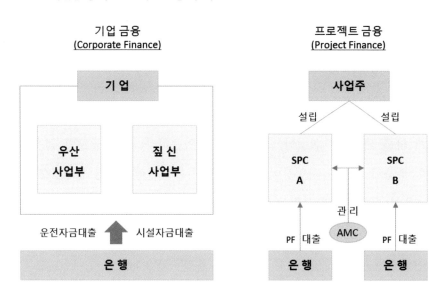

여기에 비하여 프로젝트 금융 방식에서는 사업 프로젝트마다 SPC라 는 약칭으로 많이 불리는 특수목적회사(Special Purpose Company)를 설립 하고, 이 SPC 명의로 금융기관으로부터 PF대출을 받아서 사업을 수행합

니다. SPC는 사무실 같은 물리적 공간이나 설비, 인적 조직 없이 명목회사(Paper Company) 형태로 설립되기 때문에 자본금이 많이 필요하지도 않습니다. 대신 사업의 운영은 AMC라 불리는 자산관리회사(Asset Management Company)에게 일정한 관리 수수료를 지급하면서 맡깁니다. 이와 같은 방식에서는 하나의 SPC에서 거액의 손실이 발생되어 채무불이행 상태에 빠진다 하더라도, 각 SPC는 별개의 법인이므로, 다른 SPC들은 영향을 받지 않고 정상적으로 사업을 지속시킬 수 있습니다.

외환위기 이후 건설사들의 대규모 차입이 어려워지자 시행 업무는 별도의 독립적인 시행사에게 넘어가게 되었고, 시행사의 시대가 시작되었습니다. 자본금도 취약한 시행사가 난립하면서 2007년에는 「부동산개발업의 관리 및 육성에 관한 법률」이 제정·시행되기도 하였습니다. 그런데, 당시 금융기관에서 시행사에 PF대출을 제공할 때에는 시공사의 지급보증을 요구하는 것이 관례였습니다. 그리하여 건설사들은 시공을 맡고 있는 사업장마다 지급보증계약을 체결하게 되었고, 이러한 상황은 실질적으로 외환위기 이전과 크게 다를 바 없는 현실이 되어버리게 되었습니다. 결국 글로벌 금융위기 이후 분양이 저조한 사업장이 하나둘 생겨나자 건설사들은 연쇄적으로 워크아웃이나 법정관리 상황에 처하게 되었습니다.

(2) 집합투자기구를 이용한 금융: 부동산펀드와 리츠

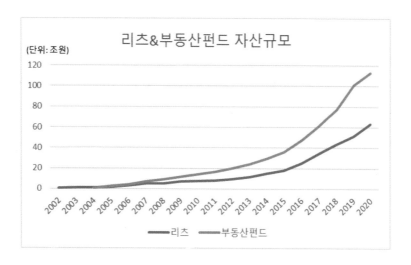

토지 소유자가 자금 조달을 위하여 PF금융 이외에 선택할 수 있는 방법으로 집합투자기구를 이용한 금융이 있습니다. PF금융과의 차이는, PF의 경우 토지만 보유한 상태에서 부동산개발사업을 추진하는 경우에 이용되는 것인 반면, 집합투자기구는 이러한 부동산개발사업뿐 아니라 이미 완성되어 있는 실물 부동산을 보유하고 있는 소유자가 이를 활용하여 자금을 조달하려고 할 때에도 이용할 수 있다는 장점이 있습니다. 그리고 PF금융이 주로 하나의 은행 또는 대주단(貸主團)을 구성하는 몇 개의 금융기관으로부터 시행사에게 대출의 형태로 제공되는 반면, 집합투자기구는 기관투자자는 물론 다수의 개인 소액투자자들로부터도 자금을 유치하는 것입니다. 그렇기 때문에 대부분 상당한 거액의 자금이 필요한 부동산 투자를 개인도 소액으로 투자의 이익을 향유할 수 있도록 기회를 제공하는 역할도 하고 있습니다.

우리나라에서 부동산에 대한 집합투자를 유치하기 위한 방법으로 부동산펀드와 리츠 제도를 이용한 방법이 있습니다. 부동산펀드는 2004년 「간접투자자산 운용업법」이 제정·시행되면서 도입되었으며, 동법이 2007년에 제정되어 2009년에 시행된 「자본시장과 금융투자업에 관한 법률」(약칭: 자본시장법)으로 통합되어 현재는 이 법에 의하여 규율되고 있습니다. (「자본시장과 금융투자업에 관한 법률」은 기존에 있던 「증권거래법」, 「선물거래법」, 「간접투자자산 운용업법」, 「신탁업법」, 「종합금융회사에 관한 법률」, 「한국증권선물거래소법」, 이렇게 6개의 법을 통합한 것으로, 제449조까지 있는 방대한 내용을 가지고 있는 법률입니다. '자본시장법'이라는 공식 약칭이 있으나, 자본시장통합법, 또는 자통법으로도 많이 불립니다.) 이때부터 법률상 '간접투자'라는 표현을 '집합투자'로 바꿔서 사용하기 시작하였습니다.

한편, 리츠는 그보다 빠른 2001년에 「부동산투자회사법」이 제정·시행되면서 도입되었습니다. 리츠도 개념상으로는 넓은 의미에서의 집합투자기구의 하나라고 볼 수 있습니다. 그러나 현행법상 집합투자기구란 용어는 자본시장법에 의해 규율되는 이른바 "펀드"를 의미합니다. 그리고 펀드가 금융위원회를 등록을 필요로 하는데, 리츠는 설립 시 국토교통부의 영업인가를 받아야 하며 이후에도 국토교통부에 의해 관리·감독된다는 차이점이 있습니다.

✒ 부동산펀드와 리츠 비교

구 분	부동산 펀드(RE fund)	리츠(REITs)
도입년도	2004년	2001년
근거법률	자본시장법	부동산투자회사법
소관부서	금융위원회	국토교통부
법적형식	신탁, 회사, 조합	주식회사

리츠의 도입이 더 앞섬에도 불구하고 부동산 집합투자 시장은, 앞서의 그래프에서 볼 수 있듯이, 부동산펀드를 중심으로 성장하였습니다. 그러나 부동산펀드가 대부분 사모(私募, Private placement) 펀드 방식으로 설정되어 기관투자자나 소위 '큰손들' 위주로 운영되지만, 리츠는 공모(公募, Public offering) 비중이 크며, 주식시장에 상장된 리츠도 있어서 소액투자자라면 관심을 가져볼 만하다는 장점이 있습니다.

그러면 집합투자 개념의 정립을 위하여 자본시장법상의 '부동산 집합투자기구', 즉, '부동산펀드'에 대해서부터 살펴보도록 하겠습니다.

집합투자기구란 집합투자를 수행하기 위한 기구로, ABS에서 SPC가 자금수요자(자산보유자)와 자금공급자(투자자)를 연결시켜준 것과 마찬가지의 중간 매개체 역할을 하는 수단입니다. 일상 생활에서 너무 많이 들어 보셨을 '펀드'를 의미합니다. 자본시장법에서는 집합투자를 다음과 같이 정의하고 있습니다.

자본시장과 금융투자업에 관한 법률

제6조(금융투자업) ⑤
'집합투자'란 (ⅰ) 2인 이상의 투자자로부터 모은 금전등을
　　　　　　(ⅱ) 투자자로부터 일상적인 운용지시를 받지 아니하면서
　　　　　　(ⅲ) 재산적 가치가 있는 투자대상자산을
　　　　　　(ⅳ) 취득, 처분, 그 밖의 방법으로 운용하고
　　　　　　(ⅴ) 그 결과를 투자자에게 배분하여 귀속시키는 것을 말한다.

집합투자기구는 집합투자기구의 (ⅰ) 법적 형식에 따라, (ⅱ) 투자자의 수에 따라, (ⅲ) 운용대상에 따라서 분류를 할 수 있습니다.

우선, 집합투자기구의 법적 형식에 따라 신탁형(투자신탁), 조합형(투자익명

조합·투자합자조합), 그리고 회사형(투자회사·투자유한회사·투자합자회사·투자유한책임회사)으로 크게 세 종류, 구체적으로는 일곱 종류의 집합투자기구로 분류됩니다. 종류별로 투자자의 법적 지위는 신탁형에서는 수익자, 회사형에서는 주주 또는 사원, 조합형에서는 조합원으로서의 지위를 갖게 됩니다.

그리고, 집합투자증권을 사모(私募)로만 발행하는 집합투자기구로서 전문투자자 등을 제외한 투자자의 총수가 49명 이하인 것을 '사모집합투자기구', 이른바 '사모펀드'라고 합니다. 50인 이상의 불특정 다수의 일반 투자자를 대상으로 자금을 모으고 그 자금을 운영하는 경우에는 '공모펀드'가 됩니다.

마지막으로, 집합투자재산의 운용대상에 따라 ① 증권집합투자기구, ② 부동산집합투자기구, ③ 특별자산집합투자기구, ④ 혼합자산집합투자기구, ⑤ 단기금융집합투자기구, 이렇게 다섯 가지 종류의 집합투자기구로 구분됩니다. 흔히, 주식형 펀드나 채권형 펀드라 불리는 것은 증권집합투자기구에 해당하며, 머니마켓펀드(MMF)는 단기금융집합투자기구에 해당합니다. 그리고, 집합투자자산의 50%를 초과하여 부동산(실물 부동산뿐 아니라 부동산 관련 금융자산 포함)에 투자하는 집합투자기구를 부동산집합투자기구, 즉 부동산 펀드라고 합니다.

✔ 부동산 펀드의 구분별 자산 규모(단위: 조 원, 2020년도 말 기준)

구 분	신탁형	회사형	조합형	합 계
사 모	101.8	7.9	–	109.7
공 모	2.7	0.7	–	3.4
합 계	104.5	8.6	–	113.1

한편, 리츠도 간접·집합투자라는 점에서는 부동산펀드와 동일하나 「부동산투자회사법」에 의해 별도로 규율되며 국토교통부의 관리·감독을 받습니다. 리츠와 관련해서 추가로 알아야 할 내용을 살펴보면 아래와 같습니다.

리츠의 종류는 도입된 순으로 자기관리 부동산투자회사(이하 '자기관리 리츠'), 기업구조조정 부동산투자회사(Corporate Restructuring REITs, 이하 'CR 리츠'), 위탁관리 부동산투자회사(이하 '위탁관리 리츠')의 세 종류가 있으며, 그 정의와 현황은 아래와 같습니다.

✎ 리츠 유형별 정의

구 분	정 의
자기관리 리츠	자산운용 전문인력을 포함한 임직원을 상근으로 두고 자산의 투자, 운용을 직접 수행하는 회사
CR 리츠	부동산을 투자 대상으로 하며 자산의 투자, 운용을 자산관리회사에 위탁하는 회사
위탁관리 리츠	자산의 투자, 운용을 자산관리회사에 위탁하는 회사

✎ 리츠 유형별 현황(2021년 4월)

구 분	리츠 개수	자산총계	자산기준 비중
자기관리 리츠	4	0.5조 원	0.7%
CR 리츠	25	3.9조 원	6.0%
위탁관리 리츠	265	60.8조 원	93.3%
합 계	294	65.2조 원	100.0%

처음 법이 제정된 2001년부터 도입된 자기관리 리츠는 그 이후에 도입된 CR 리츠나 위탁관리 리츠, 또는 회사형 부동산 펀드가 명목회사(Paper

Company)로서 법인세 소득공제 혜택이 있는 것과 달리, 자기관리 리츠는 실체형 회사의 특징을 가지고 있는 일반적인 주식회사로서 법인세 소득공제를 받지 못하는 불리한 점이 있습니다. 같은 해에 법 개정으로 CR 리츠가 도입되었는데, CR 리츠는 당시 IMF 외환위기 이후 유동성 부족으로 위기를 겪던 기업들이 보유하고 있던 부동산을 CR 리츠라는 기법으로 자금 조달을 가능하게 하면서 수년간 중요한 역할을 하였으나, 이후 사용빈도는 점점 줄어들어 현재의 비중이 크지는 않습니다. 2004년에는 명목회사로서 법인세 소득공제 혜택을 받을 수 있는 위탁관리 리츠가 도입되었으며, 현재 대부분의 리츠는 위탁관리 리츠 형식으로 설립되고 있습니다.

부동산 펀드는 집합투자업자가 사모와 공모 중에 임의로 선택할 수 있고, 법적 형식도 신탁형, 회사형, 조합형 중에서 자유로이 선택할 수 있는 반면에, 부동산투자회사는 일정한 경우를 제외하고는 영업인가를 받거나 등록을 한 날부터 2년 이내에 발행하는 주식 총수의 30% 이상을 일반의 청약에 제공하도록 되어 있으며, 법적 형식은 주식회사 하나로 고정되어 선택의 여지가 없다는 단점이 있습니다.

그러나 앞서의 표 〈부동산 펀드의 구분별 자산 규모〉에서와 같이 부동산 펀드는 대부분 회사법(「상법」의 '회사' 편을 의미합니다.) 상의 강제조항을 회피하기 위하여 회사형 대신에 신탁형을, 각종 규제와 공시 의무를 최소화하기 위하여 공모보다는 사모 방식으로 설정하고 있는 것이 현실입니다.

대신 리츠는 「부동산투자회사법」에 '공모부동산투자회사에 관한 특례 조항(제49조의 3)을 두어 공모 리츠에 대하여는 「자본시장법」, 「금융소비자 보호에 관한 법률」, 「금융회사의 지배구조에 관한 법률」 일부 조항의 적용을 배제하도록 하여 공모 방식으로의 유도를 꾀하고 있습니다. 그리고 2019년까지는 리츠가 목적사업에 사용하기 위하여 소유하고 있는 토지에 대해서는 공모·사모 구분없이 재산세 및 종합부동산세 세제 혜택을 부여해왔으나, 세법 개정으로 2020년부터는 공모 리츠에 대해서만 적용하게 되어 공모 방식에 의한 리츠 설립이 선호되고 있습니다.

리츠는 임대료 수입이 발생하는 수익형 부동산에 주로 투자하기 때문에 꾸준한 배당을 제공한다는 특징이 있습니다. 리츠 투자는 2010년부터 2020년까지 10여 년 동안 연평균 8%의 배당수익률을 기록하면서, 매년 6%에서 10%의 범위 내에서 꾸준한 배당을 지급하였습니다. (수치는 리츠저널 2021 봄 자료를 이용하였으며, 정책형 리츠(공공임대리츠, 공공지원민간임대리츠)는 공익적 성격으로 운영기간 중 무배당이므로, 이에 대한 데이터는 제외한 기준입니다.)

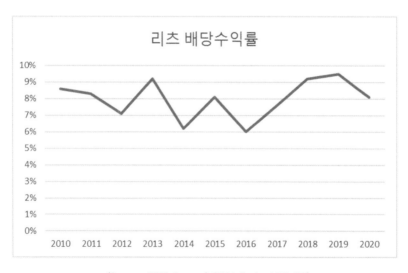

(Source: REITs Journal, 2021 Spring VOL.38)

◆ 상장리츠 현황(2021. 6. 30.)

종 목	상장일	현재가(원)	시가총액(억 원)
에이리츠	2011-07-14	15,550	260
케이탑리츠	2012-01-31	1,930	543
모두투어리츠	2016-09-22	4,780	230
이리츠코크렙	2018-06-27	6,210	3,427
신한알파리츠	2018-08-08	8,200	3,726
롯데리츠	2019-10-30	5,960	9,200
NH프라임리츠	2019-12-05	4,910	796
이지스밸류리츠	2020-07-16	5,640	1,136
미래에셋맵스리츠	2020-08-05	5,100	956
이지스레지던스리츠	2020-08-05	5,080	1,015
제이알글로벌리츠	2020-08-07	5,160	8,545
코람코에너지리츠	2020-08-31	6,060	3,345
ESR켄달스퀘어리츠	2020-12-23	7,540	7,263

(*) 국토교통부 리츠정보시스템(http://reits.molit.go.kr/)

또, 현재 13개의 리츠가 주식시장에 상장되어 있어서 소액 투자를 희망하는 개인들이 쉽게 접근할 수 있습니다. 국토교통부 리츠정보시스템에서, 또는 네이버에서 리츠 이름만 검색해도 오늘의 시가를 확인할 수 있습니다.

현재 상장되어 있는 리츠 중 가장 규모가 큰 것은 1조 원 규모의 롯데리츠로, 롯데쇼핑㈜가 2019년에 롯데리츠를 설립하고 기존에 소유하고 있던 백화점 4개, 마트 4개, 아울렛 2개를 소유권을 이전하면서 투자자를 공모하여 상장하였습니다. 소유권 이전 후에도 롯데쇼핑㈜는 임차인으로서 영업을 계속하기 때문에 롯데리츠는 공실없이 임대료 수입을, 투자자는 배당수익을 기대할 수 있는 특징이 있습니다.

PART 6

부동산과 세금

"죽음과 세금은 피할 수 없다."

"In this world, nothing can be said to be certain, except death and taxes."

- 벤자민 프랭클린

1990년대 초반에 발간되어 대 히트를 친 농구만화 「슬램덩크」는 요즘의 젊은 친구들까지 포함해서 많은 독자분들이 보셨을 것입니다. 그렇지 않은 분도 최소한 제목 정도는 들어서 알고 계실 것입니다. 만화의 내용은 농구에 대해서 관심이 1도 없던 북산고 신입생 '강백호'가 '채소연'이라는 여학생에게 첫눈에 반하게 되고, 그녀의 관심을 얻기 위하여 농구부에 들어가는 에피소드로부터 시작합니다. 북산고 농구부는 채소연의 오빠이자 주장인 '채치수'를 제외하면 실력 있는 선수가 없어서 원맨팀 정도로만 여겨지는 약팀이었으나, 중학 농구스타인 '서태웅'이 입학을 하면서 예년과는 다를 것이라 기대를 하고 있던 상황이었습니다. 그런데 하필, 채소연은 중학 시절부터 서태웅의 열성 팬이었고, 강백호는 자기 혼자 서태웅을 라이벌이자 연적이라 생각하면서 코믹한 상황을 만들어 내기도 합니다. 그러면서도 강백호는 농구에 열정을 불태우고 짧은 기간에 북산고 농구부에 없어서는 안 될 선수로 성장해 나갑니다.

많은 난관과 우여곡절 끝에 지역대회를 준우승하고 전국대회에 출전하게 된 북산고는 2회전에서 고교농구 최강자인 산왕공고와 맞닥뜨리게 됩니다. 전반전은 예상외의 선전으로 북산이 2점 차로 앞선 채 끝났으나, 후반전 시작과 함께 산왕이 몰아치기 시작하며 북산은 순식간에 20점 차로 뒤처지게 됩니다. 다행히 서태웅의 분전으로 점수차를 줄여가기 시작했으며, 특히 허를 찌르는 플레이로 산왕의 에이스(고교농구 전체의 에이스) '정우성'을 완벽하게 제치며 찬스를 만들어 냅니다. 그러나 이때 하필 강백호가 서태웅의 드리블 진로에 서 있었고, 둘은 부딪혀서 넘어집니다. 강백호는 자기편을 방해한다며 모든 관중으로부터 욕을 오지게 먹습니다. 이때 서태웅은 평소답지 않게 위축되어 있던 강백호에게 뼈아픈 일침을 날립니다.

"··· 세금 같은 거로군···.

네 얼간이 짓은 원래 계산에 들어있었다···.

풋내기···."

1. 세금의 일반 사항

(1) 세금이란 무엇인가?

"조세란 (i) 국가 또는 지방자치단체가 (ii) 재정수요를 충족시키거나 경제적·사회적 특수정책의 실현을 위하여 (iii) 국민 또는 주민에 대하여 (iv) 아무런 특별한 반대급부 없이 (v) 강제적으로 부과징수하는 과징금을 의미하는 것이다." (헌법재판소 89헌가95, 1990. 9. 3.)

세금의 특징 중 하나는 국가가 납세자에게 직접적·개별적 반대급부 없이 거두어 간다는 점입니다. ('전기세', '수도세'라는 표현을 종종 들을 수 있는데, 이는 틀린 표현입니다. 전기와 수도는 국가·지자체 또는 공기업이 '전기'와 '수도'라는 서비스를 반대급부로 제공하면서 사용료를 거둬들이므로, '전기요금'과 '수도요금'이라는 표현이 올바른 표현입니다.) 국가와 지자체는 걷어들인 세금으로 행정조직을 유지·운영하며 국민들에게 행정서비스를 제공하고, 도로와 철도를 비롯한 각종 인프라 시설을 건설하고, 사회 안전망(Safety net)을 설치하는 데에 조세수입을 사용합니다. 그러나 세금을 납부한 개인이 직접적·개별적으로 받는 반대급부가 없다 보니, 납세자는 세금내는 것을 아까워하기 마련이고, 통치자가 국민의 수인한계를 넘어서 자의적으로 세금을 부과할 경우 이른바 '조세저항'이 일어나기도 합니다. 사실 민주주의 발달의 역사는 조세저항과 함께하여 왔습니다. 영국의 대헌장(Magna Carta)과 명예혁명, 프랑스 대혁명, 미국의 독립혁명에서 세금 문제가 차지하는 비중은 결코 무시할 수 없습니다. "대표 없이 과세 없다(No taxation without representation)!"라는 미국 독립전쟁 당시의 슬로건을 한번쯤 들어 보셨을 것입니다. 이러한 조세저항과 민주화의 과정을 거치면서 근대국가에 조세법률주의가 정착하게 되었습니다.

화학의 아버지라 불리며 우리에게는 질량보존의 법칙으로 유명한 라부아지에는 프랑스 대혁명 시기 전에 징세청부업자로도 유명했습니다. 징세청부업자는 공무원이 아닌 민간인으로, 국왕에게 돈을 주고 일정한 지역의 징수권을 대가로 받은 뒤에 투자금을 회수하기 위하여 주민들을 탈탈 털어가는 가렴주구의 표상이었습니다. 징세청부업자를 영어로 Tax farmer 라고 하는데, 왕에게 뇌물이라는 씨앗을 뿌리고 주민들로부터 세금을 수확해가는 그림이 그려지는 묘한 표현인 것 같습니다. 라부아지에와 같은 대화학자도 징세청부업자로서의 악명으로 인하여 대혁명때 단두대에서 처형되었던 것을 보면, 당시 세금과 관련된 민중의 감정을 알 수 있습니다.

우리나라에서 1979년에 있었던 부산·마산 민주항쟁('부마항쟁')도 세금 문제가 영향을 미친 것으로 알려져 있습니다. 우리가 일부 면세 품목을 제외하고는 물건을 사거나 서비스의 대가를 지불할 때 가격에 포함되어 항상 10%씩 같이 지불하고 있는 부가가치세는 역사가 생각보다 길지 않습니다. 부가가치세는 1977년 7월 1일부터 시행되었는데, 당시 중동발 오일쇼크로 인한 물가상승 때문에 힘들게 살아가던 서민들에게 부가가치세의 도입은 엎친 데 덮친 격이었습니다. 이러한 경제적 상황에서 정권에 대한 여러 불만이 누적되다 폭발하여 부마항쟁이 일어났고, 이는 부산, 마산 지역에 직접 내려가서 항쟁을 목도한 당시의 중앙정보부장 김재규의 결심에 많은 영향을 미친 것으로 알려져 있습니다. 김재규는 1979년 10월 26일 박정희 대통령을 권총으로 사살하였고, 오랜 독재통치기간이 끝나고 국민들은 '서울의 봄'을 맞아 기대에 부풀어 올랐었습니다. 그러나 봄은 또다른 군인 출신 후계자의 탱크에 짓밟히게 되었으며, 국민의 투표로 대통령을 뽑는 직선제는 7년을 더 미뤄야만 했습니다.

대한민국 헌법에는 조세법률주의에 입각하여 아래와 같은 조문이 있습니다.

모든 국민은 법률이 정하는 바에 의하여 납세의 의무를 지며, 조세의 종목과 세율은 법률로 정하도록 되어 있습니다. 이는 세금과 관련된 규정의 주요 내용을 국민의 대표인 국회에서 법률로서 정하도록 하고, 행정부에서 정하는 시행령·시행규칙에 위임하는 것은 제한적으로 하도록 함으로써 국민의 재산권을 보호하고 법률생활의 안정성을 기하기 위한 것입니다. 그런데 이를 다른 각도에서 생각하면, 법률에 의해서 세금이 미리 정해져 있으면 누구든지 이에 따라 반드시 내야하는 것이라고 해석할 수도 있습니다. 세금을 나에게서만 더 거둬가는 것 같은 기분이 들고, 거둬간 세금이 아무리 헛되이 쓰이는 것 같아도, 어쩔 수 없는 측면이 있습니다. 이러한 점이 세금의 또다른 특징입니다. 가상의 캐릭터이긴 하시만 만화 『슬램덩크』에서 동료의 실수까지도 예측해서 미리 계산에 넣는다는 고등학교 1학년생 서태웅의 표현은 세금의 핵심을 간파하고 있는 것입니다.

사업을 하는 사람은 매출을 올리기 위하여 재료비나 임대료, 인건비의 지출을 미리 하기도 합니다. 그러나 소득세를 비롯한 세금은 일정한 기간이 지나고 특정 시기에 사후적으로 납부합니다. 게다가 세금 납부의 대가로 직접적으로 받는 반대급부가 없다 보니, 주변에서 세금에 대해 말을 할 때 '나라에 뺏기는 돈'이라는 표현을 쓰는 것을 빈번하게 접하게 되는 것 같습니다.

그러나 국가가 도로와 지하철 같은 교통 인프라를 구축하지 않았다면 고객들이 자신의 매장에 찾아오기도 어려웠을 것이고, 국방, 경찰, 소방 등의 서비스를 제공하지 않았다면 안전한 환경에서 사업을 하지 못하였을 것입니다. 문제는 세금 부담의 공평성과 세금 사용의 적정성입니다.

부동산 거래를 할 때에는 항상 세금을 염두에 두어야 합니다. 어떤 사람에게는 일생 동안의 부동산 거래라고는 이사갈 때 주택매매를 몇 번 해보는 것이 전부이기도 합니다. 10년에 한 번 있을까 말까 한 거래를 위해 그 어려운 세법을 공부하기란 쉽지 않습니다. 특별히 부동산 가격이 폭등하지 않은 지역이라도 물가상승률 정도로만 집값이 꾸준히 상승했으면 10년 정도 후에는 상당한 양도차익이 발생하게 됩니다. 그러나 기존 집의 매매대금이라는 것은 이사 갈 새 집을 장만할 재원일 뿐입니다. 소득이 있는 곳에 세금이 있으니 원래는 상당한 양도소득세를 부담해야 하나, 명목기준으로는 이익이 있는 듯 보이나 실질 기준으로는 이익이 없는 상황에서 주택 양도자에게 상당한 세금 부담을 지우면, 국민들은 이사를 갈 때마다 낮은 수준의 주거환경으로 옮길 수밖에 없게 됩니다. 그렇기 때문에 세법에서는 1세대 1주택자가 일정 금액(12억 원) 이하로 주택을 양도하는 경우에는 비과세 혜택을 부여하며, 기준 금액을 초과하는 경우에도 상당한 공제 혜택을 주어 세금 부담을 줄여줍니다.

반대로 다주택자, 단기보유자 등은 투기성이 있다고 보아, 높은 세금 부담을 지게 합니다. 그렇다 보니, 부동산, 특히 주택과 관련된 세금은 원래도 복잡했지만 2017년 이후 몇 년의 개정 과정에서 세무 전문가도 어려워할 정도로 복잡해졌고, '양포세', 즉 양도소득세 포기 세무사라는 신조어가 만들어질 정도로 웃지 못할 현실이 벌어졌습니다.

주택은 평균적인 대한민국 가정에 있어서 자산의 80%를 차지하는 재산

1호입니다. 대부분 거래금액 단위가 크기 때문에 비과세나 공제를 받기 위한 여러 요건을 충족하면 세금 부담을 크게 경감할 수 있는 반면, 요건을 하나라도 충족하지 못할 경우 수억 원의 세금을 부담하게 되기도 합니다. 그렇기 때문에 부동산에 있어서 세금의 중요성은 아무리 강조해도 지나침이 없습니다. 서태웅이 '풋내기 동료의 얼간이 짓(?)'을 미리 계산에 넣고서 농구 경기를 하듯이, 여러분도 현행 세금 제도에 대해서 아무리 불만이 많더라도 개인 입장에서는 일단 관련 세법을 숙지하고, 피할 수 있었던 세금을 불필요하게 지출하게 되는 일이 없도록 노력해야 할 것입니다.

이 장에서는 세법에 대해서 배워본 적이 없는 독자 분들을 위하여 세금에 관한 기본적이고 전반적인 사항을 먼저 다루고, 뒤에서 부동산과 관련된 세금을 추가적으로 다루어 보겠습니다.

(2) 세금의 종류

세금의 역사는 통치자와 납세의무자간 팽팽한 긴장의 연속이었습니다. '세금전쟁'이라는 표현이 쓰이는 것에서도 이를 느낄 수 있습니다. 아무리 탈탈 털고 쥐어짜려 해도 세금부담능력이 없는 국민에게서 걷어들이는 것은 한계가 있었을 것이고, 결국 담세력이 있는 자에게 온갖 논리를 동원해서 부과할 수밖에 없었을 것입니다. 그래서인지 세금의 종류는 정말 많습니다. 과거 유럽에서는 집의 창문 개수에 따라 부과하는 창문세라는 것도 있었습니다. 창문의 수는 집의 크기와도 대략 비례할 것이고, 특히 당시에는 유리의 대량생산이 어려워 유리창이 부유함의 상징이었다고 합니다. 그래서 창문의 수가 7개인 경우부터 과세를 했는데, 사람들이 세금을 안 내기 위해

창문을 합판으로 가려 결과적으로 주거 환경의 질만 낮아졌다고 합니다.

현재 우리나라의 세금 종류는 25개나 되는데, 국세와 지방세로 나누어 분류해보면 다음의 표와 같습니다. 국세는 내국세와 관세로 분류되는데, 내국세는 국가가 국세청 산하 세무서를 통해서 부과·징수하고 관세는 관세청 산하 세관을 통해서 부과·징수합니다. 지방세는 세목에 따라 광역자치단체 (도, 특별시·광역시) 또는 기초자치단체(시·군, 구)에서 과세를 담당합니다. 세금의 종류가 많다 보니 일정한 기준들에 따라 세금을 분류하는데, 과세주체에 따른 국세-지방세 분류 외에도 조세수입 사용목적 제한의 유무에 따라 보통세-목적세, 조세 부담의 전가 여부에 따라 직접세-간접세, 그 외에도 독립세-부가세, 인세-물세, 종가세-종량세 등 다양한 기준으로 세금을 분류하여 설명합니다.

✎ 우리나라의 조세 체계

구 분		세 목	비 고
국 세	내국세	소득세	보통세
		법인세	
		종합부동산세	
		상속세	
		증여세	
		부가가치세	
		개별소비세	
		주세	
		인지세	
		증권거래세	
		교육세	목적세
		교통·에너지·환경세	
		농어촌특별세	
	관세		

지방세	도세	특별시·광역시세	취득세	보통세
			레저세	보통세
			지방소비세	보통세
			지역자원시설세	목적세
			지방교육세	목적세
		구세	등록면허세	보통세
	시·군세	특별시·광역시세	담배소비세	보통세
			주민세	보통세
			지방소득세	보통세
			자동차세	보통세
		구세	재산세	

(3) 담세력과 세금

또 다른 분류 방식으로 세금의 원천에 따라 소득과세, 소비과세, 자산과세로 나누는 방법이 있습니다. 국가는 담세력이 있는 곳을 찾아 세금을 부과합니다. 소득이 많을수록, 소비를 많이 할수록, 자산 규모가 클수록 세금 부담능력이 있을 것이라 가늠할 수 있을 것입니다. 소득과세로는 소득세와 법인세, 소비과세로는 부가가치세와 개별소비세, 자산과세로는 재산세, 종합부동산세, 취득세, 상속세 및 증여세가 대표적입니다. 어느 한 가지의 방법으로만 세금을 걷지 않고 다양한 방식으로 재정을 조달하는 이유는 과세기준마다 장·단점이 있기 때문입니다.

소득과세는 누진세율 적용으로 고소득층이 더 높은 세부담을 지게 함으로써 현대의 공평주의 이념과 잘 부합하나, 각 개인의 사생활의 영역을 국가가 들여다보는 데서 오는 반발과 조세저항이 있습니다. 소비과세, 특히 우리나라의 부가가치세와 같이 단일세율을 적용하는 경우에는 서민층이 실질적으로 높은 세부담을 지게 만드는 역진성(逆進性)이 있으나, 조세저항이 적고 세금 징수가 용이하기 때문에 과세 당국 입장에서는 선호하는 과세 체계입니다. 제 주변에서도 월급날마다 급여에서 10% 정도의 근로소득세를 원천징수로 떼어간다고 나라 욕하는 사람은 본 적이 있어도, 상품의 표시 가격에는 원래 가격의 10%가 부가가치세로 포함되어 있어서 물건 살 때마다 세금을 내는데도 불구하고 이에 대해서 나라 욕하는 사람은 보지 못한 것 같습니다. 마지막으로 자산과세는 부의 재분배 관점에서는 바람직한 면이 있으나, 미실현소득에 대해서 과세하는 경우 현금성 자산없이 실물자산만 보유하는 자에게 재무적 어려움을 야기시킬 수 있고, 이로 인해 조세저항을 불러오는 단점이 있습니다.

(3-1) 소득과세

"소득이 있는 곳에 세금이 있다."

소득이 있는 자연인은 소득세를 내고, 법인은 법인세를 납부해야 합니다. 현행 법 명칭상 소득세, 법인세라 불리우나, 개념상 개인소득세(Individual income tax)와 법인소득세(Corporate income tax)라고 인식하는 편이 이해에 더 도움이 될 것 같습니다.

세금의 긴 역사 속에서 소득세의 역사는 생각보다 그리 길지 않습니다. 근대적 형태의 소득세는 나폴레옹과의 전쟁 준비로 정신없던 영국이 1799년에 처음 도입하였습니다. 당시 '영국에 사는 사람 모두가 각자 제 살림살이를 드러내야 한다.'라며 강한 반발과 조세저항에 직면해야 했습니다. 징세를 위하여 국가가 납세자 개인의 사생활을 자세히 조사할 수밖에 없었고, 이에 소득세는 치욕적·야만적 압제로 여겨졌으며, 영국과 프랑스가 휴전 조약을 맺고 이듬해 폐지되었습니다. 미국에서도 남북전쟁 중이었던 1862년에 첫 소득세가 부과되었고, 영국에서와 마찬가지로 전쟁이 끝나고 얼마 지나서 폐지되었습니다. (참고: 『세법강의』, 이창희) 소득세는 이와 같은 우여곡절을 겪었으나, 누진세제를 기본이념으로 삼으면서 현대 국가에서 가장 중심적인 과세체계로 자리잡게 되었습니다.

우리나라 소득세의 구조

소득세법에서는 소득을 원천별로 구분하여 분류과세하기도 하며 종합과세를 하기도 합니다. 소득을 이자소득, 배당소득, 사업소득, 근로소득, 연금소득, 기타소득, 퇴직소득, 양도소득의 8가지로 구분한 뒤, 앞의 여섯 가지 소득에 대해서는 연간 소득금액을 모두 더하여 종합과세를 하며, 퇴직소득과 양도소득에 대해서는 별도로 분류과세를 합니다. 부동산 임대를 하여 얻는 임대료 수입은 사업 소득에 포함됩니다.

종합과세를 하는 이유는 소득세의 핵심적 특징인 누진세율의 효과를 극대화하기 위한 것입니다. 이에 비해 퇴직소득과 양도소득을 분류과세하는 이유는 길게는 수십 년에 걸쳐 누적되어 발생된 소득을 1년간 발생한 다른 소득과 함께 종합과세하여 높은 누진세율을 적용하는 것은 불합리하기 때문입니다. 양도소득의 경우는 여기에 더해서 정책적으로 세금 부담을 경감하여 주거나, 반대로, 가중시키기 위한 이유도 있습니다.

종합소득금액 계산구조

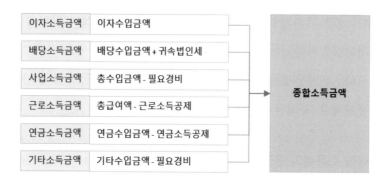

이자소득금액	이자수입금액
배당소득금액	배당수입금액 + 귀속법인세
사업소득금액	총수입금액 - 필요경비
근로소득금액	총급여액 - 근로소득공제
연금소득금액	연금수입금액 - 연금소득공제
기타소득금액	기타수입금액 - 필요경비

→ **종합소득금액**

종합소득세 계산구조

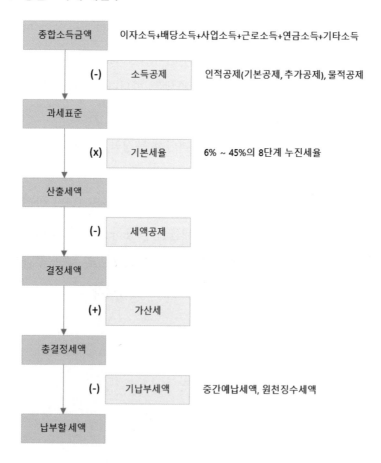

종합소득금액 → 이자소득+배당소득+사업소득+근로소득+연금소득+기타소득

(-) 소득공제 → 인적공제(기본공제, 추가공제), 물적공제

과세표준

(x) 기본세율 → 6% ~ 45%의 8단계 누진세율

산출세액

(-) 세액공제

결정세액

(+) 가산세

총결정세액

(-) 기납부세액 → 중간예납세액, 원천징수세액

납부할 세액

대학 졸업 후 직장에 갓 들어간 사회초년생 중에는 회사로부터 받는 월급과 은행 예금에서 나오는 이자수입 정도가 소득의 전부인 친구도 있을 것입니다. 이런 분 중 다음 해 5월 31일에 종합소득세 신고를 직접 해보신 분은 아마 없으실 것입니다. (요즘은 대학생 때부터 주식투자를 하는 경우도 많으나, 주식을 가지고 있더라도 우리나라 회사 중에 배당을 하지 않는 회사가 많아서 배당소득이 발생하지 않는 경우도 많고, 양도차익에 대해서는 종합소득이 아닌 양도소득에서 다루는데다 대주주 이외의 일반주주가 가지고 있는 상장주식은 비과세입니다.) 매월 급여를 받을 때 근로소득 간이세액표에 따라 일정 금액을 근로소득세로 원천징수한 후의 세후 금액만을 수령하며, 다음해 초 연말정산을 거쳐 회사가 대리하여 근로소득세를 신고·납부합니다. 이자의 경우 은행에서 예금 고객에게 이자를 지급할 때 14%의 소득세 및 1.4%의 지방소득세를 원천징수한 후 세후 금액만을 지급합니다.

이자소득과 배당소득을 합해서 금융소득이라 하는데, 금융소득금액이 연간 2천만 원을 넘지 않는 경우에는 이러한 원천징수만으로 과세가 종결되며 종합과세에 포함하지 않습니다. 이와 같이 종합소득에 포함되는 소득원천이긴 하나, 원천징수만으로 과세가 종결되는 것을 분리과세라고 합니다. 2천만 원 이하의 금융소득, 일정한 일용근로자의 근로소득, 일정한 요건을 충족하는 총 수입금액 2천만 원 이하의 주택임대소득, 1,200만 원 이하의 연금소득(선택 가능), 3백만 원 이하의 기타소득(선택 가능) 등이 분리과세 대상입니다. 이와 같이 분리과세되어 원천징수만으로 과세가 종결되는 경우의 원천징수를 완납적 원천징수라 하며, 이와 달리 근로소득세 원천징수와 같이 정산과정을 거쳐 종합소득세가 최종적으로 납부되는 경우의 원천징수는 예납적 원천징수라 부릅니다.

종합소득금액이 결정되면 부양가족 수에 따른 기본공제를 비롯한 각종 공제금액을 차감하여 과세표준을 구하고, 여기에 세율을 곱하여 산출세액을 구합니다. 세율은 아래와 같이 과세표준 금액 구간에 따라 6%에서 45%까지의 누진세율로 구성되어 있습니다.

과세표준	세 율
1,200만 원 이하	과세 표준의 6%
~ 4,600만 원 이하	72만 원 + 1,200만 원을 초과하는 금액의 15%
~ 8,800만 원 이하	582만 원 + 4,600만 원을 초과하는 금액의 24%
~ 1억5천만 원 이하	1,590만 원 + 8,800만 원을 초과하는 금액의 35%
~ 3억 원 이하	3,760만 원 + 1억5천만 원을 초과하는 금액의 38%
~ 5억 원 이하	9,460만 원 + 3억 원을 초과하는 금액의 40%
~ 10억 원 이하	1억7,460만 원 + 5억 원을 초과하는 금액의 42%
10억 원 초과	3억8,460만 원 + 10억 원을 초과하는 금액의 45%

위 표가 소득세법 조문의 세율표인데, 실무적으로는 계산을 보다 빠르고 간단하게 해주기 위해서 누진공제액이란 것을 차감하는 방식을 이용합니다.

과세 표준	세 율	누진공제
1,200만 원 이하	6%	–
~ 4,600만 원 이하	15%	108만 원
~ 8,800만 원 이하	24%	522만 원
~ 1억5천만 원 이하	35%	1,490만 원
~ 3억 원 이하	38%	1,940만 원
~ 5억 원 이하	40%	2,540만 원
~ 10억 원 이하	42%	3,540만 원
10억 원 초과	45%	6,540만 원

과세표준이 1억 원일 경우 법조문의 계산양식대로 산출세액을 계산하면 아래와 같습니다.

$$1{,}590만 원 + (1억 원 - 8{,}800만 원) \times 35\% = 2{,}010만 원$$

이번에는 누진공제 방식으로 계산해 보겠습니다.

$$1억 원 \times 35\% - 1{,}490만 원 = 2{,}010만 원$$

결과는 2,010만 원으로 동일하다는 것을 알 수 있습니다.

분류과세되는 소득 중 퇴직소득은 설명을 생략하고, 양도소득에 대해서는 과세대상의 대부분이 부동산과 관련된 것이니 뒷부분에서 설명드리겠습니다.

법인과 법인세

어느 한 사람이 사업을 할 때 사업 영위 방식으로 크게 두가지 방안을 생각할 수 있습니다. 하나는 개인사업자로서 자기 자신이 직접 모든 권리·의무의 주체가 되는 것이며, 다른 하나는 법인을 설립하여 자신은 출자자로서의 역할만 하며 법인으로 하여금 권리·의무의 주체가 되도록 하는 방식입니다.

◆ 법인의 종류

구 분	사 단	재 단
영리	영리사단법인 = '회사'	–
비영리	비영리사단법인	비영리재단법인

법인 중에서도 영리(營利) 사단법인(社團法人)을 회사라고 하며, 상법상 아래와 같이 다섯 가지 종류의 회사 형태가 있습니다.

◆ 회사의 형태

구 분	구성원(지분출자자)	성 격
합명회사	무한책임사원	인적회사 / 폐쇄성 ↕ 물적회사 / 개방성
합자회사	무한책임사원, 유한책임사원	
유한책임회사	유한책임사원	
유한회사	유한책임사원	
주식회사	주주(유한책임)	

회사의 형태 중 유한책임회사, 유한회사 및 주식회사의 경우 출자자가 모두 유한책임만 부담하게 되어있어서, 법으로 정하여진 극히 예외적인 경우를 제외하고는, 회사의 빚이 아무리 많고 설령 파산하는 경우라도 출자한 원금의 일부 또는 전부를 날릴 위험이 있을 뿐 그 이상의 책임을 부담할 의무가 없습니다. 사회는 이와 같이 회사라는 제도에 유한책임이라는 혜택을 부여하여 개인으로서는 감당할 수 없는 불확실한 대규모의 사업도 과감히 추진할 수 있도록 하는 반면, 법인세라는 세금을 법인 단계에서 부과하여 걷어갑니다. (법인과 그 법인의 주주인 개인에 대하여 두 차례에 걸쳐 과세되는 이중과세 문제를 해소하기 위해서 배당세액공제라는 제도가 있으며, 이를 통하여 개인소득세 금액이 일부 조정됩니다.)

우리나라 법인세의 구조

법인은 「각 사업연도의 소득」 이외에도 일정한 경우 「토지 등 양도소득」,

청산 시에는 「청산소득」에 대해서 법인세가 과세됩니다. 법인의 종류에 따른 과세소득의 범위는 아래의 표와 같습니다.

✎ 법인의 종류별 과세소득의 범위

구 분		과세소득의 범위		
		각 사업연도의 소득	토지 등 양도소득	청산 소득
내국법인	영리법인	국내원천소득+국외원천소득	○	○
	비영리법인	수익사업에서 발생한 소득	○	×
외국법인	영리법인	국내원천소득	○	×
	비영리법인	수익사업 관련 국내원천소득	○	×
국가·지방자치단체		비과세		

(법인세에서 각 사업연도의 소득이라는 표현을 쓰는 것은 개인에게 부과되는 소득세의 경우 누구나 역년(曆年), 즉 1월 1일부터 12월 31일까지의 기간을 기준으로 과세가 되나, 법인의 경우는 법령이나 그 법인의 정관에서 정한 회계기간이 1년을 초과하지 않는다면 그대로 인정해 주기 때문입니다. 즉, 사업연도가 4월 1일부터 이듬해 3월 31일까지와 같이 기간은 1년이나 역년과 동일하지 않을 수도 있고, 1/1~6/30, 7/1~12/31 같이 6개월 단위일 수도 있습니다.)

법인세 계산의 중심이 되는 각 사업연도의 소득은 익금 총액에서 손금 총액을 뺀 금액으로 산출됩니다.

법인세법

제14조(각 사업연도의 소득)

① 내국법인의 각 사업연도의 소득은 그 사업연도에 속하는 익금의 총액에서 그 사업연도에 속하는 손금의 총액을 뺀 금액으로 한다.

제15조(익금의 범위)

① 익금은 자본 또는 출자의 납입 및 이 법에서 규정하는 것은 제외하고 해당 법

인의 순자산을 증가시키는 거래로 인하여 발생하는 이익 또는 수입의 금액으로 한다.

제19조(손금의 범위)

① 손금은 자본 또는 출자의 환급, 잉여금의 처분 및 이 법에서 규정하는 것은 제외하고 해당 법인의 순자산을 감소시키는 거래로 인하여 발생하는 손실 또는 비용의 금액으로 한다.

익금·손금은 재무제표 작성을 위한 기준을 만드는 회계에서 말하는 수익·비용과 유사한 개념이나, 인식 기준의 차이가 있는 경우도 꽤 있습니다. 예를 들어 어떤 회사가 7월 1일에 누군가에게 돈을 빌려주고 다음해 6월 30일에 이자 100만 원과 함께 돌려받기로 약정했다고 가정해 보겠습니다. 이런 경우 회계에서는 아직 이자 수입을 받지는 못했지만 금년 회계 기간 말에 반년치인 50만 원을 수익으로 인식하고, 내년에 나머지 반년치인 50만 원을 수익으로 인식합니다. 반면 세법에서는 이자를 실제로 수령할 내년에 100만 원 전액 익금으로 반영합니다. 만약 올해 아직 이자수입을 받지도 못했는데 과세소득에 포함되어 세금부터 내야 한다면 납세자 입장에서는 억울할 것입니다.

또 다른 예로 접대비를 한번 보겠습니다. 접대비는 회사 운영상 어느 정도 발생하기 마련이나 악용될 소지가 있어서 법인세법에서는 한도를 정해서 일종의 규제를 합니다. 만약 한도를 초과하여 접대비를 지출한 경우 회계상으로는 전액 비용처리되어 그만큼 당기순이익이 줄어들게 되나, 법인세법에서는 한도 초과액만큼은 손금 인정을 못 받기 때문에 그만큼 각 사업연도의 소득은 늘어나게 되고, 따라서 법인세 부담액도 커지게 됩니다.

앞서 이자수입의 예와 같이 귀속 시기에는 차이가 있으나, 시간이 지나면서 차이가 소멸하여 결국 통산 이익은 같아지게 되는 경우를 일시적 차이, 그리고 접대비의 예와 같이 그 차이가 영원한 경우를 영구적 차이라 합니다. 세무조정이란 말을 들어 보셨을 것 같은데, 세무조정이란 이러한 차이들을 찾아서 회계상 수익·비용으로부터 법인세법상 익금·손금을 도출하여 각 사업연도의 소득을 구하는 절차를 말합니다.

어차피 회사는 상법상의 의무로서 기업회계기준(GAAP, Generally Accepted Accounting Principles)에 따라 회계기간별 재무제표를 작성하기 때문에, 법인세법상 익금·손금을 별도로 인식할 필요없이 세무 조정을 통하여 각 사업연도의 소득을 구하는 것이 일반적입니다.

✎ 세무조정과 각 사업연도의 소득 계산

당기순이익으로부터 시작하여 각 사업연도의 소득 금액을 거쳐서 납부할 법인세액을 구하는 과정은 다음 페이지의 그림과 같습니다.

법인세율은 과세표준이 2억 원 이하인 경우의 10%에서부터 시작하여, 과세표준의 증가에 따라 20%, 22%, 3천억 원이 초과하는 경우에는 최고 25%까지 올라가는 4단계 누진세율 구조로 되어 있습니다.

과세표준	세 율
2억 원 이하	과세표준의 10%
~ 200억 원 이하	2천만 원 + 2억 원을 초과하는 금액의 20%
~ 3천억 원 이하	39억8천만 원 + 200억 원을 초과하는 금액의 22%
3천억 원 초과	655억8천만 원 + 3천억 원을 초과하는 금액의 25%

◈ 법인세 계산구조

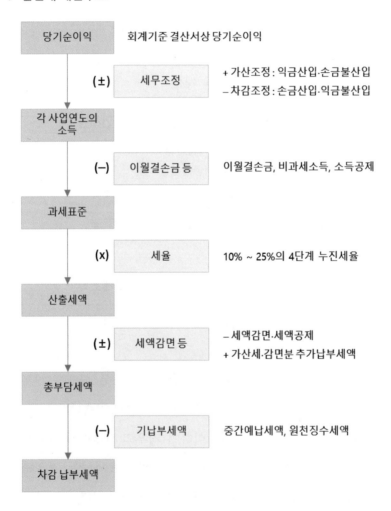

(3-2) 소비과세

납세의무자의 연간 수입과 지출을 모두 파악해야 하는 어려움이 있는 소득과세의 역사가 생각보다 짧은 것과는 달리, 소비과세는 거래의 현장만 포착하면 되는 과세의 용이함 때문인지 소비과세의 역사는 고대로까지 올라갑니다.

소비세제의 대표격인 부가가치세(VAT, Value Added Tax)는 우리나라에서는 1977년에 10%의 단일세율로 도입되어서 현재까지 큰 틀의 변화 없이 유지되었는데, 앞서 말씀드렸듯이 도입 당시만 하더라도 중동발 오일쇼크로 인한 인플레이션에 시달리던 차에 10%의 즉각적인 물가상승은 부산·마산 민주항쟁 발발에 영향을 주기도 했지만, 부가가치세가 완전 정착된 현재는 어느 누구도 원래 가격의 10% 덧붙여지는 부가가치세에 대해서 불만을 이야기하는 경우는 보지 못한 것 같습니다. (이는 우리나라의 경우 관행적으로 VAT 포함 기준으로 가격을 표기하는 데 기인하는 것 같습니다. 과거에 고급 음식점에 가면 이른바 텐-텐이라 하여 메뉴판 표시가격에 VAT 10%와 봉사료 10%를 추가로 받는 경우가 있었습니다. 식품위생법 시행규칙 개정으로 2013년부터는 음식점 가격표의 금액이 부가가치세 등을 포함하여서 손님이 실제로 내야 하는 가격을 기재하도록 되었습니다.)

소비과세가 조세저항이 적은 이유가 세금을 경제적으로 부담하는 자(구매자, 소비자)와 법적으로 세금을 납부하는 자(판매자, 공급자)가 일치하지 않기 때문인데, 이러한 세금을 간접세라고 합니다. 부가가치세법상 사업자가 재화 또는 용역을 공급하는 경우에는 공급받는 자로부터 부가가치세를 징수하도록 되어있는데, 이를 거래징수라 합니다. 판매자는 VAT가 포함된 가격을 표시하고, 구매자는 그 가격에 사고 싶으면 사고 비싸다 싶으면 안 사면 그만입니다. (VAT 도입으로 가격이 올라가면 그만큼 수요는 줄어듭니다. 그렇기 때문에 현실적으로 공급자는 VAT 금액만큼 가격을 올리기는 쉽지 않습니다. 결국 기존의 VAT 부과 전 가

격과 그 금액에 VAT만큼 가산된 가격의 중간 지점에서 가격이 결정되는데, 이를 조세의 전가와

귀착이라고 합니다.)

이와 같은 부과·징수의 용이함으로 인한 과세당국의 선호에도 불구하고, 현대 사회에서 소비세제가 환영받지 못하게 만드는 단점이 하나 있는데, 이는 바로 역진성(逆進性, regressivity)입니다. 현대의 조세 부과 이념을 함축적으로 보여주는 것이 누진세율입니다. 누진세율을 영어로 Progressive tax rate라 하며, 직역하면 진보적 세율입니다. 월급이 백만 원인 사람이 세금을 소득의 10%인 십만 원을 낼 때, 월급이 천만 원인 사람은 동일한 세율을 적용하여 백만 원을 낼 것이 아니라, 예를 들면, 20%인 2백만 원을 납부하는 것이 공평하다고 보는 것이 현대 조세 이념입니다.

반면, 우리나라의 부가가치세는 단일세율을 적용하기 때문에 서민들의 소득대비 부가가치세 부담 비율이 실질적으로 부유층의 경우보다 높아지게 됩니다. 월급 백만 원 받는 사람이 하루 세 끼 먹을 때 월급이 천만 원인 사람이라고 해서 삼십 끼를 먹지도 않을 것이고, 매번 먹을 때마다 10배 비싼 음식을 먹지도 않을 것입니다. 이와 같이 서민 층은 소득액에서 소비액이 차지하는 비중이 높고 부유층은 그 비중이 상대적으로 낮은 상황을 가리켜서, 서민층은 한계소비성향이 높고 부유층은 낮다고 표현합니다. 자연스럽게 서민층의 소득 대비 부가가치세 부담 비율은 높아지며 부유층의 경우는 낮아지는데, 이러한 특성을 부가가치세의 역진성이라 표현합니다.

부가가치세는 다단계 일반소비세

부가가치세는 다단계 거래세, 또는 다단계 일반소비세라고 합니다. 우선 '일반소비세'라는 것에 대해서 설명하면 개별소비세와는 달리 일부 면세 품목을 제외하고 모든 재화와 용역의 공급에 과세된다는 의미입니다. (우리나라

에 부가가치세법이 도입된 1977년 이전에 소비세가 전혀 없었던 것은 아니고, 영업세법, 물품세법, 직물류세법, 석유류세법, 전기가스세법, 통행세법, 입장세법, 유흥음식세법 상의 간접세를 하나로 통합한 것입니다. 한편 부가가치세의 역진성을 완화시키기 위하여 현재도 개별소비세법(舊 특별소비세법)에 따라 보석·고급시계·모피·배기량 2천cc 이상의 자동차·유류 등 고가의 물품에 대해서는 별도의 소비세를 부과하고 있습니다.) '다단계'라는 표현은 최종 공급자와 최종 소비자간의 거래에서뿐만 아니라 중간 공급자를 포함하여 모든 거래에서 과세가 된다는 의미입니다.

　만일 밀을 재배하는 농장과 밀가루를 제분하는 공장이 있고, 소비자가 그 공장으로부터 밀가루를 구매한다고 할 때, 거래 구조는 아래와 같습니다.

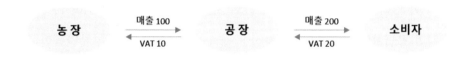

　소비자는 공장주에게서 밀가루를 사면서 공급가액(부가가치세법에서 공급가액이라 함은 VAT가 포함되지 않은 세전 가격을 의미합니다.) 200원에 VAT 20원을 덧붙여서 대가를 지급합니다. 공장도 밀가루를 만들기 위해서 농장주로부터 밀을 구매하는데, 이때 밀의 공급가액이 100원이면 여기에 VAT 10원을 덧붙여서 110원을 지급합니다. 이 때 공장주가 소비자로부터 받은 VAT 20원을 매출세액, 농장주에게 지급한 VAT 10원을 매입세액이라고 부르며, 공장주는 분기 또는 반기 단위로 매출세액에서 매입세액을 공제한 금액, 즉 부가가치세를 세무서에 납부하여야 합니다. 공장은 부가가치세로 10원(매출세액 20원 - 매입세액 10원)을 납부하여야 하고, 농장도 10원(매출세액 10원 - 매입세액 0원)을 세무서에 납부하여야 합니다. 결국 과세당국은 거래 단계별로 부가가치세를 걷으나 최종 공급가액인 200원에 세율 10%를 곱한 것과 동일하게 20원을 징수하게 됩니다. 이를 정리하면 아래 표와 같습니다.

구 분	note	농 장	공 장
매출	a	100	200
매출 VAT	b = a*10%	10	20
수령액	c = a+b	110	220
매입	d		100
매입 VAT	e = d*10%		10
지급액	f = d+e		110
납부세액	g = b-e	10	10

실제 현실에서는 고려해야 될 사안이 많겠으나 간단하게 이야기하자면, 모든 거래 단계에서의 부가가치의 합은 결국 최종 공급가액이 되며 각 단계에서의 공급자는 부가가치, 즉 자신이 재화의 가치를 늘려준 부분만큼만 결과적으로 과세되어 부가가치세를 납부합니다.

부가가치세는 1954년 프랑스에서 처음 도입된 이후, 미국을 제외한 모든 OECD 국가를 비롯해서 150여 개국에서 시행되고 있습니다. 미국은 대신에 주(洲)에 따라서 Sales tax를 징수하기도 하는데, 이는 소비과세의 한 유형이긴 하나 부가가치세와는 그 구조가 다릅니다. Sales tax는 최종소비자와의 거래에서만 부과되며, 앞의 예의 경우에서라면 공장주가 소비자에게 220원을 받아서 그 중 20원을 납세하면 그것으로 끝입니다. 만약 공장이 제과점에게 밀가루를 공급하는 경우라면 Sales tax가 과세되지 않습니다. 그 제과점도 최종소비자가 아니라 빵을 만들어 판매하는 공급자이기 때문입니다. 이런 구조에서는 공급자가 자신의 고객이 최종소비자인지 여부, 즉 B2C인지 B2B인지를 확인하여야 하고, 이에 실패하면 세금 탈루가 발생할 수 있습니다.

캐나다, 호주 및 뉴질랜드 등지에서는 재화와 용역에 대해서 과세된다는 의미에서 부가가치세를 Goods and Services Tax, 약칭으로 GST라 부르고, 일본에서는 소비세라고 불립니다. 참고로 일본은 소비세를 1989년에 처음 도입하여 몇 년간 3%의 낮은 세율을 유지하다가 1997년에 5%, 2014년에 8%, 2019년에 10%로 인상했는데, 정권에서 소비세율 인상안을 꺼내기만 해도 다음 선거에서 참패했다고 합니다.

우리나라는 1977년 부가가치세 도입 이래 10%의 단일세율을 계속 유지해 왔기 때문에 여기에 익숙한데, 사실 세율은 국가마다 다양할 뿐만 아니라 한 국가내에서의 세율도 품목별로 다른 복수세율 제도를 가진 나라가 많습니다. 유럽에서는 부가가치세율이 최고세율 기준으로 20%가 넘는 국가가 많으며, 특히 헝가리, 덴마크, 노르웨이, 스웨덴, 아이슬란드는 25% 이상의 세율을 가지고 있습니다.

우리나라는 단일세율 제도를 유지하면서 역진성 완화 등의 목적으로 생필품 등에 대해서는 면세 혜택을 주는 한편, 사치품이나 공익 목적에서 정책적 수요 규제를 하는 재화에 대해서는 개별소비세, 주세, 교통·에너지·환경세, 담배소비세 부과를 통하여 추가적인 징수를 하고 있습니다.

(3-3) 자산과세

담세력에 따른 과세 중 마지막은 보유한 자산의 금액에 따라 과세하는 방식입니다. 우리나라 현행 세법상 재산세와 종합부동산세가 대표적이며, 취득세와 상속세, 증여세도 자산과세의 범주에 들어갑니다. 소득세 중 양도소득세를 자산과세로 보기도 합니다. 유럽에서는 부유세(Wealth tax, Capital tax, Equity tax) 제도를 시행하고 있는 나라도 있는데, 부의 재분배라는 긍정적인 측면도 있으나, 자산의 해외도피(Capital flight)나 자산가치평가

(Valuation)상의 이슈를 초래할 수 있는 문제점도 있습니다.

자산과세의 많은 부분이 부동산에 대한 과세이므로 뒤에서 이어지는 파트에서 다루도록 하겠습니다.

2. 부동산과 세금

『이기적 유전자』로 유명한 진화생물학자 리처드 도킨스가 쓴 다른 저서 중에 『눈먼 시계공』이라는 책이 있습니다. 영어로는 The Blind Watchmaker라고 하는데, 이는 18세기 영국의 성직자이자 철학자였던 윌리엄 페일리가 저서 『자연신학』에서 사용한 '시계공' 비유를 비꼰 표현입니다.

창조론자였던 페일리는 진화론의 아버지라 할 수 있는 찰스 다윈이 태어난 1809년보다 4년 전인 1805년에 사망하였습니다. 페일리는 당시 첨단기술의 상징이었던 기계식 시계를 예로 들며, 그렇게 복잡한 구조를 가지고 있고 정교하게 움직이는 시계는 저절로 만들어진 것이 아니라 지능을 가진 누군가, 즉 시계공이 꼼꼼히 설계하고 공을 들여 만든 것일 터인데, 시계와는 비교할 수 없을 정도로 복잡한 우주만물이 자연 발생하였을 리는 만무하고, 누군가 지적이며 절대적인 존재가 있어서 그에 의하여 설계되고 창조되었을 것은 당연하다고 주장하였습니다.

여기에 대해서 리처드 도킨스는 우주의 진화과정에 시계공과 같은 설계자가 있다면 그 설계자는 분명 '눈먼' 시계공일 것이라며 페일리의 주장을 비판했습니다. 인간 진화의 결과라는 것이 어떠한 절대적인 지적 존재가 있어서 설계한 것이라고 보기에는 최적화되어 있거나 효율적이지 못한 것이 많고, 마치 중간에 단추를 잘못 꿴 상태에서 환경에 적응하려는 본능으로 그때 그때 땜질을 계속해온 것이 누적된 결과로 보이기 때문입니다.

2017년 이후로 부동산과 관련된 세법이 수차례에 걸쳐 대폭 개정되었습니다. 세법 개정을 통해 기대했던 주택 가격 안정은 전혀 이루지 못하고 오히려 반대의 결과만 가져온 채, 세법은 '누더기'가 되었습니다. 얼마 안되는 수수료를 받고 양도소득세 관련 업무를 맡았다가 소송에 휘말리고 거액의 손해배상금만 지급하게 될까 염려되어 양도소득세 관련 업무는 포기하는 세무사를 지칭하는 '양포세'라는 신조어도 생겼습니다. 최근 몇 년간의 부동산 관련 세법 개정을 보면 눈먼 시계공이 왔다 간 것 같은 느낌이 듭니다.

(1) 부동산의 생애주기별 납세해야 할 세금

부동산을 취득하여 소유 시 부담하게 될 수 있는 세금을 취득-보유-임대-처분, 이와 같은 단계로 나눠서 살펴보겠습니다.

구 분	세 금
취 득	취득세 + 농어촌특별세, 지방교육세 상속세·증여세(해당되는 경우) 부가가치세(과세대상인 경우)
보 유	재산세 + 지역자원시설세, 지방교육세 종합부동산세 + 농어촌특별세
임 대	종합소득세 + 지방소득세 법인세 + 지방소득세 부가가치세(비주거용 임대의 경우)
처 분	양도소득세 + 지방소득세 사업소득세(부동산매매업 개인사업자의 경우) + 지방소득세 법인세(각 사업연도의 소득 및 토지 등 양도소득) + 지방소득세 부가가치세(과세대상 시 거래징수)

① 취득

부동산의 매매계약서 작성시, 소액이지만 인지세를 납부하여야 합니다. 그리고 소유권이전등기를 위하여 취득세를 납부합니다. 이때 부가세(부가세 (Surtax)는 독립세인 본세와 더불어 내는 세금입니다. 흔히 부가가치세(VAT)를 실무에서는 줄여서 부가세라 부르기도 하는데, 여기서의 부가세는 부가가치세와 전혀 관련이 없습니다.)로 농어촌특별세와 지방교육세도 같이 납부합니다. 만약 부동산 취득이 상속이나 증여로 인한 경우에는 상속세 또는 증여세도 납부합니다.

한편, 부가가치세법상 과세사업자로부터 건물을 취득하는 경우에는 부가가치세도 부담해야 합니다. (토지 또는 국민주택규모 이하의 주택은 면세 품목이므로 취득시 부가가치세가 면제됩니다. 과세사업자로부터 공급받지 않는 경우, 즉 우리가 흔히 부동산 중개업소를 통하여 일반 개인으로부터 주택을 매수하는 경우에는, 거래를 해보신 분은 아시겠지만, 부가가치세가 과세되지 않습니다. 그 개인이 주택임대사업자일지라도 그는 면세사업자이므로 부가가치세가 과세되지 않습니다. 마지막으로, 사업자 간에 상가 등의 과세 대상 건물을 매매하는 경우에도 포괄적사업양수도에 해당하면 부가가치세를 납부하지 않게 되는데, 자세한 설명은 생략하겠습니다.) 다만, 매수자가 부가가치세를 부담한다 하여도 부가가치세가 포함된 금액을 매매대금으로 매도인에게 지급하면 될 뿐, 세무서에 직접 신고·납부할 의무는 없습니다.

② 보유

매년 6월 1일을 기준으로 부동산을 소유한 자는 매년 7월 말(주택 1/2, 건물분)과 9월 말(주택 1/2, 토지분)까지 고지된 재산세를 납부합니다. 재산세에 대한 부가세로써 지방교육세 및 지역자원시설세도 같이 부과되어 고지되니 같이 납부합니다. 동일자를 기준으로 일정 금액 이상의 주택 또는 토지를 소유하면 종합부동산세도 고지되니 12월 15일까지 납부하여야 합니다. 이

때, 부가세인 농어촌특별세도 같이 납부합니다.

③ 임대

부동산을 주거용이든 비주거용이든 임대를 하면 임대료 수입이 발생하므로 사업소득에 대한 종합소득세를 납부합니다. 주택임대의 경우 소유한 주택 수, 기준시가 9억 원 초과 여부, 월세 유무에 따라 비과세되는 경우도 있습니다. 비주거용 부동산을 임대할 경우 부가가치세도 임차인으로부터 거래징수하여 세무서에 납부하여야 합니다.

④ 처분

일반적인 개인의 부동산 처분 시에는 국세인 양도소득세를 세무서에 납부하고, 그 세액의 10%를 지방소득세로서 지자체에 납부하여야 합니다. 단, 개인일지라도 부동산 매매를 반복적으로 하게 되는 부동산매매업자나 건설업자에 대해서는 사업소득으로 보아 양도소득세가 아닌 종합소득세가 부과됩니다.

법인이 부동산을 처분하여 양도차익이 발생하는 경우 이는 각 사업연도의 소득금액에 포함되어 법인세 금액에 반영됩니다. 만약 법인이 비사업용 부동산 등 법에서 정한 일정한 부동산을 양도한 경우에는 규제 차원에서 「토지 등 양도소득에 대한 법인세」가 추가로 부과됩니다.

처분 시 부가가치세 과세는 취득 시의 경우와 동일합니다. 단, 처분 시에는 매도자가 거래징수하여 신고·납부를 하게 됩니다.

조정대상지역

조정대상지역이란 주택가격, 청약경쟁률, 분양권 전매량 및 주택보급률 등을 고려하였을 때 주택 분양 등이 과열되어 있거나 과열될 우려가 있는 지역으로 주거정책심의위원회의 심의를 거쳐 국토교통부장관이 지정하는 지역을 의미합니다.

투기지역 및 투기과열지구에 비하여 가장 광범위하게 지정되며, 부동산 세금과 관련해서는 모두 조정대상지역에 소재하는지에 따라 규제 대상 여부가 결정되므로 부동산 세법을 공부하기 전에 대략 살펴볼 필요가 있습니다.

현재 조정대상지역 현황은 아래와 같습니다. *(2020. 12. 18. 지정 및 해제 이후)*

시.도	조정대상지역
서울	서울 25개 구
경기	과천시, 광명시, 성남시, 고양시, 남양주시[*], 하남시, 화성시, 구리시, 안양시, 수원시, 용인시[*], 의왕시, 군포시, 안성시[*], 부천시, 안산시, 시흥시, 오산시, 평택시, 광주시[*], 양주시[*], 의정부시, 김포시[*], 파주시[*]
인천	중구[*], 동구, 미추홀구, 연수구, 남동구, 부평구, 계양구, 서구
부산	해운대구, 수영구, 동래구, 연제구, 남구, 서구, 동구, 영도구, 부산진구, 금정구, 북구, 강서구, 사상구, 사하구
대구	수성구, 중구, 동구, 서구, 남구, 북구, 달서구, 달성군[*]
광주	동구, 서구, 남구, 북구, 광산구
대전	동구, 중구, 서구, 유성구, 대덕구
울산	중구, 남구
세종	세종특별자치시[*]
충북	청주시[*]
충남	천안시 동남구[*], 서북구[*], 논산시[*], 공주시[*]
전북	전주시 완산구, 덕진구
전남	여수시[*], 순천시[*], 광양시[*]

(*) 해당 지역 내 일부 읍·면에 대해서는 조정대상지역 지정에서 제외한 경우가 많으므로, 구체적인 지정 현황은 국토교통부 공고 제2020-1650호(2020. 12. 18.)를 참고하시기 바랍니다.

(2) 취득세

부동산을 비롯하여 지방세법에서 취득세 과세대상으로 정한 재산을 취득하는 경우에는 취득세를 납부하여야 합니다.

지방세법

제6조(정의)

1. '취득'이란 매매, 교환, 상속, 증여, 기부, 법인에 대한 현물출자, 건축, 개수(改修), 공유수면의 매립, 간척에 의한 토지의 조성 등과 그밖에 이와 유사한 취득으로서 원시취득, 승계취득 또는 유상·무상의 모든 취득을 말한다.

제7조(납세의무자 등)

① 취득세는 <u>부동산, 차량, 기계장비, 항공기, 선박, 입목, 광업권, 어업권, 양식업권, 골프회원권, 승마회원권, 콘도미니엄 회원권, 종합체육시설 이용회원권 또는 요트회원권</u>을 취득한 자에게 부과한다.

부동산, 차량 등과 같이 소유권 확보를 위해서 공부(公簿)에 등기·등록을 필요로 하는 종류의 재산이 취득세 과세 대상이 되며, 그 외에 전통적으로 사치성 재산이라는 인식이 있어온 각종 회원권이 과세 대상입니다. (예전에는 취·등록세라는 표현을 많이 썼습니다. 원래 부동산을 유상취득할 때 주택이나 농지가 아닌 부동산의 경우 과세표준에 대해 취득세 2%와 등록세 2%의 세금을 부담하였는데, 2011년 지방세법 전부개정 이후 실질적인 조세 부담의 변화는 없으나, 등록세 없이 취득세 세목으로만 4%를 납부하고 있습니다. 요즘도 여전히 취·등록세라는 예전 표현을 쓰는 경우를 꽤 보게 되는데, 등록세가 현재 취득과 무관한 등기·등록 행위를 하는 경우에 납부하는 세목(현행 세법상 명칭은 '(등록에 대한) 등록면허세')으로 남아 있기는 하지만, 무엇인가 취득하는 상황에서 취·등록세라는 표현은 현재는 정확한 표현이 아닙니다.)

취득세 금액은 과세표준에 세율을 곱해서 간단하게 계산됩니다. 과세표준은 원칙적으로 취득자가 신고한 취득 당시의 가액(매매로 인한 취득의 경우 실지거래가액)으로 하되, 신고한 금액이 시가표준액보다 적을 때에는 시가표준액으로 하게 되어 있습니다. 세율은 과세대상 물건의 종류에 따라 달라지며, 부동산의 경우만 하더라도 아래 표에서와 같이 취득의 방식이나 부동산의 종류별로 다양합니다.

◆ 부동산에 관한 취득세의 표준세율

구 분			일 반	주 택	농 지
원시취득 (건축·개수·매립·간척)			2.8%		
승계취득	무상	상속	2.8%[*1]		2.3%[*2]
		증여·기부	3.5%[*3]		
	유상 (매매 등)		4.0%	1%~3%	3%[*4]

(*1) 일정한 요건을 충족한 1가구 1주택자가 상속받는 경우에는 특례세율 0.8%
(*2) 농업을 주업으로 하는 사람으로서 2년 이상 영농에 종사한 사람 등은 특례세율 0.3%
(*3) 일정한 비영리사업자의 취득세 표준세율은 2.8%
(*4) 농업을 주업으로 하는 사람으로서 2년 이상 영농에 종사한 사람 등은 취득세의 50% 감면
(*) 공유물, 합유물, 총유물 등의 분할로 인한 취득의 경우는 2.3%

가장 대표적인 경우, 즉 주택이나 농지가 아닌 부동산을 매수하여 유상취득하는 경우에는 4%의 취득세를 부담하며, 여기에 부가세인 농어촌특별세와 지방교육세까지 포함하면 총 4.6%의 세금을 납부하게 됩니다. 그 외의 경우, 즉 원시취득이나 무상취득의 경우, 또는 주택이나 농지의 경우에는 4%보다 낮은 세율을 적용하여 기본적으로 취득세 부담을 줄여주고 있습니다.

주택 취득세의 표준세율은 취득가액의 크기에 의해서 변동되며, 다음 표와 같습니다.

취득가액	취득세율
6억 원 이하	1%
6억 원 ~ 9억 원	1% ~ 3%(산식에 의해 세율 산출)
9억 원 초과	3%

주택의 취득가액이 6억 원 이하이거나 9억 원을 초과하는 경우에는 취득세율이 각각 1% 및 3%로 단순하나, 취득가액이 그 사이의 금액인 경우에는 취득세 계산을 위해서 먼저 취득세율부터 계산을 하여야 합니다.

$$\left(\text{해당 주택의 취득당시가액} \times \frac{2}{3억원} - 3 \right) \times \frac{1}{100}$$

(위 산식에 의할 경우, 취득가액이 6억 원인 경우에 취득세율은 1%, 7억5천만 원인 경우는 2%, 9억 원인 경우는 3%로 계산되는 것을 확인할 수 있습니다.)

한편, 일정한 정책 목적 달성을 위하여 취득세가 중과되어 표준세율보다 높은 세율이 적용되는 경우도 있습니다.

정책 목적	중과 대상
수도권 집중억제	과밀억제권역 내 본점·주사무소의 사업용 부동산 과밀억제권역 내 공장 신·증설 위한 사업용 과세물건
대도시 집중억제	대도시 내 법인 설립·설치·전입에 따른 부동산 취득 대도시 내 공장 신·증설에 따른 부동산 취득
사치성재산 억제	별장·골프장·고급주택·고급오락장
주택투기 억제	다주택자, 법인, 조정대상지역내 증여

과밀억제권역이나 대도시에서 부동산을 유상 취득할 때 중과되는 경우에 해당한다면 8%의 세율로 중과되며, 사치성재산을 유상 취득할 때에는 12%의 세율로 중과됩니다. 주택의 경우는 (i) 다주택자나 (ii) 법인이 주택을 유상 취득하는 경우와 (iii) 증여로 일정한 조건에 해당하는 주택을 취득하는 경우에 중과되는데, 경우별로 세율은 아래와 같습니다.

구 분			적용 세율
다주택자	조정대상지역	1세대 2주택	8%
		1세대 3주택 이상	12%
	非조정대상지역	1세대 3주택	8%
		1세대 4주택 이상	12%
증 여	조정대상지역	3억 원 이상	12%
법 인			12%

다주택자 취득세 중과 판정을 위한 지역구분은 기존 주택의 소재지는 고려치 않고 취득하는 주택의 소재지가 조정대상지역인지로만 분류하며, 세대별 주택 수는 기존 주택 수에 취득하는 주택까지 더하여 계산합니다. 예를 들어 조정대상지역에 소재하고 있는 주택을 취득하려 할 때 기존에 1주택을 소유하고 있다면, 즉, 신규주택까지 포함하여 1세대 2주택인 경우에는 8%로 중과됩니다. (단, 일시적 2주택에 해당하는 경우는 중과 제외)

그리고 몇 년간 다주택자에 대한 중과세를 회피하기 위한 방편으로 법인을 통한 취득이나 증여가 인기를 끌었는데 이에 대한 방지책으로 지방세법을 개정하여서, (i) 법인이 주택을 취득하는 경우 및 (ii) 조정대상지역에 소재한 주택공시가격이 3억 원 이상인 주택을 증여로써 취득하는 경우에도 취득세가 12%로 중과되게 되었습니다. (1세대 1주택자가 소유한 주택을 배우자 또는

직계존비속이 증여받는 경우 등 일정한 경우는 제외)

(3) 보유세: 재산세와 종합부동산세

매년 6월 1일을 기준으로 부동산을 소유한 자는 매년 7월 말(주택분 1/2, 건물분)과 9월 말(주택분 1/2, 토지분)까지 재산세를 납부하여야 하며, 같은 날을 기준으로 일정 금액 이상의 주택 또는 토지를 소유한 자는 12월 15일까지 종합부동산세를 납부하여야 합니다. 두 보유세 모두 과세기준일인 6월 1일에 하루라도 소유하고 있다면 세액 전액을 모두 납부하여야 하고, 반대로 1년 중 364일을 소유하였더라도 과세기준일에 소유자가 아니라면 세금 납부의 의무가 없습니다. 6월 1일을 전후해서 부동산을 매매할 계획이 있으신 분은 반드시 고려해야 할 부분입니다.

부동산에 과세되는 재산세는 2004년까지는 토지와 건축물로 구분하여 부과하되, 건축물에 대해서는 재산세, 토지에 대해서는 종합토지세라는 세목으로 지방세가 과세되었습니다. 이러한 것이 2005년부터는 토지와 건축물 모두 재산세라는 세목으로 과세하되, 주택의 경우는 다른 토지 및 건축물과는 별도로 과세함으로써 토지-건축물-주택으로 구분되는 체계를 가지고 있습니다.

✔ 재산세의 종류

구 분	일반(비주거용)	주거용
토 지	토지분	주택분
건축물	건물분	

한편, 토지는 종합토지세 시절부터 분리과세대상, 별도합산과세대상, 종합합산과세대상이라는 세 분류로 나누어서 과세하였는데, 재산세로 들어온 현재도 이러한 구분 및 합산 과세체계는 유지하고 있습니다. 여기서 분리과세대상 토지는 일정한 요건에 해당하는 전·답·과수원·목장용지·임야·공장용지와 같이 국가의 보호·지원이 필요하여 정책적으로 저율로 과세하는 토지와 골프장용 토지 및 고급오락장용 토지와 같이 고율로 중과하려는 토지가 해당됩니다. 별도합산과세대상 토지는 공장용 건축물 부속토지 등 주로 사업용으로 소유하고 있는 경우에 해당합니다. 종합합산과세대상 토지는 나대지 등 주로 비사업용 토지라 여겨지는 토지이며, 규제 목적으로 별도합산과세대상 토지보다 높은 세율이 적용됩니다.

토지에 대한 재산세는 분리과세대상 토지를 제외하고는 합산하여 누진 세율로 과세되기는 하지만, 시·군·구 관내로 한정하여 합산됩니다. 재산세는 앞서 우리나라의 조세체계에서 보셨듯이 시·군·구세에 속하는 지방세이기 때문입니다. 여기에 비해 2005년에 제정되어 시행된 종합부동산세는 납세의무자 1인이 소유한 전국의 부동산을 합산하여 과세합니다. 단, 비주거용 건축물과 분리과세대상 토지는 종합부동산세 과세 대상이 아니며, 주택, 종합합산과세대상 및 별도합산과세대상 토지도 공시가격 합산금액이 각각 6억 원(1세대 1주택자의 경우는 11억 원), 5억 원, 80억 원을 넘는 경우에만 과세됩니다.

● **부동산 종류별 보유세 과세현황**

구 분		재산세		종합부동산세	
		과세대상	과세기준	과세대상	과세기준
토 지	종합합산	○	–	○	5억 원
	별도합산	○	–	○	80억 원
	분리과세	○	–	×	–

건축물	○	–	×	–
주　택	○	–	○	6억 원 (11억 원)

(3-1) 재산세

지방세법

제105조(과세대상)

재산세는 토지, 건축물, 주택, 항공기 및 선박('재산')을 과세대상으로 한다.

제104조(정의) 재산세에서 사용하는 용어의 뜻은 다음과 같다.
1. '토지'란 「공간정보의 구축 및 관리 등에 관한 법률」에 따라 지적공부의 등록대상이 되는 토지와 그 밖에 사용되고 있는 사실상의 토지를 말한다.
2. '건축물'이란 제6조 제4호에 따른 건축물을 말한다.
3. '주택'이란 「주택법」 제2조 제1호에 따른 주택을 말한다. 이 경우 토지와 건축물의 범위에서 주택은 제외한다.

앞서 말씀드렸듯이 재산세는 부동산을 토지, 건축물, 주택이라는 세 종류로 구분하여 종류별로 다소 상이한 과세방식을 적용하고 있습니다. 우선, 건물분 및 주택분 재산세는 물건별로 하나씩 과세되는 물세(物稅) 성격이나, 토지분 재산세는 납세의무자가 기초자치단체(시·군·구)별로 관할구역 내에서 소유하고 있는 토지를 합산하여 과세하는 방식으로 인세(人稅)에 해당합니다. 건축물 및 주택도 부속토지 여부와 세율에 있어서 차이가 있습니다. 건축물은 부속토지를 포함하지 않고 건축물 종류에 따른 비례세율을 적용하나, 주택은 부속토지를 포함하며 과세표준 금액에 따라 누진세율을 적용합니다.

재산의 종류 간에 항목별로 차이는 있으나 재산세의 기본적인 계산 구조는 동일하며, 아래 그림과 같습니다.

✎ 재산세 계산구조

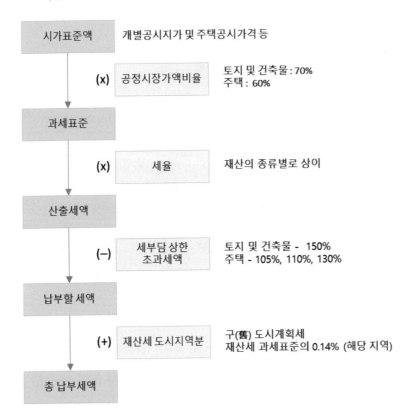

우선, 위의 그림에서와 같이 시가표준액에 공정시장가액비율을 곱하여 과세표준을 산정합니다. 세 부담을 줄여주는 공정시장가액비율은 지방세법에 토지 및 건축물의 경우는 50%~90%, 주택은 40%~80%의 범위 내에서 시행령으로 정하도록 위임하였는데, 현 시행령상 각각 70%와 60%로 되어 있습니다.

세율은 건축물과 분리과세대상 토지는 비례세율, 주택 및 별도합산과세·종합합산과세 대상 토지의 경우는 누진세율을 적용하도록 되어 있습니다.

✎ 재산구분별 재산세 세율

구 분	구 분		대상 토지	세 율
토 지	분리 과세	저율	전·답·과수원 및 목장용지, 임야	0.07%
			공장용지 등	0.2%
		고율	골프장, 고급오락장용 토지	4%
	별도합산과세		영업용 건축물의 부속토지 등	0.2%~0.4%
	종합합산과세		나대지 등 비사업용 토지 등	0.2%~0.5%
건축물			일반적인 경우	0.5%
			공장용 건축물	0.25%
			골프장, 고급오락장용 건축물	4%
주 택			일반적인 경우	0.1%~0.4%
			1세대 1주택(공시가격 6억 원 이하)	0.05%~0.35%
			별장	4%

별도합산과세와 종합합산과세의 세율이 비슷한 것으로 보일 수 있으나, 동일한 과세표준이라면 차이가 클 수 있습니다. 예를 들어 과세표준이 2억 원인 토지를 가지고 있을 때 별도합산과세된다면 0.2%의 세율이 적용되나, 종합합산과세되는 경우에는 한계세율 0.5%까지 적용됩니다.

그리고 재산세에는 「세 부담의 상한」이라 하여 시가표준액 및 적용세율 상승 등으로 인한 급격한 세 부담을 덜어주는 제도가 있습니다. 산출세액이 직전 연도 세액의 150%를 초과하는 경우에는 그 150%까지만 납부하도록 하고 있습니다. 특히, 주택의 경우는 주택공시가격 3억 원과 6억 원을 기준으로 범위를 셋으로 나누어 각각 105%, 110%, 130%의 더 낮은 상한을 두어서 급격한 세 부담 증가 시의 어려움을 줄여주고 있습니다.

이와 같이 계산된 세액에 일정한 지역, 국토계획법상 도시지역 중 해당 지방의회의 의결을 거쳐 고시한 지역 내에서는 조례에 의해 「재산세 도시지역분」이라 하여 재산세 과세표준에 0.14%의 세율을 적용하여 산출한 세액을 추가로 부과할 수 있도록 하고 있습니다.

한편, 지방교육세도 부가세로써 함께 고지되며, 건축물 및 주택에 대해서는 지역자원시설세(소방분)가 재산세 고지서에 함께 병기(倂記)될 수 있습니다.

구 분	세 목	비고
부가세	지방교육세	재산세 납부세액의 20%
병기세	지역자원시설세 (소방분)	소방시설로 인하여 이익을 받는 자의 건축물(주택 포함)을 과세대상으로 별도의 세율 적용

(3-2) 종합부동산세

재산세가 지방세로서 지방자치단체의 재정 수요를 충당하려는 데에 우선 목적이 있는 것에 반해, 종합부동산세는 국세로서 <u>고액의 부동산 보유자에 대하여 부과하여 부동산 보유에 관한 조세 부담의 형평성을 제고하고, 부동산의 가격 안정을 도모함으로써 지방재정의 균형발전과 국민 경제의 건전한 발전에 이바지함을 목적으로</u> 하고 있습니다. (종합부동산세법 제1조 목적)

종합부동산세법은 부동산 가격이 치솟았던 2005년 초에 제정되어 첫 시행되었습니다. 주택에 대한 종합부동산세의 경우 첫 시행 당시만 해도 현재와 같은 '인별 합산' 과세였으나, 2005년 말 '세대별 합산' 기준으로 공시가격이 6억 원을 초과하는 경우에 과세하는 것으로 법이 개정되었습니다. 주택 소유자의 부담이 높아지자 위헌소원이 제기되었는데, 헌법재판소 2006 헌바112 결정(2008. 11. 13.)에 의하여 '세대별 합산'은 헌법 불일치 결정이 내려졌고, 후속 조치로써 2008년 말 법이 다시 개정되어 '인별 합산' 기준으로 돌아오는 우여곡절을 겪었습니다.

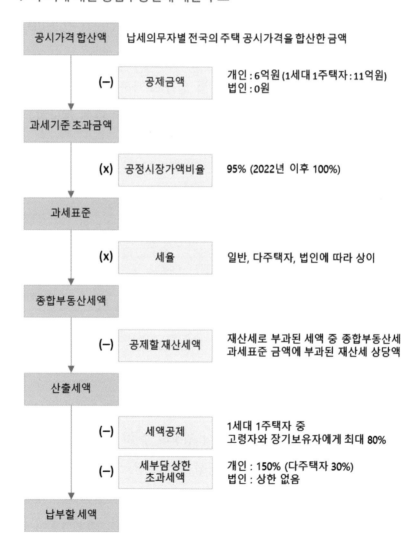

💊 주택에 대한 종합부동산세 계산 구조

공시가격 합산액 — 납세의무자별 전국의 주택 공시가격을 합산한 금액

(−) 공제금액 — 개인 : 6억원 (1세대 1주택자 : 11억원)
법인 : 0원

과세기준 초과금액

(×) 공정시장가액비율 — 95% (2022년 이후 100%)

과세표준

(×) 세율 — 일반, 다주택자, 법인에 따라 상이

종합부동산세액

(−) 공제할 재산세액 — 재산세로 부과된 세액 중 종합부동산세 과세표준 금액에 부과된 재산세 상당액

산출세액

(−) 세액공제 — 1세대 1주택자 중 고령자와 장기보유자에게 최대 80%

(−) 세부담 상한 초과세액 — 개인 : 150% (다주택자 30%)
법인 : 상한 없음

납부할 세액

주택에 관한 종합부동산세

주택분 재산세가 물건별로 과세되는 반면, 주택에 대한 종합부동산세는 납세의무자가 전국에 소유하고 있는 모든 주택의 공시가격을 합산한 금액을 구하고, 이 금액에서 6억 원, 1세대 1주택자의 경우는 11억 원을 공제한 후의 금액에 공정시장가액비율을 곱하여 과세표준을 구합니다.

2020년까지는 1세대 1주택자의 공제금액으로 9억 원이 적용되었으나, 2021년 8월 종합부동산세법 개정안이 국회에서 통과되면서 2021년부터 변경된 11억 원의 공제금액이 적용됩니다. 2021년 공동주택 공시가격 기준으로 기존 1세대 1주택자 공제금액인 9억 원을 초과하는 공동주택은 전체의 3.7%에 해당하며, 개정된 11억 원은 대략 상위 2% 수준에 해당하는 금액입니다.

◆ 2021년 공시가격대별 공동주택 수의 비율

구 분	6억 원 이하	6억 원 ~9억 원	9억 원 ~12억 원	12억 원 초과	합 계
전 국	92.1%	4.2%	1.9%	1.8%	100.0%
서 울	70.6%	13.4%	7.0%	9.0%	100.0%

(raw data source: 2021년 공동주택 가격 공시, 국토교통부, 2021. 4. 28.)

서울, 특히 강남에 아파트를 보유하는 경우에는 1세대 1주택자일지라도 종합부동산세를 부담하게 되는 비율이 굉장히 높을 것으로 보입니다. 국민은행이 발표하는 『월간 KB주택가격동향』에 따르면, 2021년 8월에 강남 11개 구 소재 아파트 매매시세의 중위값(median)은 12억8천만 원인 것으로 조사되었습니다. 2021년 공동주택 공시가격의 현실화율(시세 반영률)이 70%이므로, 이 중위가격에 현실화율을 곱해서 개산한 공시가격 중위값(12억8천만 원×70%)은 기존의 1세대 1주택자 과세 기준인 9억 원에 육박하고 있습니다.

법 개정에도 불구하고 현재의 아파트 가격 상승률과 정부의 공시가격 현실화 계획을 고려하면, 강남 아파트 보유자의 절반이 종합부동산세 과세 대상이 되는 것도 멀지 않을 것 같습니다. 정부의 「부동산 공시가격 현실화 계획」(2020. 11. 3.)에 따르면, 시세 9억 원 초과 15억 원 이하의 공동주택은 2027년까지 현실화율을 90%까지 끌어올리는 것을 목표로 하고 있습니다. 앞서의 중위값인 12억8천만 원에 90%의 현실화율을 적용하면 공시가격은 약 11억5천만 원으로 계산되므로, 이미 1세대 1주택자의 과세 기준인 11억 원을 초과하고 있습니다.

한편, 요즘은 부부가 1채의 집을 공동명의로 소유하고 있는 경우가 많은데, 이 경우 남편과 부인이 각각 1주택을 소유하고 있는 것으로 보고 6억 원의 공제도 각각 받는 방법과, 남편과 부인이 함께 1주택을 소유하고 있는 것으로 보아 11억 원의 공제를 받는 방법 중 선택을 할 수가 있습니다. 전자의 경우 12억 원의 공제를 받아 금액이 더 크나, 후자의 경우 1세대 1주택자로 보아 후술할 연령·보유기간별 세액공제를 최대 80%까지 받을 수 있기 때문에 어느 쪽이 유리한지는 상황에 따라 다를 수 있습니다.

공정시장가액비율은 2019년의 85%에서부터 시작하여 매년 5%씩 증가하여 2021년에는 95%이며, 2022년에 100%까지 인상될 예정입니다.

✦ 주택에 관한 종합부동산 세율

구 분		기본세율		중과세율	
		세율	누진공제	세율	누진공제
개 인	3억 원 이하	0.6%	–	1.2%	–
	6억 원 이하	0.8%	60만 원	1.6%	120만 원
	12억 원 이하	1.2%	300만 원	2.2%	480만 원
	50억 원 이하	1.6%	780만 원	3.6%	2,160만 원
	94억 원 이하	2.2%	3,780만 원	5.0%	9,160만 원
	94억 원 초과	3.0%	11,300만 원	6.0%	18,560만 원
법 인		3.0%	–	6.0%	–

주택에 대한 종합부동산세율의 경우 개인의 경우 과세표준 3억 원부터 94억 원까지 6단계로 나누어서 0.6%~3.0%의 누진세율을 적용하되, 납세 의무자가 3주택 이상을 소유하거나, 조정대상지역 내 2주택을 소유한 경우에는 두 배의 세율인 1.2%~6.0%의 누진세율을 적용합니다. 법인의 경우에는 금액 크기를 고려하지 않고 케이스별 최고세율인 3% 또는 6%를 적용합니다. 한 때 종합부동산세 및 양도소득세 부담을 회피하기 위하여 법인 설립을 통한 주택 투자 붐이 일었던 적이 있었는데, 이에 대한 대응으로 세법 개정이 이루어져서 현재는 법인을 통한 주택 소유 시 공제금액 6억 원의 혜택 배제, 최고 세율 전체 적용 및 세 부담 상한 폐지를 하여 법인을 통한 주택 구입을 억제하고 있습니다.

과세표준에 세율을 곱해서 나온 종합부동산세액에서 재산세로 부과되었던 금액 일부를 공제하여 산출세액을 구합니다. 같은 과세대상에 두 번 세금을 부과하는 것은 이중과세의 문제가 있기 때문에 이를 조정해 주는 것입니다. 단, 실제 재산세로 납부했던 금액 전부가 아니라, 일정한 산식에 의해서 계산된 금액만 공제를 합니다. (종합부동산세는 6억 원을 초과하는 부분에 대해서만 과세되므로 재산세와 이중과세되지 않는 부분도 있어서 전액 공제해 주지 않는 것인데, 복잡한 산식 소개는 불필요한 것 같으므로 생략하겠습니다.)

1세대 1주택자이면서 60세 이상의 고령자 또는 주택을 5년 이상 보유한 자의 경우에는 산출세액에서 최소 20%에서 최대 80%까지의 공제 혜택을 부여합니다. 서울 강남 아파트 보유자의 경우 상당수가 종합부동산 납세의무자인데, 이 중에는 오래 전 강남 집값이 지금처럼 비싸지 않을 때 정착하여서 계속 살다가, 현재는 은퇴하여 연금 외에는 현금 수입이 없는 소유자도 있습니다. 이들은 당초 투기 목적에서 집을 장만하였다고 보기도 어렵고, 현금 수입이 없는데도 단지 아파트 가격이 급등하여 미실현이익이 많다는 이유로 매년 과도한 보유세를 부담시키는 것은 가혹하기 때문에, 이러한 점을 고려하여 1세대 1주택자에 한하여 연령·보유기간별 공제를 통해서 부담을 경감시켜 주고 있습니다.

◆ 연령별 공제율

연 령	만 60세 이상	만 65세 이상	만 70세 이상
공제율	20%	30%	40%

◆ 보유기간별 공제율

보유기간	5년 이상	10년 이상	15년 이상
공제율	20%	30%	50%

1세대 1주택자가 만 70세 이상이고 15년 이상 보유했으면 공제율을 단순 계산하면 40%+50%=90%가 되나, 공제율 한도가 80%이므로 이 경우

에는 80%의 공제율을 적용합니다.

종합부동산세에도 급격한 세 부담의 증가로부터 납세자를 보호하고자 「세부담의 상한」을 두고 있습니다. 주택분 재산세액상당액과 주택분 종합부동산세액상당액의 합계액이 직전년도보다 150%를 초과하는 경우에 그 초과액은 없는 것으로 하고 있습니다. 다주택자의 경우에는 상한을 300%로 높게 설정하여 보호 혜택을 제한하고 있으며, 법인의 경우 상한 제도를 폐지하여 세부담 증가에 대해서 보호해 주고 있지 않습니다.

한편, 종합부동산세 납부자는 종합부동산세액의 20%를 농어촌특별세라는 세목의 부가세(Sur-tax)를 납부할 의무가 있습니다.

토지에 대한 종합부동산세

토지에 대한 종합부동산세는 국내에 소재하는 토지에 대하여 재산세 과세체계에서 설명 드렸던 종합합산과세대상과 별도합산과세대상으로 구분하여 과세합니다. 종합합산과세대상의 경우 국내 소재 과세대상토지의 공시가격 합산 금액에서 5억 원, 별도합산과세대상의 경우 80억 원을 공제한 금액에 공정시장가액 비율을 곱하여서 과세표준을 계산합니다.

✔ 토지에 관한 종합부동산세율

종합합산과세대상		별도합산과세대상	
과세표준	한계세율	과세표준	한계세율
15억 원 이하	1%	200억 원 이하	0.5%
45억 원 이하	2%	400억 원 이하	0.6%
45억 원 초과	3%	400억 원 초과	0.7%

(4) 임대사업에 대한 소득세

부동산 임대를 통하여 소득이 발생하는 경우에 사업소득세를 납부하여야 합니다. 비주거용 부동산에 대해서는 소득세법의 일반적인 규정에 따라 납부(단, 비주거용 부동산에 대해서도 간주임대료 규정은 별도로 알아야 합니다.)하면 되므로, 여기서는 주택 임대사업소득의 과세에 대해서만 알아보겠습니다.

주택임대사업소득에 대한 과세는 2018년도까지 총수입금액이 2천만 원 이하인 경우에는 비과세되었으나, 2019년도부터 총수입금액에 상관없이 과세로 전환되었습니다. 그러나 현재도 주택 수에 따라, 월세 또는 전세 여부에 따라서 비과세 되는 경우가 있고, 주택임대사업등록자 여부에 따라 세액 계산이 달라지므로, 이러한 점들을 중심으로 살펴보겠습니다.

✔ 주택 수 및 월세-전세 구분별 주택임대사업소득 과세 여부

구 분	월세 소득	보증금(전세금)
1주택	비과세 (예외: 9억 원, 외국)	비과세
2주택	과세	비과세
3주택	과세	과세 (예외: 소형주택)

주택임대사업소득은 주택 수에 따라서 과세 여부가 달라지는데, 여기서 주택 수는 부부 합산 기준으로 계산합니다. 다른 주택 관련 세금들이 세대원이 소유한 주택 수를 모두 합산하여 계산하는 것과 달리, 주택임대사업소득세는 배우자가 소유한 주택 수만 합산하여 계산합니다.

주택 수가 1채인 경우의 임대소득은 비과세됩니다. 단, 기준시가가 9억 원을 초과하는 주택 및 국외에 소재하는 주택의 임대소득은 과세됩니다.

주택 수가 1채인데 임대소득이 발생하는 경우는, 자신이 소유한 주택은 다른 이에게 임대를 주면서 본인은 다른 사람의 주택에서 임차인으로 거주하는 경우, 그리고, 다중주택(원룸) 또는 다가구주택(구분등기되지 않은 경우에 한함)을 소유하면서 자신은 소위 '주인세대'에 거주하고, 다른 주거공간은 임대를 놓는 경우일 것입니다.

주택 수가 2채인 경우의 임대소득은 과세되나, 임차인 퇴거 시 반환해야 할 보증금(전세금 포함)에 대해서는 비과세됩니다.

주택 수가 3채인 경우에는 월세 등의 임대소득은 당연히 과세되고, 보증금(전세금 포함)에 대해서도 일정한 산식을 통하여 계산된 금액을 임대 사업소득금액의 총 수입금액 계산 시 산입합니다. 이러한 금액을 흔히 '간주임대료'라 부릅니다. 단, 간주임대료 과세를 위한 주택 수 판정 시 면적과 금액이 일정 기준 이하(1호 또는 1세대당 주거면적 40㎡ 이하 & 기준시가 2억 원 이하)인 경우에는 주택 수에 포함시키지 않습니다.

간주임대료의 계산식은 법조문에서는 너무 길고 복잡하게 표현되어 눈에 들어오지 않을 것이므로, 전세금을 끼고 사는 갭투자 방식으로 올해 이전에 주택을 3채 구입하여 올해 1년간 변동 없이 보유하고 있었다고 가정하면서, 불필요한 것은 제거하고 식을 대략 표현하면 아래와 같습니다.

간주임대료 = (전세금 − 3억 원) × 60% × 정기예금이자율(현재 1.2%)

전세금을 모두 합산한 금액에서 3억 원을 공제하고, 여기에 60%와 '금융회사 등의 정기예금이자율을 고려하여 기획재정부령으로 정하는 이자율(현재 1.2%)'을 차례로 곱하여 간주임대료 금액을 계산합니다.

여기서 주의해야 할 점은, (i) 3억 원 공제는 주택마다 개별적으로 모두

공제되는 것이 아니라 1인당 공제금액이라는 것, (ii) 연중에 보증금(전세금)의 변동이 있는 경우에는 이를 반영해줘야 한다는 것, (iii) 보증금(전세금)으로 받은 금액을 운용하여 이자수입이나 배당금수입이 발생하는 경우에는 이를 차감한다는 것입니다. 보증금(전세금)을 받아 운용하여 이자나 배당금 같은 금융소득이 발생하는 경우에 이미 과세가 되었을 것이므로, 이중과세가 되지 않도록 그만큼 차감을 해주는 것입니다. (여기 산식에서는 전세를 끼고 갭투자로 샀다고 가정하여서 별도로 받은 보증금(전세금)이 없을 테니 산식에서 제외한 것입니다.)

주택임대사업으로부터의 총 수입금액이 산정되었으면, 이제 필요경비와 공제금액을 차감하여 과세표준을 구하고, 여기에 세율을 곱하여 세액을 산출해야 합니다. 임대소득은 사업소득에 해당하므로 원칙적으로 다른 소득들(종합과세대상 금융소득, 근로소득, 여타의 사업소득, 연금소득, 기타소득)과 함께 종합과세 대상입니다.

그러나 주택임대수입금액이 2천만 원 이하인 경우에는 분리과세와 종합과세 중 납세자가 유리한 방식을 선택할 수 있습니다. 2018년까지는 주택임대수입금액이 2천만 원 이하인 경우에는 비과세되었으나, 2019년부터 과세로 전환하면서 세금 부담을 조금이라도 줄여 조세저항을 줄이고자 납세자에게 선택권을 부여한 것입니다. 분리과세 세율은 14%의 단일세율이고, 종합과세 세율은 과세표준에 따라 6%~45%의 누진세율이 적용되며, 또한 필요경비 계산방식과 공제금액도 달라지므로, 소득세 신고·납부 전에 미리 계산하여 어느 쪽이 유리한지 판단해야 합니다.

종합과세에 대해서는 앞에서 전체적인 틀을 봤으니, 여기서는 분리과세에 대해서만 보도록 하겠습니다. 주택임대사업소득에 대한 과세는 지자체에 주택임대사업자로 등록을 했는지 여부에 따라 필요 경비 및 공제금액이 달라집니다. 주택임대사업자 등록은 세무서에서 관할하는 사업자등록과는 별개의 개념으로, 국가가 임대주택 보유자에게 임대료 인상 제한 규정과 장기보유 조건을 준수하는 경우에 세금을 비롯한 각종 혜택을 주어 임대주택의 민간 공급을 장려하기 위한 정책이었습니다.

✎ 주택임대사업자 등록 구분별 필요경비 및 공제금액

구 분	미등록자	등록자
필요경비	주택임대수입금액의 50%	주택임대수입금액의 60%
공제금액	200만 원	400만 원

(*) 공제금액은 주택임대소득을 제외한 종합소득금액이 2천만 원 이하인 경우에만 적용

✎ 주택임대사업자 등록 구분별 분리과세 계산 사례

구 분	note	미등록자	등록자
총수입금액	a	20,000,000	20,000,000
필요경비	b=a*○○%	10,000,000	12,000,000
공제금액	c	2,000,000	4,000,000
소득금액	d=a-b-c	8,000,000	4,000,000
세 율	e	14%	14%
산출세액	f=d*e	1,120,000	560,000

위 사례에서는 주택임대사업자등록으로 세금 부담이 반으로 줄었습니다.

(5) 양도소득세

양도소득세는 부동산을 비롯하여 소득세법에서 열거한 종류의 자산을 양도할 때 발생하는 소득을 종합소득에 포함시키지 않고 별도로 분류하여 과세하는 소득세를 말합니다. 부동산의 대표격인 주택은 많은 사람들에게 전 재산의 80%를 차지하는 거액의 재산 1호이며, 장기간 보유시 최소한 물가상승률만큼은 시가가 올라 상당한 양도차익이 발생하게 되므로, 사람들이 양도소득세에 관심을 가지지 않을 수가 없습니다.

양도소득세는 강남 개발이 막 닻을 올린 1968년 1월 1일에 「부동산투기억제에 관한 특별조치세법」이 첫 시행되면서 '부동산투기억제세'라는 이름으로 과세되었습니다. 당시에는 서울특별시·부산시 및 대통령이 정하는 과세대상지역 소재 토지에 국한해서 과세되었습니다. 양도차익에 50%라는 높은 단일세율로 과세되었으나, 실지거래가액으로 양도차익을 계산하는 요즘과는 달리 취득 당시와 양도 당시 시가표준액의 차이로 양도차익을 계산하던 시절이라, 투기 억제의 효과는 미미했다고 합니다. 아무튼 동 특별조치세법은 몇 년간 유지되다가 1975년에 폐지되었고, 그 내용은 소득세법으로 들어가게 되어 분류과세 체계의 하나로서 현재에 이르고 있습니다.

우리나라 양도소득세의 구조

양도소득세는 법에서 열거하는 자산을 양도하는 경우에 발생하는 소득에 과세한다고 말씀드렸는데, 열거된 자산에는 어떤 것들이 있고 양도라는 개념은 무엇인지 조금 더 자세히 살펴보겠습니다.

소득세법

제88조(정의) 1. '양도'란

자산에 대한 등기 또는 등록과 관계없이

매도, 교환, 법인에 대한 현물출자 등을 통하여

그 자산을 유상으로 사실상 이전하는 것을 말한다.

위 조문의 정의에서 유의해야 할 것 두 가지는 (i) 소득세는 개인에 대해서 과세하는 것이므로 법인 소유 자산을 양도하는 경우에 양도소득세가 아닌 법인세가 과세된다는 것과 (ii) 개인이 자산을 양도한다 하더라도 그 개인이 사업성을 가지고 계속적·반복적으로 양도행위를 하는 경우에는 양도소득세가 아닌 사업소득에 대한 종합소득세가 부과된다는 것입니다.

양도소득의 대상이 되는 자산은 아래와 같습니다.

구 분	해당 자산
1. 부동산	토지 또는 건물
2. 부동산에 관한 권리	부동산을 취득할 수 있는 권리 (입주권·분양권)
	지상권, 전세권과 등기된 부동산임차권
3. 주식등	주권상장법인의 주식 중 (i) 대주주 양도 주식 (ii) 장외거래 주식
	주권비상장법인의 주식등
	외국법인 발행주식 / 해외시장상장 내국법인주식
4. 기타자산	사업에 사용하는 부동산과 함께 양도하는 영업권
	특정시설물 이용권 (회원권)
	특정주식(과점주주·부동산과다보유법인)
	부동산과 함께 양도하는 이축권
5. 파생상품	
6. 신탁 수익권	

◆ 양도소득세 계산 구조

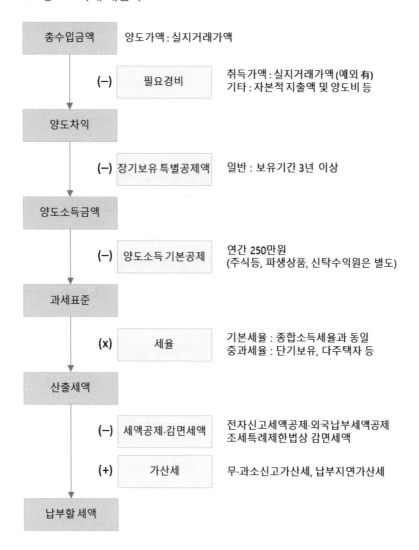

총수입금액		양도가액 : 실지거래가액
(−)	필요경비	취득가액 : 실지거래가액(예외 有) 기타 : 자본적 지출액 및 양도비 등
양도차익		
(−)	장기보유 특별공제액	일반 : 보유기간 3년 이상
양도소득금액		
(−)	양도소득 기본공제	연간 250만원 (주식등, 파생상품, 신탁수익원은 별도)
과세표준		
(×)	세율	기본세율 : 종합소득세율과 동일 중과세율 : 단기보유, 다주택자 등
산출세액		
(−)	세액공제·감면세액	전자신고세액공제·외국납부세액공제 조세특례제한법상 감면세액
(+)	가산세	무·과소신고가산세, 납부지연가산세
납부할 세액		

양도소득세의 총수입금액, 즉 양도가액은 실지거래가액으로 신고를 하여야 합니다. 너무나 당연하다고 느끼실지 모르겠지만 생각보다 오래된 일은 아닙니다. 실지거래가액 기준 과세는 2006년도에 고가주택, 다주택자, 단기보유자 등과 같이 일부 경우의 거래에만 도입되었고, 2007년에 전면 시

행되기 전까지 기준시가를 이용하여 양도차익을 계산하였습니다. 도입 당시 상당한 조세조항도 불러일으키며 위헌소원도 겪어야 했으나, 헌법재판소 2006헌바36, 67, 87(병합)에서 헌법에 위반되지 아니한 것으로 결론 내려졌습니다.

취득가액도 양도가액과 대응되게 실지거래가액으로 신고하는 것이 원칙입니다. 그러나, 부동산 실거래가 신고제가 시행된 2006년 이전에는 국가에서 거래가격 정보를 가지고 있지도 않을뿐더러, 양도자 본인도 수십 년 전 취득 당시의 거래 증빙을 보관하지 않는 경우에는 가물가물한 기억에 의존해야 할 것이기 때문에 대체적인 방식으로 매매사례가액, 감정가액, 또는 환산취득가액을 순차적으로 적용한 금액을 취득가액으로 인정해 줍니다. 환산취득가액이란 (취득 당시 기준시가: 양도시점 기준시가 = 취득가액: 양도가액) 비례식을 이용하여 구한 취득가액을 의미합니다. 취득가액 이외의 수치는 모두 현재 시점에서 파악이 가능하므로 쉽게 계산할 수 있습니다. 취득 당시의 매매사례가액이나 감정가액을 구할 수 있는 경우가 많지 않을 것이므로, 환산취득가액 방식이 많이 이용될 것입니다.

취득가액 이외의 필요경비로 자본적 지출액 및 양도비 등도 공제합니다. 자본적 지출액이란 단순히 현상 유지를 위한 수선비가 아닌, 자산의 내용연수(수명)를 연장시키거나 가치를 현실적으로 증가시키기 위해 지출한 수선비로, 용도변경 개조비용, 엘리베이터, 냉난방장치, 피난시설 등의 설치가 이에 해당하는 사례입니다. 양도비에는 중개수수료, 양도소득세 신고비용 등이 해당됩니다.

다음으로 장기보유 특별공제액을 차감하여 양도소득금액을 구합니다. 장기보유특별공제는 장기간 자산 보유 시 실질 가치의 증가 없이 명목 가격만 증가하여 지게 되는 세 부담을 줄여 주는 차원에서 특별히 공제해 주는 제도입니다. 자산을 3년 이상 보유하는 경우에 보유기간별 공제율을 양도차익에 곱하여 장기보유특별공제액을 계산합니다. 공제율은 1년에 2%씩 증가합니다. 3년 이상이므로 6%부터 시작하되, 최대 30%까지 공제율이 올라가므로 15년이 최대치입니다.

✎ 보유기간별 장기보유특별공제율

보유기간	3년 이상	4년 이상	⋯	14년 이상	15년 이상
공제율	6%	8%	⋯	28%	30%

1세대 1주택자이면서 최소 3년을 보유하고 2년 이상 거주하였다면 일반적인 경우의 공제율보다 훨씬 더 높은 공제율 혜택을 주고 있습니다.

✎ 1세대 1주택 보유기간별 장기보유특별공제율

구 분	3년 이상		4년 이상	⋯	9년 이상	10년 이상
보유기간	12%	12%	16%	⋯	36%	40%
거주기간	2년: 8%	12%	16%	⋯	36%	40%
합 계	20%	24%	32%	⋯	72%	80%

1세대 1주택자의 경우는 보유기간과 거주기간으로 구분하여 각각 1년간 4%의 공제 혜택을 주고 있습니다. 만약 주택을 3년간 보유하다 양도하였는데, 1년은 임대를 주고 2년은 소유자 본인이 실 거주하였다면 공제율은 다음과 같이 계산됩니다.

$$3년(보유기간) \times 4\% + 2년(거주기간) \times 4\% = 20\%$$

1세대 1주택 장기보유 특별공제율은 최저 20%에서 시작하여, 10년 이상의 보유요건과 거주요건을 모두 충족할 경우 최대 80%의 공제율까지 적용 받을 수 있습니다.

양도차익에서 장기보유특별공제액을 차감하여 구해진 양도소득금액에서 양도소득기본공제을 차감하여 과세표준을 계산합니다. 기본공제 금액은 자산의 유형별로 구분하여 연간 250만 원입니다. 부동산, 부동산에 관한 권리, 기타 자산은 한 그룹에 묶여서 이에 해당하는 자산을 1년에 여러 건 양도하여도 기본공제는 250만 원만 받습니다.

부동산 및 부동산과 관련된 자산에 대한 양도소득세율은 기본적으로 종합소득세율과 동일하되, 투기성으로 보는 분양권 양도, 2년 미만의 단기보유 부동산, 다주택자의 조정대상지역내 소재 주택, 비사업용 토지, 미등기양도자산에 대해서는 매우 높은 중과세율을 적용합니다.

✦ 보유기간별 양소득세율

구 분		2년 이상	1년 ~ 2년	1년 미만
부동산	일 반	기본세율	40%	50%
	주 택	기본세율	60%	70%
조합원입주권		기본세율	60%	70%
분양권		60%	60%	70%

✦ 조정대상지역 다주택자 중과세율

구 분	세 율	비 고
2주택자	기본세율 + 20%	단기보유에도 해당되면 비교하여 높은 세액
3주택자	기본세율 + 30%	

다주택자 판정을 위한 주택 수 계산시 유의해 할 사항은 (i) 모든 주택을 주택 수에 포함시키는 것이 아니라 지역조건 및 금액조건을 따져서 주택 수에 산입하지 않는 경우도 있으며, (ii) 보유중인 조합원입주권 및 분양권도 주택 수에 합산하여 계산한다는 점입니다. (조합원입주권 및 분양권이 주택 수에 포함된다는 것이지, 바로 위의 표의 중과세율이 적용된다는 의미는 아닙니다. 조합원입주권 및 분양권은 그 위의 보유기간별 세율을 참조하시기 바랍니다.)

한편, 비사업용 토지에 대해서는 기본세율 + 10%, 미등기양도자산에 대해서는 70%의 세율을 적용합니다.

이와 같이 산출된 세액에 세액공제 및 세액감면, 또는 가산세가 있는 경우에는 가감하여 최종적으로 납부할 세액을 구합니다.

(양도소득세 관련하여 1세대 1주택 비과세 대상, 양도가액 12억 원 초과로 인한 1세대 1주택 비과세 배제시 과세표준 계산방식, 일시적 2주택 비과세 판정, 다주택자 중과시 주택 수 계산에 대하여 알아야 할 내용이 많으나, 부동산학개론에서는 여기까지 다루도록 하겠습니다. 독자분께서 양도소득세의 기본 개념과 구조를 이해하셨기를 바랍니다. 더 구체적이고 자세한 내용은 전문 서적이나 전문 세무사와의 상담·자문을 통해서 구하시기 바랍니다.)

(6) 부가가치세

거래를 할 때에는 항상 부가가치세를 염두에 두어야 합니다. 거래가액에 대해 합의를 하여 매매계약서를 작성할 때, 그 합의된 거래가액이 부가가치세를 포함한 금액인지 여부까지 명확히 한 상태에서 작성하지 않으면 후에 다툼이 벌어질 수 있고, 결국 생각지도 않은 금액을 세금으로 추가 부담하게 될 수도 있습니다.

최종 소비자로서의 생활만 하는 학생들, 또는 직장인일지라도 세금에 대해서 신경 쓸 일이 없는 부서에서 근무하시는 분이라면 부가가치세는 그저 물건 살 때 가격에 포함되어 있는 것 정도로만 인지할 뿐, 그리 관심 가지고서 신경 쓰는 사항은 아닐 것입니다. 주택의 매매나 임대차 거래를 해본 경험이 있으신 분일지라도 주택 관련 거래는 부가가치세가 과세되지 않는 경우가 대부분이라서, 별 신경 쓰지 않고 거래를 하였더라도 아무런 문제가 없었을 것입니다. 그러다가 상가 또는 오피스텔 같은 비주거용 건물을 처음 거래하게 되었는데, 부가가치세를 납부해야 한다는 사실을 그때가 되어서야 처음 알게 된다면 매우 당혹스러울 것입니다. 여기서는 거래의 종류 및 부동산의 종류에 따라 부가가치세가 과세되는지를 중심으로 살펴보도록 하겠습니다.

부가가치세는 사업자가 행하는 재화 또는 용역의 공급에 대하여 과세합니다. (부가가치세법 제4조, 이외에 재화의 수입에 대해서도 부가가치세가 과세되며, 이 경우에는 사업자 여부를 불문하고 과세됩니다.) 사업자가 부동산을 양도하는 것은 재화의 공급이며, 부동산을 임대 목적으로 제공하는 것은 용역의 공급에 해당합니다. 이 두 경우를 구분하여 과세 여부를 정리하면 다음과 같습니다.

✎ 부동산 매매 및 임대 거래 시 부가가치세 과세 여부

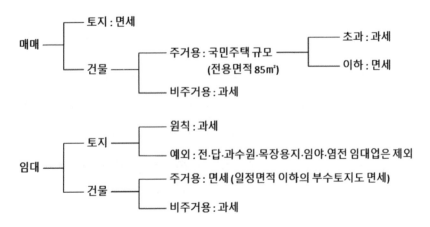

우선, 토지의 매매는 면세입니다. 부가가치세는 말 그대로 누군가에 의해 가치가 부가되는 경우에 과세하는 세금입니다. 그런데 토지는 태초부터 존재해온 것으로 인간 활동에 의하여 부가가치가 창출된 것이 아닙니다. 그렇기 때문에 역진성의 해소와는 무관하지만 과세 논리에 의하여 면세됩니다. (토지 가격의 등락에도 불구하고 과세 대상으로 인정하지 않습니다.)

건물의 매매는 과세 대상이나 일정 면적 이하의 주거용 건물은 서민층 지원 차원에서 면세 혜택을 주고 있습니다. 아파트의 입주자모집공고나 분양계약서를 꼼꼼히 보신 분이라면 아파트 공급가액을 대지비와 건축비로 나누고, 대지비는 면세, 건축비는 전용면적에 따라 면세되기도 하고 과세되기도 한다는 것을 알고 계실 것입니다. 주택의 전용면적이 국민주택규모인 85㎡를 초과하는 경우에만 건물분에 대해서 부가가치세가 과세됩니다.

비주거용 부동산의 경우 면적을 불문하고 과세되나, 이 경우에도 토지분에 해당하는 금액은 면세이고, 건물분에 대해서만 과세됩니다.

부동산 임대용역의 경우를 보면, 우선 토지의 임대는 원칙적으로 과세됩니다. 나대지(裸垈地)를 주차장 용도로 임대하였다면, 임대료 수입에 대해서 부가가치세를 거래징수하여 납부하여야 합니다. 단, 전·답·과수원·목장용지·임야·염전의 임대업은 부가가치세법에서 규정하는 용역의 범위에서 제외하였기 때문에, 이와 같은 경우(지적공부상의 지목과 관계없이 실제로 경작하거나 토지 고유 용도에 사용)에는 부가가치세가 과세되지 않습니다.

주택을 임대하는 경우도 면세 대상이며, 주택의 부수토지도 같이 면세가 됩니다. 부수토지 면세의 경우 일정 면적 이하라는 제한이 있으나, 일반인이 제한 초과되는 경우를 접할 일은 거의 없을 것 같으므로 구체적인 내용은 생략하겠습니다. 한편, 비주거용 부동산의 임대는 전부 과세 대상입니다.

부동산 임대용역 부가가치세와 관련하여 한가지 유의할 것은 전세금 또는 임대보증금을 받은 경우에는 월 임대료 수입뿐만 아니라, 아래와 같이 간주임대료도 계산하여 과세표준에 포함시켜야 합니다.

$$\text{공급가액} = \text{해당 기간의 전세금 또는 임대 보증금} \times \text{과세대상 기간의 일수} \times \frac{\text{계약기간 1년의 정기예금 이자율 (해당 예정신고기간 또는 과세기간 종료일 현재)}}{365(\text{윤년에는 } 366)}$$

부가가치세와 관련하여 마지막으로 강조드릴 점은, 재화나 용역의 공급으로 인한 부가가치세 납세 의무는 어디까지나 '사업자'임을 대 전제로 한다는 점입니다. 사업자란 사업 목적이 영리이든 비영리이든 관계없이 사업상 독립적으로 재화 또는 용역을 공급하는 자를 말합니다. 여기서 설령 세무서에 사업자등록을 하지 않았더라도 '사업성'이 있다고 인정되는 경우, 예를 들면 단기간에 부동산을 여러 차례에 걸쳐 사고 파는 경우에는 사업자로 간주되어 부가가치세가 과세될 수도 있습니다.

사업자가 아닌 일반 개인이 국민주택규모 면적을 초과하는 주택을 양도하여도 부가가치세는 발생하지 않습니다. 독자분 중에 전용면적 85㎡을 초과하는 규모의 주택을 양도해본 경험이 있으신 분이나, 일반 개인으로부터 부동산 중개업소를 통하여 기존 주택을 구입해본 분들 중에 부가가치세를 수수(授受)해본 경험이 있으신 분은 아마 없을 것입니다.

그렇다면 주택임대사업자가 보유하던 임대주택을 양도하는 경우에 그 주택이 국민주택규모를 초과한다면 부가가치세 납부 의무가 발생하는 것인가라는 의문이 생기실 것입니다. 그러나, 이 경우에도 부가가치세는 발생하지 않습니다. 부가가치세법에서는 주된 사업에 부수되어서 우연히 또는 일시적으로 공급되는 재화 또는 용역의 공급은 별도의 공급으로 보되, 과세 및 면세 여부 등은 주된 사업의 과세 및 면세 여부 등을 따르도록 되어 있습니다. 주택임대용역은 면세 용역인데, 보유하던 임대주택을 양도하는 것은 주된 사업인 임대사업에 부수되어서 일시적으로 공급하는 재화에 해당하기 때문입니다.

부동산에 대해서, 특히, 부동산 관련 세금에 대해서 이야기를 듣다 보면 공시지가, 공시가격, 기준시가, 시가표준액 등, 비슷한 뜻을 가졌을 것이라는 느낌은 오지만 정확한 구분이 모호한 여러 단어가 섞여서 귀에 들어옵니다. 여기서는 이러한 단어들에 대해서 잠깐 정리를 해보겠습니다.

정부는 「부동산 가격공시에 관한 법률」(약칭 '부동산공시법')에 의거하여 부동산 가격을 공시하고 있습니다. 이 공시가격은 시가와는 괴리가 있는 것이 보통이나, 국가·지자체·공공기관이 공익사업에 필요한 토지를 수용에 의하여 취득하는 경우에 그 보상액 산정의 기초가 되며, 사인(私人) 간의 거래에도 가격 산정을 위한 지표로 활용할 수 있는 유용성이 있습니다.

한편 국세인 양도소득세나 상속세·증여세 과세시 '기준시가'라 하여 법에서 정한 금액을 적용하여 과세표준을 계산하는 경우가 있고, 재산세를 비롯한 지방세의 경우에는 '시가표준액'이라는 금액을 적용하여 세액을 산출합니다. 이 때 기준시가 및 시가표준액 모두 토지·주택에 대해서는 부동산공시법에 의해 공시된 금액을 그대로 적용하도록 되어 있습니다.

오래전에는 각 정부 부처별로 지가를 조사하여 이용함에 따라 행정력이 불필요하게 낭비되고 국민들에게 불편함을 초래하였는데, 1989년에 「지가공시및토지등의평가에관한법률」(現 부동산공시법)이 제정되어 공시지가 제도가 도입되면서, 기존에 다원화되어 있던 지가 체계가 이후 일원화되었습니다.

공시자별 및 부동산 종류별 공시가격의 명칭

구 분		국토교통부장관	시장·군수·구청장
토 지		표준지공시지가	개별공시지가
주 택	단독주택	표준주택가격	개별주택가격
	공동주택	공동주택가격	N/A(해당사항 없음)
비주거용 부동산	일반부동산	비주거용 표준부동산가격	비주거용 개별부동산가격
	집합부동산	비주거용 집합부동산가격	N/A(해당사항 없음)

부동산공시법에 의거하여 국토교통부장관 또는 시장, 군수, 구청장은 부동산가격공시위원회의 심의를 거쳐 부동산 가격을 공시하도록 되어 있습니다. 국토교통부장관은 제반 조건이 일반적으로 유사하다고 인정되는 일단의 토지·단독주택·비주거용 일반부동산 중에서 선정하여 표준지공시지가·표준주택가격·비주거용 표준부동산가격을 조사·산정 및 공시하게끔 되어 있으며, 선정되지 아니한 부동산의 경우 시장·군수·구청장에 의해서 개별공시지가·개별주택가격·비주거용 개별부동산가격이 결정·공시됩니다. 단, 공동주택과 비주거용 집합부동산의 경우는 모두 국토교통부 소관입니다.

소득세법에서는 양도소득 계산 시 양도가액 및 취득가액 모두 실지거래가액으로 하는 것을 원칙으로 하되, 취득시 실지거래가액을 확인할 수 없는 경우에는 환산취득가액을 취득가액으로 적용할 수 있게 하였습니다. 환산취득가액은 취득당시의 기준시가 대비 양도당시의 기준시가의 증가비율을 반영하여 취득가액을 역으로 추산한 금액이므로, 기준시가 정보를 필요로 합니다.

$$\left(\text{ 환산취득가액 = 양도당시의 실지거래가액 } \times \frac{\text{취득 당시의 기준시가}}{\text{양도 당시의 기준시가}} \right)$$

기준시가

구 분	기준시가
토 지	부동산공시법에 따른 개별공시지가
주 택	부동산공시법에 따른 개별주택가격 및 공동주택가격
오피스텔 및 상업용 건물	집합건물로서, 건물의 제반 조건을 고려하여 국세청장이 산정·고시한 가액(부수토지 포함)
그 외의 건물	건물의 제반 조건을 고려하여 국세청장이 산정·고시하는 가액

위 표에서 보시는 바와 같이 토지 및 주택의 경우에는 기준시가로 부동산공시법에 따른 공시가격을 그대로 적용하도록 되어 있습니다.

「상속세 및 증여세법」에서도 상속세나 증여세가 부과되는 재산의 가액은 상속개시일 또는 증여일('평가기준일') 현재의 시가로 평가하는 것을 원칙으로 하고 있으나, 시가를 산정하기 어려운 경우에는 별도의 규정에 의한 '보충적 평가방법'에 의한 가액을 시가로 인정해 주고 있는데, 부동산의 보충적평가방법은 소득세법에서의 기준시가 산정과 규정이 동일합니다. 국세인 종합부동산세의 경우에도 주택 및 토지에 대한 과세표준 계산 시 공시가격을 기준으로 계산하도록 되어 있습니다.

지방세법에서는 기준시가에 상응하는 개념으로 시가표준액이라는 용어를 사용합니다. 지방세 중 취득세 계산 시 과세표준은 취득자가 신고한 취득 당시의 가액, 즉 실지거래가액으로 하는 것이 원칙이나, 신고가액이 시가표준액보다 적을 때에는 그 시가표준액을 과세표준으로 하도록 되어 있습니다. 즉, 시가표준액은 여기서 최저 하한(Minimum)의 역할을 합니다. 그리고, 재산세의 과세표준은 시가표준액에 공정시장가액비율을 곱하여 산정한 가액으로 하도록 되어 있습니다. 이와 같이 지방세 계산 시에는 시가표준액 정보가 필요한데, 아래 표에서 보시는 바와 같이 토지 및 주택의 경우에는 부동산공시법에 따른 공시가격을 그대로 적용하도록 되어 있습니다.

시가표준액

구 분	시가표준액
토지 및 주택	부동산공시법에 따라 공시된 가액
그 외의 건축물	국세청장이 산정·고시하는 건물신축가격기준액에 과세대상별 특성을 고려하여 지방자치단체의 장이 결정한 가액

한편, 정부는 2020년 11월 3일에 「부동산 공시가격 현실화 계획」을 발표하였습니다. '공시가격 현실화율'이란 시세반영율이라고도 하며, 공시가격이 시세의 평균 몇 퍼센트에 해당하는지를 나타내는 비율입니다.

정부 발표 자료에 의하면 우리나라의 2020년 부동산 공시가격 현실화율은 토지 65.5%, (표준)단독주택 53.6%, 공동주택 69.0%이며, 정부는 목표 현실화율을 90%로 설정하고 매년 3~4%p 정도씩 현실화율을 제고함으로써, 부동산 종류별로 빠른 것은 2025년, 늦은 것도 2035년까지는 목표를 달성한다는 계획을 발표하였습니다.

앞서 보았듯이 여러 세금들이 공시가격에 의하여 납부할 세액이 결정되기 때문에 공시가격 현실화율 상승은 조세 부담의 증가로 이어집니다. 특히 보유세인 재산세와 종합부동산세의 과세표준은 공시가격에 공정시장가액비율이라는 것을 곱하여 산정하도록 되어 있는데, 이 공정시장가액비율도 매년 증가하게 되어 있어서 이중으로 증가하게끔 되어 있습니다.

재산세 과세표준 = 시가표준액(공시가격) × 공정시장가액비율
= 시가 × 현실화율 × 공정시장가액비율

구체적인 현실화 계획을 보면, 토지의 경우 토지의 종류별 현실화율의 편차가 크지 않다는 판단 하에, 전체적으로 매년 비슷하게 3~4%p씩 상승시켜 2028년에 목표 현실화율인 90%에 도달하도록 계획하고 있습니다. 이에 비해 주택의 경우 주택의 종류별 및 주택가격대별 차이도 있고, 동일 가격대에서도 편차가 커서 아래와 같이 구분하여 계획을 추진하고 있습니다.

주택 공시가격 현실화 계획

구 분	단독주택		공동주택	
	현재(2020년) 현실화율	목표(90%) 도달년도	현재(2020년) 현실화율	목표(90%) 도달년도
9억 미만	52.4%	2035년	68.1%	2030년
9억 ~ 15억	53.5%	2030년	69.2%	2027년
15억 이상	58.4%	2027년	75.3%	2025년
전 체	53.6%	2035년	69.0%	2030년

문재인 정권 초기인 2018년에는 고가주택의 현실화율이 낮았으나, 2년에 걸쳐 고가주택 위주로 현실화율을 높인 결과 2020년 15억 원 이상의 공동주택의 현실화율은 75.3%까지 올랐습니다. 정부는 15억 원 이상 공동주택의 경우 2025년까지 현실화율 90%에 도달하는 것을 목표로 하고 있으며, 상대적으로 현실화율이 낮은 9억 원 미만 공동주택은 2030년까지, 9억 원 미만 단독주택은 2035년까지 목표 현실화율에 도달하는 계획을 수립하였습니다.

준조세: 개발부담금과 재건축부담금

세금 아닌 세금이라는 뜻의 준조세(準租稅)라는 표현이 있습니다. 공식 용어는 아니기 때문에 통일된 정의는 없으나, 보통 국민이 국가 등에 대하여 조세 이외에 비자발적으로 지게 되는 모든 금전적 부담을 의미합니다. 각종 부담금을 비롯하여 공과금, 사회보장 보험료, 벌금 등이 이에 해당하며, 기부금이나 성금도 비자발적으로 납부하였다면 준조세라 할 수 있습니다. 이 중 부담금은 부동산 개발사업을 벌이거나 부동산을 취득하여 보유하는 경우에 납부 의무를 지게 되는 경우가 있으므로, 조금 알아보도록 하겠습니다.

부담금이란 (i) 중앙행정기관의 장, 지방자치단체의 장, 행정권한을 위탁받은 공공단체 또는 법인의 장 등 법률에 따라 금전적 부담의 부과권한을 부여받은 자('부과권자')가 (ii) 분담금, 부과금, 기여금, 그 밖의 명칭에도 불구하고 (iii) 재화 또는 용역의 제공과 관계없이 (iv) 특정 공익사업과 관련하여 법률에서 정하는 바에 따라 부과하는 (v) 조세 외의 금전지급의무를 의미합니다.

부담금은 각 부처가 국회나 예산당국의 통제를 받지 않고 행정편의적으로 운용이 될 수 있기 때문에, 부담금의 신설을 억제함으로써 국민의 불편을 최소화하고 기업의 경제활동을 촉진하려는 목적에서 2001년에 「부담금관리 기본법」(약칭 '부담금관리법')이 제정되었고, 이 법에서 구체적으로 열거하고 있는 부담금이 아니면 부과될 수 없습니다.

현재 부담금관리법에서는 90여 개의 부담금을 열거하고 있으며, 이 중에서 「개발이익 환수에 관한 법률」에 따른 '개발부담금' 및 「재건축초과이익 환수에 관한 법률」에 따른 '재건축부담금'에 대해서 간략히 살펴보도록 하겠습니다. 두 부담금 모두 미실현 이익에 대한 과세 성격이라는 것과, 강한 조세저항으로 한시적 유예를 거듭한 바 있다는 공통점이 있습니다.

「개발이익 환수에 관한 법률」(약칭 '개발이익환수법')에서의 '개발이익'이란 (i) 개발사업의 시행이나 토지이용계획의 변경, 그 밖에 사회적·경제적 요인에 따라 (ii) 정상지가 상승분을 초과하여 (iii) 개발사업을 시행하는 자나 토지 소유자에게 귀속되는 (iv) 토지 가액의 증가분을 의미하는데, '개발부담금'은 이러한 개발이익 중 이 법에 따라 시장·군수·구청장이 부과·징수하는 금액입니다.

개발이익환수법은 노태우 정부 시절이던 1989년에 「토지초과이득세법」 및 「택지소유상한에관한법률」과 함께 '토지공개념 3법'의 하나로서 제정되어 이듬해인 1990년부터 시행된 법입니다. 다른 두 법이 모두 헌법불합치 결정(92헌바49(1994. 7. 29.), 94헌바37(1999. 4. 29.))을 받았고, 1998년에 폐지되었던데 반해서, 개발이익환수법은 15회에 걸친 개정과 한시적 유예를 거듭하기는 했지만, 현재 존속하는 법률입니다.

개발부담금은 법에서 열거하고 있는 종류의 개발사업을 일정 면적 이상으로 수행하는 경우에 부과가 됩니다. 부과 대상 개발사업으로는 ① 택지개발사업(주택단지조성사업 포함), ② 산업단지개발사업, ③ 관광단지조성사업(온천 개발사업 포함), ④ 도시개발사업, 지역개발사업 및 도시환경정비사업, ⑤ 교통시설 및 물류시설 용지조성사업, ⑥ 체육시설 부지조성사업(골프장 건설사업 및 경륜장·경정장 설치사업 포함), ⑦ 지목 변경이 수반되는 사업으로서 대통령령으로 정하는 사업, ⑧ 그밖에 제1호부터 제6호까지의 사업과 유사한 사업으로서 대통령령으로 정하는 사업이 해당합니다. 이러한 개발사업 중에서 사업부지의 면적이 지역에 따라 200평, 300평, 또는

500평 이상일 경우에 부담금이 부과됩니다.

개발사업의 종류가 모두 이름만 들어도 거창해서 일반인들과는 거리가 있다고 느껴 관심이 가지 않을 수도 있습니다. 그러나 간혹 주의해야 할 경우가 있습니다.

개발부담금은 사업시행자가 납부의무자가 되는 것이 원칙이나, 만약 개발사업을 완료하기 전에 누군가가 사업시행자의 지위를 승계하는 경우에는, 그 지위를 승계한 자가 납부 의무도 승계하도록 되어 있습니다. 그렇기 때문에, 개발사업의 준공 전에 일반 개인이 단독주택을 짓기 위해 필지를 분양받았다면, 이는 사업시행자의 지위를 승계 받아 납부의무자가 되는 경우이기 때문에, 이를 미리 계산에 넣어서 고려해야 합니다.

개발부담금은 개발이익에 개발사업의 종류에 따라 20%(①~⑥) 또는 25%(⑦, ⑧)의 부담률을 곱하여 산정하도록 되어있습니다. 그리고, 개발이익은 개발사업의 인가 등을 받은 날로부터 개발사업의 준공인가 등을 받은 날까지의 지가상승액, 즉 '종료시점지가'에서 '개시시점지가'를 차감한 금액을 구하고, 여기에서 부과 기간 동안의 정상지가상승분 및 개발비용을 추가로 차감하여 산정합니다.

개발이익 = 종료시점지가 − 개시시점지가 − 정상지가상승분 − 개발비용
개발부담금 = 개발이익 × 부담률(20% or 25%)

재건축부담금은 강남3구 재건축아파트 단지의 가격 상승률이 치솟던 2006년에 「재건축초과이익 환수에 관한 법률」(약칭 '재건축이익환수법')이 제정되면서 도입되었습니다. 그러나 강한 조세 저항과 곧이어 글로벌 금융위기가 닥치면서 5건의 재건축사업에만 부과했을 뿐, 2017년까지 한시적 유예를 거듭 반복하였습니다.

그러나 2017년 '8.2 대책'을 발표하면서, 재건축 초과이익 환수제는 추가 유예 없이 2018년 1월부터 예정대로 시행하겠다고 공표하였습니다. 그리고 재건축부담금을 부과받은 다섯 곳 중 조합원 1인당 부담금이 가장 컸던 단지에서 2014년도에 헌법소원심판(2014헌바381)을 청구하였는데,

2019년 12월 27일에 합헌 판정이 내려진 바 있습니다.

재건축이익환수법은 「도시 및 주거환경정비법」에 의한 '재건축사업' 및 「빈집 및 소규모주택 정비에 관한 특례법」에 따른 '소규모재건축사업'에서 발생되는 초과이익을 환수하는 것을 목적으로 하고 있습니다. 납부 의무는 조합이 원칙적으로 부담하나, 조합이 해산되거나 조합 재산이 부족한 경우에는 조합원이 2차 납부의무를 부담하도록 되어 있습니다.

재건축이익환수법은 개발이익환수법의 특별법적 위치에 있기 때문에, 큰 틀에서 유사한 면이 있습니다. 재건축초과이익은 종료시점 주택가격에서 개시시점 주택가격, 정상주택가격상승분, 개발비용을 차감하여 구하고, 여기에 부과율을 곱하여 재건축부담금을 산정하는 방식으로, 개발부담금 산정과 구조는 동일합니다.

재건축초과이익 = 종료시점 주택가격 − 개시시점 주택가격 − 정상주택상승분 − 개발비용
재건축부담금 = 재건축초과이익 × 부과율

그러나 개발부담금에서의 부담율이 개발사업 종류별로 단일 비율이 적용되는데 비해서, 재건축부담금은 조합원 1인당 평균이익에 따라 최고 50%까지의 누진제 방식으로 부과됩니다.

재건축부담금 부과율

조합원 1인당 평균이익	조합원 1인당 평균 부담금액
3천만 원 이하	면 제
3천만 원 ~ 5천만 원	3천만 원 초과금액 × 10%
5천만 원 ~ 7천만 원	200만 원 + 5천만 원 초과금액 × 20%
7천만 원 ~ 9천만 원	600만 원 + 7천만 원 초과금액 × 30%
9천만 원 ~ 1억1천만 원	1,200만 원 + 9천만 원 초과금액 × 40%
1억1천만 원 초과	2,000만 원 + 1억1천만 원 초과금액 × 50%

7
PART

부동산과 시장

시장은 공급·수요 가격기제(supply-demand price mechanism)를 말한다. 시장 같은 편(same side of the market)에 있는 경제주체인 공급자는 공급자끼리, 수요자는 수요자끼리 서로 견제하면서 수많은 수요자와 지리적으로 인접해 있는 수많은 공급자가 서로 흥정한 결과 특정한 개인과는 관계없이 (impersonally) 가격이 결정되고, 이같이 형성된 흥정가격(bargained price)이 수행하는 매개변수 기능을 통하여 수요공급이 일치되고 모든 경제문제가 조화롭게 조정되는 기제(機制, mechanism)가 곧 시장이다.

- 『경제학개론』, 임종철, 1998, p. 71

경제학에서의 '시장'이란, 물리적 장소의 실재 여부를 불문하고, 구매자 집단과 판매자 집단이 만나서 가격을 형성하고, 그 형성된 가격에 기반하여 거래를 하는 곳입니다.

어떤 물건에 대한 수요와 공급은 각각 구매자와 판매자에 의하여 결정됩니다. 여기서 수요란 단순히 잠재적 구매자가 특정 물건을 필요로 하는 양이나, 사서 갖고 싶어하는 양을 의미하지는 않습니다. 경제학에서의 수요는 '구매력'을 갖춘 자가 구매하고자 하는 양을 의미합니다. 그렇기 때문에 일반적으로 물건의 가격이 내려가면 수요량은 늘어나게 됩니다. 가격과 수요량과의 관계를 좌표평면에 나타내 보면 아래 왼쪽 그림과 같이 우하향하는 수요곡선이 그려집니다. 이와 같이 다른 조건은 일정하다는 전제로 가격상승 시 수요량은 감소하고 가격 하락 시 수요량이 증가한다는 것을 수요의 법칙(Law of demand)이라고 합니다.

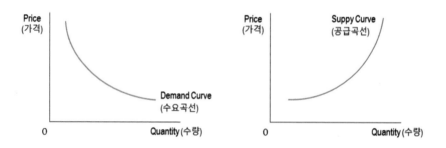

반대로 공급을 보면, 가격이 낮을 때는 채산성을 맞추지 못하는 업체는 시장 참여를 하지 않을 것이니 공급량이 적고, 가격이 높을 때는 너도 나도 달려들어 참여하고자 할 것이니 시장에 공급량이 많아지게 됩니다. 따라서 가격에 대응하는 공급량은 위 오른쪽 그림에서와 같이 우상향하는 그래프로 그려집니다.

시장경제 체제에서는 아래 그래프에서와 같이 수요곡선과 공급곡선이 만나는 균형점 (P*, Q*)에서 가격과 거래량이 결정됩니다.

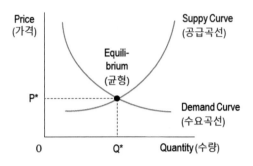

시장 기능이 정상적으로 작동하고 있는 시장이라면, 가격에는 신축성 (Price flexibility)이 존재하고, 수요 및 공급에는 가격탄력성(Price elasticity) 이 있습니다. 가격에 신축성이 있다는 것은 초과수요나 초과공급이 존재하는 경우에는 가격상승이나 가격하락이 발생한다는 의미입니다. 그리고, 가격이 상승하면 수요량은 감소하고 공급량은 증가하며, 반대로 가격이 하락하면 수요량은 증가하고 공급량이 감소하는 등 가격이 수급량에 미치는 효과를 가격탄력성이라고 합니다. (가격신축성과는 반대로, 초과수요나 초과공급이 가격에 영향을 주지 못하는 상황을 가리켜 가격경직성(price rigidity)이 있다고 합니다.)

인구가 증가하거나 소득 증가 또는 금융제도의 발달로 구매력이 증대된 경우에는 같은 가격대에서 수요량이 증가하므로, 다음의 왼쪽 그래프에서와 같이, 수요곡선은 우측으로 이동합니다. 이때 가격이 기존의 균형가격인 P_0에서 머물 경우, 공급량은 Q_0에서 변하지 않은 상황이므로 $Q_0 \sim Q_2$만큼 초과수요가 발생하고, 이로 인하여 가격상승 압력이 발생하여 균형가격은 P_0에서 P_1으로 상승합니다.

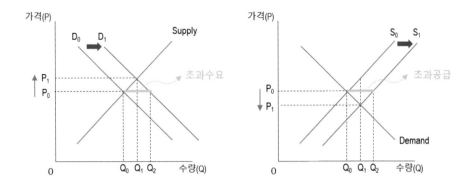

기술발전으로 생산력이 증대되거나 규제 완화 등으로 참여하는 공급자 수가 많아진 경우에는 같은 가격대에서 공급량이 증가하므로, 위 오른쪽의 그래프에서와 같이, 공급곡선은 우측으로 이동합니다. 이때 가격이 P_0에서 변하지 않을 경우 수요량은 Q_0에서 변하지 않았으나, 공급량은 Q_2까지 증가합니다. 결국 Q_0~Q_2만큼 초과공급이 발생하게 되고, 이로 인하여 가격 하락 압력이 발생하여 균형가격은 P_0에서 P_1으로 하락합니다.

이와 같이 가격은 시장에서 수요자 집단과 공급자 집단이 만나서 긴장과 견제 속에서 결정됩니다. 부동산 중에서 아파트의 경우에는 이와 같이 형성된 가격을 부동산 중개업소, 국민은행 부동산 시세정보 사이트, 국토교통부 실거래가 공개시스템을 통하여 확인할 수 있습니다. 아파트의 경우에는 구조가 스탠다드화 되어 있으며 거래도 보통 빈번하기 때문에, 동일한 단지 내에서 동일한 면적의 아파트라면 층과 향에 따라 다소 차이가 있을 수 있으나, 대부분 일정한 범위 내에서 대동소이한 가격으로 존재할 것입니다.

1. 부동산의 가치평가

경제학의 기초 지식으로 물건의 가격은 수요와 공급의 교차점에서 결정된다는 것을 알았습니다. 그러나 아직까지도 풀리지 않는 궁금함이 있습니다. '그래서, 내가 궁금해하는 이 부동산의 적정가는 도대체 얼마라는 말인가?' 아파트처럼 쉽게 시세 정보를 확인할 수 있는 경우도 있지만, 시세라고 할 만한 마땅한 것을 찾기가 애매한 부동산의 종류가 더 많이 존재합니다.

경제학의 수요·공급 곡선의 그래프는 경제 분석의 도구(Tool)로서 훌륭한 가치가 있습니다. 인구구조, 금융 환경, 세제(稅制), 기술혁신 등이 수요와 공급에 미치는 영향과 그로 인한 균형가격 및 균형거래량의 변화에 대해 머릿속에서 전체적인 그림을 그릴 때 유용한 역할을 합니다. 그러나 당장 궁금한 현재 시점에서의 적정 가격을 제시해 주기는 어렵습니다. 능숙한 계량경제학자라면 모를까, 필자를 비롯한 일반인이 특정 재화에 대한 가격대별 수요량과 공급량을 추정하고 수요곡선과 공급곡선을 그려서 교차점을 찾는다는 것은 현실적으로 불가능합니다.

그러나 다행히도 가격 산정을 위해서 재무이론, 그중에서도 특히 가치평가이론에서 발달한 기법이 있습니다. 이 기법은 구매자가 직접 소비를 하기 위하여 구매하는 재화에 대해서는 적용이 어려우며, 주로 이자수익이나 배당수익과 같은 일정한 현금유입을 꾸준히 가져다주는 금융상품의 평가에서 시작하여 발달하였습니다. 부동산의 경우도 임대료 수입이 발생하는 일명 '수익형 부동산'에 대해서는 그대로 적용할 수 있습니다.

그러면 어려울 수도 있겠지만 단순한 예부터 시작하여 단계별로 나아가 보도록 하겠습니다.

Warm-up Question

100만 원을 은행에 예금하면 평생 10만 원씩 이자를 받을 수 있는 나라가 있습니다. 만약 그 나라에 평생동안 이자로만 10만 원씩 지급해주는 채권이 있다면, 그 채권을 취득하기 위해서 얼마를 지불해야 하는 것이 합리적일까요? 그리고, 매년 동일하게 10만 원씩 임대료를 받을 수 있는 수익형 부동산이 있다고 할 때, 그 부동산은 시장에서 얼마에 가격이 형성되어 있을까요?

朝三暮四

조삼모사라는, 모두가 다 아는 고사성어가 있습니다. 중국 전국시대 때 송(宋)나라에 원숭이를 좋아하는 저공(狙公)이라는 사람이 있었는데, 기르는 원숭이 수가 너무 많아지자 먹이 값도 부담되기 시작하였습니다. 그래서 하루는 그가 원숭이들에게 도토리를 아침에 세 개, 저녁에 네 개만 주겠다고 하였는데, 이에 원숭이들이 크게 성을 내며 아우성을 쳤습니다. 그래서 저공이 이번에는 도토리를 아침에 네 개, 저녁에 세 개를 주겠다고 하였는데, 그러자 원숭이들이 만족하며 받아들였다는 이야기입니다. 이는 실질적인 결과는 같음에도 불구하고 당장 눈앞에 보이는 것에만 현혹되는 자들의 어리석음을 비꼬는 고사성어입니다.

그러나 이는 두 가지 관점에서 다르게 볼 수 있습니다. 우선 건강을 생각하는 관점에서 보면, "아침은 황제처럼, 점심은 평민처럼, 저녁은 거지처럼 먹어라."라는 말이 떠오릅니다. 저녁에 과식하는 것은 체중 관리상 좋지 않고, 과체중은 건강에 좋지 않습니다. 의학 지식이 없었을 원숭이도 본능적으로 어떠한 쪽이 좋은 것인지 알고 있었던 것입니다.

두 번째로 경제적인 관점에서 봤을 때, 받을 수 있는 것은 최대한 빨리 받는 것이 좋습니다. 돈도 '내 손 안의 돈'이어야 진짜 내 돈이라고 할 수 있습니다. 일반적으로 돈 빌린 채무자들이 돈 빌려준 채권자들에게 굽신대며 눈치를 살피는 것이 어쩔 수 없는 현실인데, 간혹, '채무자들이 행여나 배째라 막 나가지 않을까?', 오히려 채권자가 노심초사하며 채무자의 눈치를 보며 신경 쓰는 경우도 종종 보게 됩니다. 조삼모사 일화에서 저공이 처음에 원숭이들에게 아침에 세 개를 주고 저녁에 네 개를 주겠다고 하였는데, 저공이 도토리를 줘야 할 의무가 있는 채무자는 아니지만, 저녁에 실제로 네 개를 다 줄지는 그 때 가봐야 아는 것입니다.

Time is Money

1년 후에 100만 원을 받을 수 있는 권리, 즉 100만 원의 채권(별도의 이자는 없는 것으로 가정)과 지금 당장 쓸 수 있는 현금 100만 원, 두 가지 중에서 선택하여 가지라고 하면 어느 쪽을 선택하시겠습니까? 누구나 현금 100만 원을 선택할 것입니다. 밸런스가 붕괴된 질문이었습니다.

채권 100만 원의 가치는 당연히 현금 100만 원보다는 낮으며, 그렇다고 해서 0원은 아닐 것입니다. 채무자가 신용도가 괜찮은 사람이라면 그래도 100만 원에 가까울 것이며, 채무자의 신용도도 낮고 변변한 담보도 없어서 떼일 위험이 높다면 0원에 가까울 수도 있습니다. 처음부터 신용도가 낮은 사람에게 돈을 빌려주는 경우는 드물 것이나, 이후에 채무자가 회생이나 파산절차, 워크아웃에 이를 정도로 상황이 악화되면 그에 대한 채권은 헐값에 거래될 것입니다. 여기서는 1년 후에 100만 원을 받을 수 있는 채권이 채권시장에서 수요와 공급의 원리에 따라 91만 원에 가치가 평가된다고 가정하겠습니다.

100만 원의 채권이 시장에서 91만 원에 평가되어 거래되는 경우, 여기서 약 10%의 이자율이 도출됩니다. 이자율은 현재의 돈과 미래의 돈 사이의 교환비율을 의미합니다. 영어로 interest rate라서 수식 같은 데서 보통 i 또는 r로 간단하게 표기됩니다.

현재의 돈: 미래의 돈 = 1:(1+이자율)
91만 원: 100만 원 = 1:(1+r)
91만 원 × (1+r) = 100만 원
1+r = 100만 원 ÷ 91만 원 ≒ 1.1
r ≒ 0.1 = 10%

이자는 크게 다음 두 가지에 대한 대가라고 볼 수 있습니다.

(ⅰ) 유동성 포기에 대한 대가 (또는, 절욕의 대가)
(ⅱ) 위험 감수의 대가

돈을 벌기 시작한 사람이라면 누구나 자기 재산의 포트폴리오 구성에 대해서 고민을 하기 마련입니다. 현금, 또는 현금처럼 바로 쓸 수 있으나 이자율은 0%에 가까운 보통예금은 어느 정도 수준을 유지하며 보유할 것인지, 정기예금·적금 또는 주식·채권·펀드·부동산과 같은 투자자산은 전 재산의 몇 퍼센트의 비중까지 할당할 것인지에 대해서 고민을 하는 것이 정상입니다. 현금이나 보통예금은 이자와 같은 수익을 전혀 또는 거의 창출하지 못함에도 불구하고, 모든 사람이 일정 수준 이상을 유지하며 보유하는 데에는 '유동성'이라는 이들만의 역할과 가치가 있기 때문입니다. 일상 생활을 하며 소비 지출을 하기 위해서는 일정 수준의 현금 또는 카드대금이 빠져나갈 예금 잔액이 있어야 하며, 병원비 등 갑작스럽게 목돈이 필요하게 된 경우에 모든 재산이 수익률은 높지만 유동성이 낮은 투자자산에 묶여 있으면 난감할 수 있습니다.

이와 같이 유동성 높은 현금성 자산을 포기하고 투자를 할 때에는 그만큼의 대가가 있어야 합니다. 이는 다른 각도에서 보면 절욕, 즉 '참고 기다림'에 대한 대가라고 할 수 있습니다. 어떤 원숭이라도 아침에 도토리를 많이 먹고 싶겠지만, 자신이 아침에 먹을 도토리의 일부를 다른 원숭이에게 양보한다면 나중에 그 이상의 추가적인 보상이 있어야 하는 것입니다.

우리가 은행에 예금을 하거나 국가 또는 공공기관이 발행한 채권인 국채·공채를 매입하는 경우에 원리금을 지급받지 못하는 경우가 전혀 발생할 수 없는 것은 아니지만, 그 가능성은 극히 낮습니다. 이와 같이 떼일 위험이 거의 없는 경우에도, 비록 낮은 이자율일지만, 이자는 지급되며, 이때의 이자율을 재무이론에서는 '무위험 이자율(Risk-free interest rate)'이라고 부릅니다.

여기에 채무자가 신용도가 낮아져 채무불이행의 가능성이 조금이라도 존재하면, 그만큼 이자율은 올라갑니다. 위험 감수의 대가를 추가로 지급하지 않으면 위험을 무릅쓰고 돈을 빌려줄 채권자의 수나 한도금액이 작기 때문입니다. 그리고 채무자마다 채무불이행의 가능성은 다르므로 이자율은 채권마다 달라지게 됩니다.

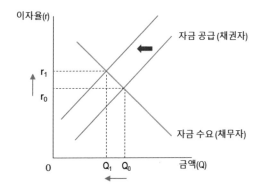

✎ 채무자 신용도의 하락과 공급곡선의 이동

위의 그래프에서 채무자의 신용도가 하락하는 경우 자금 공급곡선은 좌측으로 이동하여 이자율은 r_0에서 r_1으로 상승하게 되고, 금액 규모는 Q_0에서 Q_1으로 감소하게 됩니다.

앞서 예로 든 채권의 경우는 이자율이 10%로 계산되었는데, 이는 그 채무자의 특성을 비롯하여 그 채권의 특성이 반영된 것입니다. 이 채무자가 1년 후에 100만 원을 지급할 것을 약속하면서 채권을 발행하는 경우에는 원리금 100만 원을 (1+10%)로 나눈 91만 원을 조달할 수 있으며, 이때 10%인 'r'을 이자율이라는 표현 대신에 '할인율(discount Rate)'이라고 부릅니다.

여기까지 이해가 되셨으면, 그럼 약간 더 고난이도로 가보겠습니다. 어떠한 금전채권이 있는데, 이 채권은 1년 후에 100만 원을 받고, 2년 후에 또 100만 원을 받기로 한 채권이 있다고 해보겠습니다. 어려울 것이라 생각될지 모르겠지만, 단계를 나눠서 생각하면 할 수 있습니다.

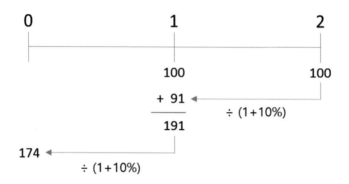

우선, 2년 후에 100만 원을 받을 수 있는 채권은 1년 후 시점에서의 가치는 얼마나 될까요? 네, 앞에서 보았듯이, 100만 원을 (1+10%)로 나눠준 91만 원입니다. 1년후 100만 원을 받을 채권의 현재시점에서의 가치와 똑같습니다. 1년 후 시점에서 채권자는 현금 100만 원과 91만 원의 가치를 가지고 있는 채권 100만 원을 가지고 있습니다. 즉 1년 후 시점에 191만 원의 자산을 가지고 있는 것입니다. 그러면 1년 후 시점에서 가치가 191만 원인 자산의 현재 시점에서의 가치는 얼마일까요? 네, 191만 원을 (1+10%)로 나눈 174만 원입니다.

이것을 다시 식으로 정리해서 보면 아래와 같습니다.

$$\frac{100만\ 원}{1+10\%} + \frac{100만\ 원}{1+10\%} \cdot \frac{1}{(1+10\%)}$$

$$= \frac{100만\ 원}{1+10\%} + \frac{100만\ 원}{(1+10\%)^2}$$

이와 같은 방법으로 3년간 매년 100만 원을 받기로 한 채권의 가치도 계산할 수 있으며, 그 식은 다음과 같습니다.

$$\frac{100만\ 원}{1+10\%} + \frac{100만\ 원}{(1+10\%)^2} + \frac{100만\ 원}{(1+10\%)^3}$$

그리고 4년, 5년, 더 나아가서 영구적으로 매년 100만 원을 받을 수 있는 채권의 가치도 구할 수 있습니다.

$$\frac{100만\ 원}{1+10\%} + \frac{100만\ 원}{(1+10\%)^2} + \cdots\cdots + \frac{100만\ 원}{(1+10\%)^n} + \cdots\cdots$$

위의 식은 고등학교 수학시간에 배웠던 무한등비급수와 형태가 동일합니다. 초항이 $\frac{100만\ 원}{1+10\%}$이고, 공비가 $\frac{1}{1+10\%}$인 경우입니다. 정상적인 경제 상황에서 이자율(r)은 '0'보다 크기 때문에 공비인 $\frac{1}{(1+r)}$은 1보다 작아지게 되며, 무한등비급수의 결과값은 무한대로 발산하지 않고 일정한 값으로 수렴하게 됩니다. 공비의 절댓값이 1보다 작을 때의 무한등비급수 계산 공식은 $\frac{초항}{1-공비}$이므로, 위의 사례를 공식에 대입한 후 정리하면 $\frac{100만\ 원}{10\%}$ = 1,000만 원의 결과가 나옵니다. 매년 동일한 현금수입이 들어오는 가정에서 매년의 현금흐름(Cash Flow)을 'CF', 할인율(discount Rate)을 'r'로 표기하면, 자산의 가치 V = $\frac{CF}{r}$ 이라는 공식으로 간단히 계산할 수 있습니다.

매년 일정한 금액을 받는 경우뿐만 아니라 불규칙하게 현금이 들어오는 경우도 위 산식에서 100만 원이 들어갈 자리에 대신 그 불규칙한 금액을 일일이 대입만 시켜주면 채권의 가격을 산정하는 것이 가능합니다.

그럼 이번에는 마지막 단계로, 매년 받게 되는 금액이 일정하지도 않고, 불규칙하지도 않으며, 매년 일정한 비율로 증가하는 경우에 대해서 연구해

보겠습니다. 예를 들면 첫 해에 100만 원을 받고, 둘째 해에는 5% 증가한 105만 원(100만 원×1.05)을 받고, 셋째 해에는 둘째 해 금액에서 5% 증가한 110만 원(105만 원×1.05), 넷째 해에는 116만 원(110만 원×1.05)··· 이런 식으로 영구적으로 받는 경우를 보겠습니다. 이 경우 역시 앞의 사례와 동일한 방법으로 가치 계산 식을 정리하면 아래와 같습니다.

$$\frac{100만\ 원}{1+10\%} + \frac{100만\ 원(1+5\%)}{(1+10\%)^2} + \frac{100만\ 원(1+5\%)^2}{(1+10\%)^3} + \cdots + \frac{100만\ 원(1+5\%)^{n-1}}{(1+10\%)^n} + \cdots$$

이 경우에는 초항이 $\frac{100만\ 원}{1+10\%}$ 이고, 공비가 $\frac{1+5\%}{1+10\%}$ 인 무한등비급수가 됩니다. 이 경우에 증가율인 5%가 할인율인 10%보다 작으므로 무한등비급수는 발산하지 않고 특정한 값으로 수렴합니다. $\frac{초항}{1-공비}$ 공식에 대입한 후 정리하면 결과치는 100만 원/(10%−5%)=2,000만 원이 나옵니다. 매년 동일한 증가율로 현금수입이 증가하는 가정에서 첫해의 현금수입을 'CF₁', 증가율(growth)을 'g', 할인율(discount rate)을 'r'로 표기하면, 자산의 가치 V = $\frac{CF_1}{r-g}$ 이라는 공식으로 간단히 계산할 수 있습니다.

자본환원율(Capitalization Rate, Cap. Rate)

지금까지 이 장(章)에서 수식이 나왔던 모든 과정은 자본환원율을 설명 드리기 위한 준비 과정이었습니다. 자본환원율은 영어로는 Capitalization rate라고 하며, 우리나라 부동산업계 실무에서도 '캡 레이트'라는 용어를 주로 사용합니다.

자본환원율은 수익형 부동산의 현재의 연간 임대료 수입만 알면 그 부동산의 가치를 바로 구할 수 있는 아주 유용한 도구입니다. 예를 들어 어느 오피스텔 한 호실의 연간 임대수익이 1천만 원이고, 그 오피스텔의 적정 자본환원율이 5%라고 하면, 그 오피스텔 한 호실의 가치는 1천만 원을 5%로 나눈 2억 원이 됩니다.

자본환원율은 주식에 관심있으신 독자분이라면 들어 보셨을 PER라는 지표와 유사한 개념입니다. PER는 Price-Earnings Ratio의 약자로, 주가수익비율을 의미합니다. 조금 더 엄밀하게 설명하자면, 주식 1주의 주가가 EPS(Earning Per Share, 주당순이익)의 몇 배인지, 또는 어떤 기업의 전체 주주가치가 그 기업 당기순이익의 몇 배가 되는지를 나타내는 지표입니다. PER는 현재 양호한 이익을 내고 있으나 앞으로의 성장이 크지 않을 것으로 예상되는 전통 산업의 경우에는 수치가 낮은 것이 일반적이며, 현재 이익과는 무관하게 앞으로 큰 폭의 성장이 예상되는 첨단 산업군 내 속한 기업의 경우는 높은 PER를 보여주는 경우도 있습니다.

그러면, 다시 오피스텔이라는 부동산의 경우로 돌아와서 보겠습니다. 앞서 짧게 언급했지만, 매년 불규칙한 금액의 수입이 들어오는 경우에도 자산 가치를 평가하는 것이 이론적으로 가능하다고 말씀드렸습니다. 그러나 이런 경우에 평생 동안의 연간 임대수익을 각 연도별로 추정한다는 것은 현실적으로 불가능한 일입니다. 그러나 최소한 '지금 추세나 미래의 예상되는 거시 환경의 변화를 고려하였을 때, 연 평균 5% 정도로 증가하지 않을까?' 정도의 생각은 할 수 있을 것입니다. 물론 어떤 해에는 임대료가 전혀 오르지 않을 수도 있으며, 어떤 해에는 10%씩 오를 수도 있습니다. 이 모든 것을 고려했을 때에 대략 연간 5% 정도의 증가율로 증가한다는 의미입니다.

우선, 내가 가지고 있는 오피스텔 호실의 임대료가 앞으로 오르지 않고 일정하게 유지될 것이라 예상되는 상황을 한번 보겠습니다. 이 경우에 오피스텔에 대한 적정 할인율이 10%라고 가정한다면, 연간 임대수익이 1천만 원인 오피스텔 한 호실의 가치는 1억 원(연간 임대수익 1천만 원 ÷ 할인율 10%)에 불과합니다.

이번에는 오피스텔에 대한 신규 입주 수요가 많을 것으로 예상되는데도 불구하고 현재 신축이 계획되어 있는 오피스텔 프로젝트가 없으며, 신규 오피스텔을 지을 만한 마땅한 부지도 찾기 힘든 경우를 생각해 보겠습니다. 이 경우에는 내가 보유하고 있는 오피스텔의 임대료가 오를 것이라 누구나 예상할 것입니다. 이 경우에 오피스텔의 할인율은 10%, 임대료 증가율을 5%라고 가정한다면, 이 오피스텔 한 호실의 가치는 2억 원(연간 임대수익 1천만 원 ÷ (할인율 10% - 성장율 5%))으로 평가할 수 있을 것입니다.

그렇다면 결국 임대 부동산의 가치는 현재의 연간 임대료수입 CF_1 ÷ (할인율 r − 성장율 g)로 계산할 수 있습니다. (임대료가 일정한 경우에는 성장율 g가 0%인 경우이므로, 이 식으로 일반화하여 사용할 수 있습니다.) 여기서 r−g를 자본환원율이라 합니다.

임대 부동산의 가치는 현재의 연간 임대수익에 (1/자본환원율)을 곱하여 계산합니다. 적정 주가는 현재의 주당순이익에 PER를 곱하여 계산합니다. 결국 자본환원율과 PER는 역수 관계에 있을 뿐, 개념은 근원적으로 동일하다는 것을 알 수 있습니다.

✎ 임대료와 부동산 가치와 관계

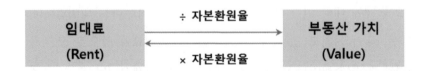

여기서 마지막으로 자본환원율에 대해서 두 가지를 덧붙이겠습니다.

하나는, 설명의 편의를 위하여 고려하지 않았는데, 임대 부동산의 경우 보증금을 받는 것이 일반적인 관행입니다. 부동산 가치 계산시에 이 보증금을 가산해야 합니다.

임대 부동산의 가치 = 보증금 + (현재의 연간 임대료 수입/자본환원율)

그리고 두 번째는, 마찬가지로 설명의 편의를 위하여 연간 임대료 수입을 이용하여 자본환원법에 의한 부동산 가치를 계산한다고 하였는데, 보다 엄밀하게 이야기하자면, NOI라고 하는 순영업이익(Net Operating Income) 수치를 이용하여 계산합니다. NOI는 공실이나 미수 임대수입이 없을 경우에 최대로 받을 수 있는 임대료 수입과 관리비 수입을 계산하고, 여기에서 평균적으로 발생할 것이라 예상되는 공실과 미수로 인한 손실 금액을 차감하고, 이렇게 계산된 금액에서 추가로 재산세, 보험료, 전기·전화요금, 수선비, 기타의 유지·관리비를 차감하여 계산합니다.

광화문−세종대로를 중심으로 한 도심지역(CBD, Central Business District), 강남대로와 테헤란로 주변의 강남 지역(GBD, Gangnam BD), 여의도의 증권가(YBD, Yeoido BD) 등, 주요 업무지구에 소재하는 대형 오피스 건물 전체를 통으로 매매하는 경우에도 각 건물의 NOI를 계산하고 이를 자본환원율로 나눠서 구한 가치평가 결과를 중요하게 참고합니다. 여러 부동산 컨설팅 및 자산관리회사에서 주요 업무지구별 오피스 빌딩 등 상업용 건물의 자본환원율 정보가 포함된 부동산 시장의 분석 보고서를 작성하여 각 사의 인터넷 홈페이지를 통해서 제공하고 있습니다.

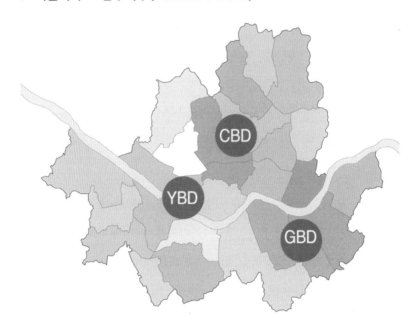

서울시 주요 업무지구(Business District)

NOI 계산구조

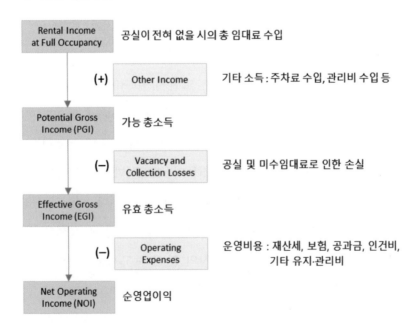

Rental Income at Full Occupancy	공실이 전혀 없을 시의 총 임대료 수입
(+) Other Income	기타 소득 : 주차료 수입, 관리비 수입 등
Potential Gross Income (PGI)	가능 총소득
(−) Vacancy and Collection Losses	공실 및 미수임대료로 인한 손실
Effective Gross Income (EGI)	유효 총소득
(−) Operating Expenses	운영비용 : 재산세, 보험, 공과금, 인건비, 기타 유지·관리비
Net Operating Income (NOI)	순영업이익

(참조: Real Estate Finance and Investments, 14th ed. 2011, p. 303, Brueggeman & Fisher)

구 분	회 사
국내사	교보리얼코, 젠스타-메이트, 신영자산관리, 한화에스테이트 등
외국계	CBRE, 세빌스(Savills), JLL(Jones Lang LaSalle), C&W(Cushman & Wakefield), 컬리어스(Colliers)

2. 부동산 시장의 비중

기업들이 매 회계연도별로 재산목록이라 할 수 있는 대차대조표(貸借對照表, Balance Sheet)(현재 명칭은 재무상태표로 변경)를 작성하여 공시하듯이, 국가도 매년 국부(國富, National Wealth)를 나타내는 국민대차대조표를 공표합니다.

국민대차대조표에서는 자산을 금융자산과 비금융자산으로 구분합니다. 비금융자산의 대부분은 실물자산으로 구성되어 있으며, 여기에 지식재산생산물이라 불리는 실물 아닌 자산도 일부 포함되어 있습니다. 그리고 금융자산 금액에서 금융부채 금액을 차감하여 순금융자산의 금액을 계산하고, 여기에 비금융자산 금액을 가산하여 국가의 실질적인 부라고 할 수 있는 국민순자산 금액을 산출합니다.

```
국민순자산 = 자산 - 부채
          = (금융자산 + 비금융자산) - 금융부채
          = (금융자산 - 금융부채) + 비금융자산
          = 순금융자산 + 비금융자산
```

우리나라의 2020년도 국민순자산은 약 1경7,722조 원에 이르며, 인구수로 단순히 나누어 보면 1인당 금액은 약 3억5천만 원으로 산출됩니다. 비금융자산은 1경7,215조 원으로 국민순자산의 97%의 비중을 차지하고 있습니다. 금융자산도 1경9,174조 원으로 어마어마한 금액이지만, 금융부채 금액인 1경8,667조 원을 차감한 후의 순금융자산 금액은 507조 원에 불과하기 때문입니다.

✦ 2020년 국민순자산의 규모

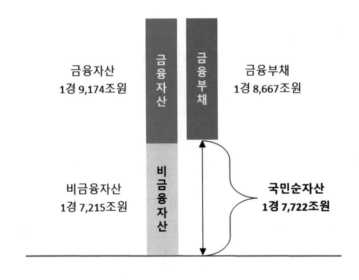

(원자료: 한국은행 경제통계시스템 http://ecos.bok.or.kr/)

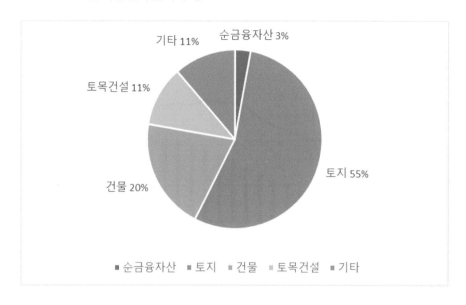

✦ 2020년 국민순자산의 구성

기타 11%   순금융자산 3%

토목건설 11%

토지 55%

건물 20%

■ 순금융자산 ■ 토지 ■ 건물 ■ 토목건설 ■ 기타

(＊) 기타는 설비자산, 재고자산, 지하자원, 입목자산, 지식재산생산물로 구성
(원자료: 한국은행 경제통계시스템 http://ecos.bok.or.kr/)

토지는 9,679조 원으로 국민순자산에서 절반이 넘는 55%를 차지하고 있으며, 토지에 건물까지 합할 경우 1경3,263조 원으로 75%에 해당합니다. 토목건설은 도로, 철도, 항만, 전력, 통신, 상하수도 등의 사회간접자본 시설을 말하는데, 이것까지 포함할 경우 1경5,202조 원으로 86%에 이릅니다. 평균적인 우리나라 가정의 재산 구성에서도 부동산이 80%를 차지하는데, 이와 비슷한 모습을 보이고 있습니다.

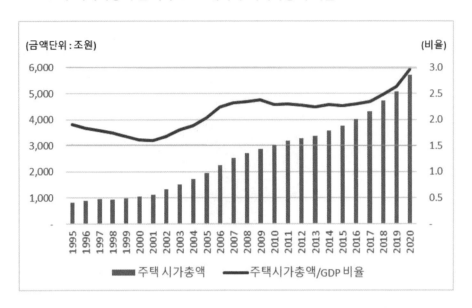

주택시가총액 금액과 GDP 대비 주택시가총액 비율

(원자료: 한국은행 경제통계시스템 http://ecos.bok.or.kr/)

부동산 중에서도 주택(주거용 건물 및 부속토지)은 5,722조 원에 이르며, 국민순자산 중 32%를 차지하고 있습니다. 주택의 시가총액 자료가 처음 집계되었던 1995년의 주택시가총액은 832조 원으로, 25년동안 7배 가까이 상승했습니다.

가구소득 대비 주택가격 비율을 뜻하는 PIR 계산방식과 동일하게, GDP 대비 주택시가총액 비율을 계산해 보면 위의 실선 그래프와 같이 나옵니다.

주택 200만 호 건설 계획의 달성으로 주택공급이 충분했던 한편, IMF 외환위기까지도 맞았던 1990년대 후반에는, GDP 대비 주택시가총액 비율이 1995년의 1.9에서 계속 하락하여 2001년에는 1.6으로 최저점을 찍기도 하였습니다. 2000년대에는 계속 상승하여 2009년에 2.4까지 오르기도 하였으나, 이후 글로벌 금융위기의 여파 및 부동산 시장의 침체로 2010년부터 2016년까지는 2.2~2.3 사이에서 머물렀습니다. 그러나 2017년부터 다시 상승하기 시작하여 2018년에는 역대 최고 비율을 다시 넘어섰고, 특히 주택가격이 급등한 2020년에는 3.0을 기록하며, 20년 전이었던 2000년 및 2001년 비율의 두 배 가까이까지 상승했습니다.

부동산 시장은 주거용, 상업용, 업무용, 산업용 등 여러 섹터로 나눌 수 있습니다. 그러나 모든 부문을 다루는 것은 한계가 있기 때문에, 다음 파트에서는 부동산 섹터 중 비중이 가장 크기도 하고, 많은 사람들의 관심이 집중되는 주택 시장에 대해서, 특히 주택의 점유형태인 자가와 임차의 구분을 중심으로 살펴보겠습니다.

3. 주택시장의 개관

2020년 인구주택총조사 결과(2021. 7. 29.)에 따르면, 2020년 우리나라의 주택 수는 1,850만 호를 넘고 있습니다. 1975년의 470만 호 대에서 20년 후인 1995년에 대략 2배 수준인 920만 호가 되었고, 그로부터 25년 후인 2020년에 그 2배인 1,850만 호를 기록하였습니다.

✎ 연도별 주택 수(주택유형별 구분)

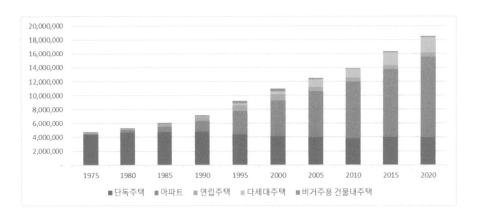

(*) 비거주용 건물 내 주택: 주거용 면적보다 영업용 면적이 넓은 주택

✎ 2020년 주택 유형 비율

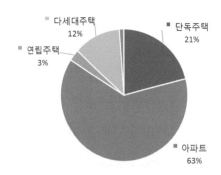

주택 중 아파트의 비율이 63%로 전체 주택의 3분의 2에 가까운 비중을 차지하고 있으며, 여기에 연립주택 및 다세대주택까지 포함한 공동주택이 전체의 80%에 가까운 비중을 차지하고 있습니다.

1975년만 해도 단독주택이 93%로 대부분을 차지하고 있었으나, 1980년대 고덕, 개포, 목동, 상계, 중계지구와 같은 서울 내 뉴타운 건설과 1990년대의 분당, 일산, 평촌, 산본, 중동과 같은 수도권 신도시 건설 이후 아파트의 비율이 늘어나기 시작하여 1990년대 후반 아파트의 비율이 단독주택 비율이 역전되었고, 2000년대 초반에는 전체 주택 수의 50% 비중도 넘어서기 시작하여 주거 형태의 대세로 굳혀지게 되었습니다.

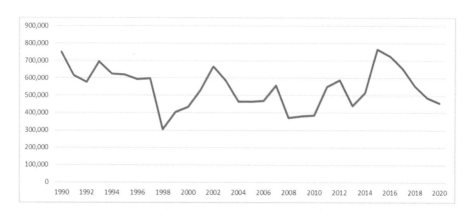

🏷 연도별 주택 인·허가 실적(1990~2020)

(원자료 출처: 통계청)

1980년대 후반의 심각한 주택난 속에서 집권한 노태우 정부는 '주택 200만 호 건설 계획'을 시행하였고, 1990년대 초중반에는 연간 60만 호 수준이나 그 이상의 주택 인·허가 실적을 유지하였습니다. 그러나, IMF 외환위기 직후인 1998년에는 인·허가 실적이 30호만 수준으로 급감하였습니다. 이 시기에 집권한 김대중 정부는 각종 부동산 규제 완화 정책을 단행하였고, 저금리와 함께 주택 시장이 활황을 맞게 되면서 2002년에는 다시 60만 호 이상으로 회복하였습니다.

그러나 LG카드 사태가 발생했던 2003년 이후 침체되는 모습을 보였고, 2007년에는 다소 회복할 기미를 보이기도 하였으나, 2008년의 글로벌 금융위기로 다시 40만 호 밑으로 떨어졌습니다. 2010년대 초반에 일시적으로 60만 호 가까이 회복되기도 하였으나 지속되지 못하였습니다.

세월호 침몰 참사 이후 내수부진 등 경기 침체가 계속되던 2014년 7월, 정부는 소위 '초이노믹스'라 불리는 경제 정책 패키지를 발표하였고, 여기에는 LTV·DTI 규제 합리화와 공급규제 개선 등의 주택시장 정상화 정책이 포함되어 있습니다. 이후 2015년과 2016년에 연간 인허가 실적이 70만 호를 넘기도 하였으나, 다시 감소세로 전환되어 2020년에는 45만 호 수준에 이르고 있습니다.

◆ 연도별 준공 실적(주택 유형별)(2011~2020)

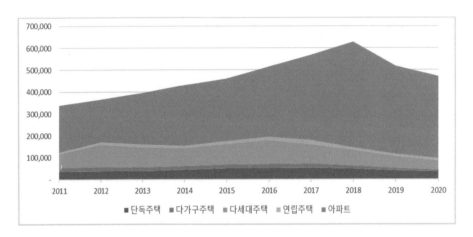

(원자료 출처: 통계청)

2011년 이후의 준공실적으로 보면 2018년까지 계속 증가하여 60만 호 이상을 기록하였으나, 이후 감소세로 전환하여 2020년에는 47만 호의 준공 실적을 기록하였습니다. 특히 서민 계층의 주요 주택유형인 다가구주택과 다세대주택의 비중이 현저하게 감소하였습니다.

4. 자가와 임차
- 주택점유형태의 선택

주택 점유의 형태는 크게 자가(自家)와 임차(賃借)로 나눌 수 있습니다. 자기 소유의 주택에 본인이 사는 비율을 자가점유율이라 하는데, 현재 우리나라의 자가점유율은 58.0%(2019년 주거실태조사, 국토교통부)입니다. 한편, 주택을 보유하고 있는 가구의 비율을 자가보유율이라고 하는데, 현재 61.2%로 자가점유율보다 3%p 정도 높게 나타납니다. 우리 주변에서도 집을 1채 소유하고 있으면서 그 집은 다른 사람에게 임대를 주고, 본인은 또 다른 누군가의 집에서 임차인으로 거주하는 사람을 볼 수가 있는데, 이런 경우에 자가점유율에서는 빠지지만 자가보유율에는 포함되기 때문입니다.

1950년대만 하더라도 우리나라의 자가점유율은 80%에 달했습니다. 그러나 산업화와 함께 이촌향도(離村向都) 현상으로 도시로 인구가 몰리면서 자가점유율도 계속 하락하기 시작하였습니다. 자가점유율은 1980년에 60% 이하로 떨어졌으며 1990년에는 역대 최하 수준인 50%로까지 떨어졌습니다. 그러나 1990년대 초반에 주택 200만 호 건설 계획의 일환으로 수도권 5대 신도시(분당·일산·평촌·중동·산본)가 건설되기도 하였고, 주택 공급량의 증가 및 그에 따른 주택보급률의 증가(1987년에 69.2%(역대 최저) → 1997년에 92.0%)와 함께 자가점유율도 완만하게나마 회복하기 시작하여 현재는 60%에 근접하고 있습니다.

임차는 대가의 지급 방식에 따라 크게 전세 방식과 월세 방식으로 나눌 수 있고, 그 중간지대에 반전세와 보증부월세가 있습니다.

전세 제도는 세계에서 유일하게 우리나라에만 존재하는 임대차 형태로 '흔히' 알려져 있습니다. 전세는 별도의 임차료를 정기적으로 지급하지 않고, 주택 가격의 상당한 비율에 해당하는 목돈을 계약기간의 시작과 함께 임대인인 집 주인에게 보증금으로 제공하고, 퇴거 시에 그 금액을 전액 그대로 돌려받는 제도입니다. (물론 파손 보상액, 관리비 미납액, 공과금 정산금액 등이 있을 경우에는 전세금에서 차감하고 돌려줍니다.)

전세 제도를 통하여 임대인은 월세를 받지 못하더라도, 2000년 이전과 같은 고금리 시대, 혹은 2000년 이후의 지금과 같은 저금리 시대라도 주택 가격의 상승률이 높을 때에는 임대인에게 충분한 메리트가 있는 제도입니다. 임차인으로서도 정기적 월세 지급으로부터의 해방이라는 결정적인 장점과 그 외에 강제저축을 통한 재산형성의 기능 등 부가적인 장점으로 인하여, 몇 가지 단점에도 불구하고 우리나라 대부분의 임차인들이 월세 대비 선호하는 형태입니다.

우리나라에서도 그 비중이 점차 증가하고 있는 월세 방식은 전 세계적으로 가장 일반적인 방식의 임대차 형태입니다. 매월 일정한 금액의 월세를 '따박따박' 받는 건물주가 요즘 부러움의 대상으로 많이 회자되지만, 임대인 입장에서도 매월 임대료를 청구하고 수령하는 과정에서의 번거로움과 연체·누적 시의 난감함이 있을 것입니다. 이러한 문제에 대한 해결 방법으로 두 가지를 생각할 수 있습니다.

우선은 임대료를 매월로 나눠서 받을 것이 아니라, 6개월 또는 1년과 같이 상당한 기간 동안의 임대료 전액을 선납으로 받는 방식입니다. 이러한 방식을 사글세(원래 한자로는 '삭월세'이나 연음현상으로 '사글세'로 변형되어 정착되어 표준어가 되었다고 합니다.) 또는 연세(年貰, 1년치를 미리 받는 경우)라고 부릅니다.

다른 방식으로는 일정한 금액을 보증금으로 제공하게 하는 방법을 생각할 수 있습니다. 임대차 계약기간이 종료하여 임차인이 퇴거할 때에 그동안 월세 미납액이 있는 경우에는 그 금액을 보증금에서 차감하고, 그 외에 임차인 부주의로 인한 시설 파손이 있는 경우에는 이에 대한 보상금도 차감한 후에 임차인에게 반환합니다. 외국의 경우 보통 월세 1~3개월분에 해당하는 금액을 보증금으로 받는 것이 일반적인데, 우리나라의 경우는 최소 6개월치, 대개 10개월~1년 월세에 해당하는 금액을 보증금으로 받는 것이 관행입니다.

임차인이 월세를 내지 않는다고 임대인이 자력(自力)으로 임차인을 내보내는 것은 법으로 철저히 금지되어 있으며, '명도소송'이라는 법적절차를 통해서 해결해야 합니다. 보통 월세가 3개월 정도 미납되었을 때부터 명도소송 진행 여부에 대한 고민을 하기 시작하고, 명도소송 신청하고 나서도 최소 3개월, 여유 있게 잡으면 6개월은 예상하여야 합니다. 보증금으로 월세 6개월분의 금액을 받아 뒀는데 미납 시작부터 명도 절차 종료 시까지 6개월 이상이 소요되면, 이런 경우의 임차인은 대부분 자력(資力)(물자나 자산 따위를 낼 수 있는 경제적인 능력)이 없을 것이므로, 그만큼 임대인에게 손실이 발생하게 됩니다. 그래서 일반적으로 임대인은 보통 월세 금액의 10배를 보증금으로 요구하는 경우가 많습니다.

이와 같이 월세 계약에서 보증금이 무시할 정도의 금액이 아닌 경우에는 특별히 보증부월세라고도 부릅니다. 한편 2010년대부터는 반전세라는 용어도 많이 사용되었습니다. 반전세도 보증부월세에 포함된다고 할 수 있겠으나, 대가의 중심은 어디까지나 전세금이고 월세는 이를 보완하는 수단인 형태의 임대차 계약을 보통 반전세라고 부릅니다. 2010년대 초중반에 주택 매매가격은 정체되었고, 특히 서울을 비롯한 수도권은 하락하기도 하였습니다. 반대로 전세가격은 계속 상승하여서, 2015년에는 흔히 '전세가율'이라 말하는 매매가격 대비 전세가격 비율이 서울, 수도권, 지방을 불문하고 70%를 넘어서게 되었습니다. 임대인 입장에서는 저금리 시대에 많은 전세금을 받는다고 해서 크게 메리트가 없으며, 임차인 입장에서도 집값의 80%에 가까운 전세금을 집주인에게 맡긴다는 것은 위험부담이 큰 것입니다. 목돈을 추가적으로 마련하기도 어렵거니와, 혹시라도 집주인이 파산하여 임차하고 있는 집이 법원 경매절차에 들어가서 시세보다도 낮은 금액에 낙찰될 경우 전세금 중 일부를 돌려받지 못 할 수도 있기 때문입니다. 이와 같은 상황에서 서로의 이해관계가 맞아 반전세의 형태로 계약을 체결하는 경우가 증가하였습니다.

이와 같은 시대의 흐름에 따라 정기적으로 한국부동산원에서 작성하여 국토교통부에서 발표하는 통계자료인 주택가격동향보고서에서도 이러한 중간지대의 임대차 형태를 2015년부터 반영하기 시작하였습니다. 그런데 이미 많이 쓰이던 반전세, 보증부월세라는 표현 대신에 '준전세'와 '준월세'라는 표현을 새로 만들어서 사용하고 있습니다. 보증금이 월세의 1년분을 초과하면 준월세, 20년 분을 초과하면 준전세로 분류됩니다.

◆ 월세와 준월세·준전세 구분

구 분	월 세	준월세	준전세
보증금 / 월세	0 ~ 12배	12 ~ 240배	240배 초과

전세 제도(Jeonse, K-임대차?)

관습조사보고서(慣習調査報告書, 1910)

전세는 조선에서 가장 일반적인 가옥 임대차 방법이다.

차주가 일정한 금액(가옥 가격의 반액 내지 7, 8할)을 소유자에게 기탁하며 별도의 차임(借賃)을 지불하지 않고, 반환 시 기탁금(寄託金)을 돌려받는다.

- 조선통감부 -

(『존폐기로의 전세제도』(경기개발연구원, 2013)에서 재인용)

"폭등하는 부동산 가격에 내 집 마련의 꿈은 고사하고 매년 오른 집세도 충당할 수 없는 서민의 비애를 자식들에게는 느끼게 하고 싶지 않다."

1990년 4월10일 서울 천호동 반지하 4평짜리 단칸방에서 보증금 50만 원·월세 9만 원의 셋방살이를 하던 40대 가장과 부인, 7, 8살 자녀 등 일가족 4명이 치솟는 전세값 때문에 방을 얻지 못해 동반 자살한 참극은 '집 없는 설움'을 넘어 생존의 사선으로까지 내몰린 서민의 삶을 상징했다.

그해 전세값 파동은 두 달 남짓한 기간 17명의 세입자들이 잇달아 목숨을 끊는 '자살 도미노'로 이어졌고, 대학로 마로니에 공원에서는 이들을 기리는 '희생세입자합동추도식'까지 열렸다.

[출처] 대한민국 정책브리핑(www.korea.kr)

전세 제도는 세계에서 유일하게 우리나라에서만 존재하는 임대차 방식으로 많이 알려져 있습니다. Wikipedia 영문 사이트에서도 별도의 영어 단어로 대체하지 않고 한국어 소리나는 대로, 'Jeonse'로 표기되어 등재되어 있습니다. 사실 외국에서도 존재하는 경우가 있기는 합니다만, 현재 시점에서의 실재 여부나 그 보편성 등을 고려했을 때 우리나라와 같이 일반적인 임대차의 형태로 자리잡은 경우는 없습니다. 외국의 경우 사문화(死文化)된 제도로서 현재는 법조문에 흔적만 남아있거나(프랑스와 과거 프랑스령이었던 미국의 루이지애나주, 스페인과 과거 스페인 식민지였던 아르헨티나), 극히 일부 지역에서 국지적으로 존재하거나(인도), 전국적으로 사용되더라도 우리나라와 같이 보편

적으로 사용되지는 않는 실정(볼리비아)입니다. (참고: 『전세』, 김진유, 2017, 커뮤니케이션북스)

우리나라 주택전세제도의 기원은 1876년 고종 13년 병자수호조약(강화도조약)이 체결됨에 따라 부산, 인천, 원산의 3개 항구를 개항하면서, 일본인의 거류지를 조성하고 농촌인구의 이동이 시작되면서부터로 보입니다. 그 전까지는 오가작통법(五家作統法, 1485년 시행)으로 인해서 인구 이동이 극히 제한되어 있었고, 특히 농촌 인구의 도시집중을 금지하였는데, 개항으로 인해서 새로운 환경이 조성되기 시작한 것입니다. (참고: 『주택전세제도의 기원과 전세시장 전망』, 박신영, 2000) 일제가 식민 통치를 위하여 2010년에 작성한 관습조사보고서에서 '전세는 조선에서 가장 일반적인 가옥 임대차 방법이다.'라고 기록한 것이 공식적인 문서에서의 첫 등장으로 알려져 있습니다.

당시의 가옥 임대차 중에서 가장 일반적인 방법이었을 것은 틀림없겠지만, 도시화율이 극히 저조했던 시대에 일부 도시지역에서 임차로 주거 문제를 해결해야만 하는 경우에만 전세 방식을 이용했을 것이므로, 전국적으로 흔한 방식의 주택점유형태는 아니었을 것입니다.

🏷️ 주택점유형태의 변화(1955~1975)

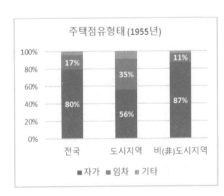

(원자료 출처: 통계청)

왼쪽의 그래프에서 볼 수 있듯이, 1955년에 도시지역에서 임차로 거주하는 비율이 35%로 적은 비중은 아니나, 전국적으로는 자가의 비율이 80%로 요즘 관점에서는 매우 높은 수준이었습니다. 도시화율이 높지 않던 당시에 도시지역에서의 꽤 높은 임차 비율이 전국적으로 큰 의미가 있지는 않았습니다. 그러다가 경제개발계획으로 산업화가 시작되면서 전국 농촌의 많은 인구가 서울로 모여들고, 『서울은 만원이다』라는 소설이 인기를 끌었던 대략 1960년대 중반 이후부터 임차 형태로 거주하는 인구의 비중이 계속 커져갔습니다. 이 때 상경하면서 고향의 땅을 일부 팔아서 마련한 목돈은 서울에서 터를 잡기 위한 전세금으로 사용되었습니다. 1975년 조사 시에는 도시지역에서는 과반수 이상의 가구가 임차 형태로 거주했으며, 전국적으로도 자가의 비율이 63%로 크게 하락하였습니다.

전세난, 전세대란, 전세난민, 전세파동 등 이러한 단어들이 신문 기사나 뉴스에 나올 때마다 임차인 당사자는 물론, 집권 정치세력이나 관련 공무원들도 가슴이 철렁하였을 것입니다. 주택 매매시세가 상승하는 경우에도 주택 장만을 꿈꾸는 무주택자들의 좌절은 크겠지만, 전세가격이 치솟을 때 전세금 증액분을 마련하지 못하여 당장 살고 있던 집에서 이사 나와야 하는 임차인의 고통은 사회 불안 요소로 이어져서 집권 세력도 흔들 수 있기 때문입니다.

주택임대차보호법이 만들어지기 전까지는 전세 시세가 오르면 집주인이 6개월 만에도 전세금 증액을 요구하니, 세입자의 주거는 항상 불안정한 위치에 놓여 있었습니다. 그러나 1981년 3월 5일에 주택임대차보호법이 첫 제정 및 시행되어서, 세입자들은 최소 1년의 거주기간은 보장받을 수 있게 되었습니다. 단, 이때도 1년 동안 전세금 인상을 못 할 것을 고려하여 처음부터 높은 금액에 전세를 내놓는 집주인이 늘어나서 전세 가격이 급등하는 일이 벌어졌고, 이에 법을 개정하여 1984년부터는 임대료 증액의 제한 조항이 주택임대차보호법에 포함되게 되었습니다.

앞에서 말씀드렸듯이, 1990년 봄 이사철에는 전세가격 급등으로 인해서 두 달 동안에만 17명이 자살하는 비극이 있었습니다. 1980년대 후반의 우리나라는 86 아시안게임과 88 서울올림픽을 개최하며 국제적 위상을 한 단계 올릴 수 있었고, 국제적 저금리·저유가·저달러(엔고)로 인하여 전에 없던 국제수지 흑자를 연이어 기록하며 3저 호황, 또는 '단군 이래 최대 호황'이라 불리던 시절이었습니다. 희망 찬 기대에 자산시장은 과열되어 1989년에 주가지수가 처음으로 1,000포인트를 돌파하였으며, 부동산 시장에서의 토지가격이나 주택가격도 큰 폭으로 상승하였습니다. 그러나 이러한 파티 속에서도 소외된 이들이 있었는데, 바로 무주택 세입자들이었습니다.

(원자료 출처: 통계청)

1986년 말부터 1990년 2월 말까지 3년 2개월 동안 전국 도시지역의 주택 매매가격은 평균 47.3% 오른데 비해, 전셋값은 82.2%나 올랐습니다.

(참고: 『대한민국 부동산 40년』) 1989년 12월 31일에 주택임대차보호법의 개정이 있었는데, 이 때부터 임대차 계약기간 보장이 기존의 1년에서 2년으로 늘어나게 되었습니다. 법이 개정되자, 법이 첫 제정되었을 때와 마찬가지로, 집주인들은 2년 동안 전세금 인상을 못할 것을 감안하여 처음부터 높은 금액에 전세를 내놓았고, 무주택 세입자들은 경제적 형편에 맞는 전세 구하기가 더 어렵게 되었습니다. 물론 당시의 전세파동 발생에 주택임대차보호법 개정이 결정적이었다고 보기는 어려울 것이고, 3저 호황으로 인한 자산시장 과열이 주된 요인으로 여러가지 원인이 복합적으로 작용한 결과일 것입니다. 그러나 부적절한 시기의 주택임대차보호법 개정은 불에다 기름을 부은 꼴이라고 할 수 있을 것입니다. 여기서 우리는 정책의 당위성도 중요하지만 시행 시기의 적절성도 중요하다는 교훈을 얻은 것 같습니다.

노태우 정권이 선거 공약으로 내세웠던 주택 200만 호 건설 계획이 1990년대 초중반에 진행되었으며, 수도권 5대 신도시(분당·일산·평촌·중동·산본)도 이때 건설되었습니다. 1991년부터 1997년까지 주택 전세가격은 안정되었고, 매매가격은 1990년대 초반에 오히려 하락하기도 하였습니다.

IMF 외환위기를 맞은 직후인 1998년에 주택 매매가격은 12.4%, 전세가격은 18.4% 폭락하기도 하였습니다. 그런데 매매가격은 회복하기까지 어느 정도의 기간이 소요되었던 것에 비해서, 전세가격은 이듬해인 1999년에 16.8% 만큼 폭등하면서 출렁이는 모습을 보였습니다. 매매가격은 미래의 주거 수요·공급과 그로 인한 가격 변동 예상이 현재의 주택매매 수요에 영향을 미치는데, 아직 미래에 대한 불안감이 잔존하던 시절이라 회복이 더디었던 데에 비해서, 전세가격은 외환위기로 신규주택건설공급은 급감하고, 실직자·파산자 등 자금난을 겪는 이들이 보유하던 주택을 팔고 전세를 구하면서 전세가격이 다시 급등하게 되었습니다.

주택 시장은 외환위기 극복 후에도 저금리와 주택담보대출이라는 새로운 금융 환경 속에서 새로운 스토리를 계속 써 나갔습니다. 2000년대 초부터 글로벌 금융위기가 발발했던 2008년까지 주택 매매가격은 지속적으로 상승하였습니다. 매매가격이 저금리의 주택담보대출이라는 금융 지원을 받으며 미래의 가격 상승에 대한 전망으로 상승을 지속하는 동안에, 전세가격은 매매가격과 같은 큰 상승세를 타지는 않았습니다. 이로 인하여 전세가율은 IMF 외환위기 이후 한때 70% 가까이 올랐으나, 2008년에는 50% 초반까지 떨어졌으며, 수도권의 경우는 40%대까지 떨어졌습니다.

🖋 전세가율의 변화(1998~2016)

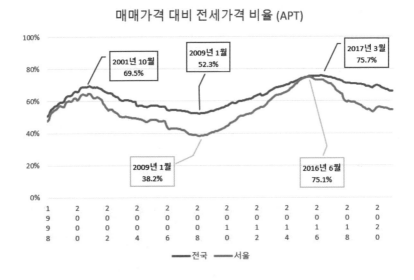

매매가격 대비 전세가격 비율 (APT)

〈Source: KB부동산 통계자료〉

앞에서 자본환원율을 이용하여 자산가치를 구하는 식에서 자산가치 V = 연간 임대료 수입 ÷ (할인율 r−성장률 g)로 계산한다고 설명 드렸습니다.

계산식을 보면 임대료 수입이 고정된 경우에도 금리가 하락하여 할인율이 하락하거나 미래에 대한 성장 예상을 높게 보는 경우에 자산가치는 커지게 되어 있습니다. 2000년대 초중반에는 금리 하락과 '부동산 불패'라는 표현에서처럼 미래에 대한 장밋빛 전망으로 주택매매 가격 상승은 지속되었습니다.

그러나 글로벌 금융위기 이후 부동산 시장이 침체되며 전국에서 미분양 아파트가 속출하였으며, 이에 더해서 '반값 아파트'라 불리는 보금자리주택이 분양되면서, 사람들의 인식 속에 주택 가격이 상승하지 않을 수도 있다는 생각이 조금씩 생기기 시작하였습니다. 자가와 전세의 주택점유형태 중 자가에 대한 선호도가 떨어지기 시작하여 매매가격은 정체되고, 자가의 대안으로 전세 수요가 증가하며 전세가율은 다시 상승하기 시작하였습니다.

한편, 임대인의 월세 선호 경향도 전세가율을 상승을 가속화하는 원인이 되었습니다. 이미 저금리의 시대로 전환된 2000년대에 임대인이 월세가 아닌 전세의 형태로 임대를 하는 것은, 주택 가격이 상승할 것이라는 기대를 전제로 하고 있습니다. 전세 금액만큼 주택 구매자금이 더 적게 소요되어 일종의 레버리지 효과가 있기 때문입니다. 그러나 주택 가격 상승의 기대가 꺾인 2010년 이후로 전세 조건으로 임대를 할 이유가 없습니다. 은행에서 대출받기 어려웠던 옛날에는 전세금이 사금융(私金融)의 방편으로서 이점이 있었으나, 2000년 이후에는 차라리 낮은 이자율로 주택담보대출을 받아서 전세금을 반환하고, 대신 월세 조건으로 임대를 하는 것이 더 이득이기 때문입니다. 월세가 전혀 없는 순수한 전세의 공급은 줄어들고, 전세금 전액을 임차인에게 반환하여 준다는 것이 현실적으로 쉬운 일은 아니므로, 전세금을 증액하는 대신에 일부 금액의 월세를 받는 반전세 조건의 계약 형태가 증가하였습니다.

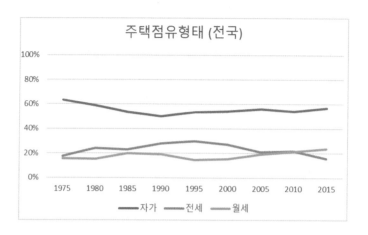

주택점유형태 (전국)

(원자료 출처: 통계청)

주거공간 수요자가 자가 대신 전세를 선호하면서 전세시장의 수요자가 증가하고, 임대차 시장의 공급자가 전세 대비 월세를 선호하면서 전세시장의 공급자는 감소하여 전세가격이 상승하는 모습을 그래프로 그려보면 다음과 같습니다.

◆ 월세 선호로 인한 전세공급 축소 효과

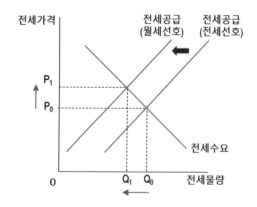

저금리로 인한 전세에서 월세로의 전환은 전월세 전환율에도 영향을 미칩니다. 전월세 전환율은 전세보증금을 월세로 전환할 때 적용하는 비율로, 보증금과 임대료 간의 상대가격을 의미합니다. 예를 들어 전월세 전환율이 12%일 때에 임대인과 임차인이 합의하여 보증금 100만 원만큼 월세로 전환하기로 하였다면, 임차인은 연간 임차료를 12만 원 더 지급해야 합니다. 즉, 월세를 1만 원씩 더 내야 합니다. 전월세 전환율이 6%인 경우에 보증금 100만 원을 전환한다면 연간 임차료를 6만 원, 즉 월세를 5천 원씩 더 내야 합니다.

전월세 전환율이 높을 때에 월세로의 전환은 임차인에게 매우 부담스럽습니다. 그렇기 때문에 주택임대차보호법에서는 시장에서 정해진 것과는 무관하게 전월세 전환율의 상한을 두어 규제하고 있는데, 현재 시행령상 10%를 넘지 않는 범위에서 한국은행 공시 기준금리에서 2%를 가산한 비율을 상한으로 규정하고 있습니다. 현재 한국은행 기준금리가 0.5%이니, 결국 기존의 임차인에게 전세보증금의 전액 또는 일부를 월세로 전환하기 위해서는 최대 2.5%의 전월세 전환율을 적용해야 합니다.

전월세 전환율은 임대차 시장에서 전세 대비 월세의 공급과 수요에 의해서 결정됩니다. 시장이 균형을 이룬 상태에서 금리가 하락하는 경우, 임대인들은 거액의 전세보증금을 받아도 별로 이점이 없기 때문에 월세 선호도가 높아지게 되고, 전세 대비 월세의 공급이 증가하여 다음 페이지의 그래프에서 공급곡선은 우측으로 이동하게 됩니다. 그렇게 되면 전월세 전환율은 R_0에서 R_1으로 하락하게 됩니다. 최근 몇 년간의 실제 금리 수준과 전월세 전환율의 추이를 봐도, 금리 하락이 계속되어 전월세 전환율도 전반적으로 계속 하락하는 모습을 보이고 있습니다.

◆ 월세 선호로 인한 전월세 전환율의 변화

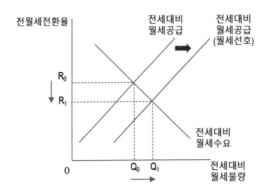

◆ 금리 하락과 전월세 전환율의 변화

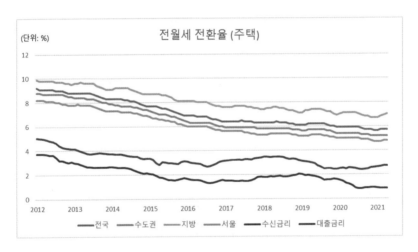

(원자료 출처: 통계청)

매매가격, 전세가격, 차임의 삼각관계

이로써 이 장(章)의 앞부분에서 설명 드렸던 자본환원율로부터 시작하여 전세가율 및 전월세 전환율까지, 부동산 시장에서 중요하다고 생각하는 3가지 개념을 모두 살펴보았습니다. 이들의 관계를 도식화(圖式化)하여 정리해 보면 아래와 같습니다.

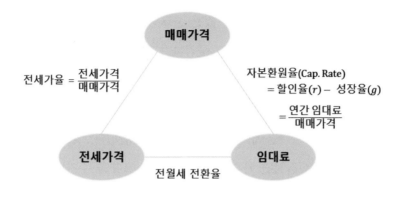

5. 부동산의 특성과
부동산 시장의 특징(Advanced Level)

앞서 「부동산의 특성」에서 말씀드렸듯이, 부동산은 일반적인 다른 종류의 재화들이 가지고 있지 않은 몇몇 특성을 가지고 있습니다. 그리고 이러한 특성으로 인해 부동산 시장이 가지고 있는 몇 가지 구조적 특징이 있습니다.

우선 공급의 비탄력성으로 인하여 생기는 공급의 시간차(time lag)입니다. 부동산은 부증성(不增性)으로 인해서 공급량이 고정되어 있거나, 증감하더라도 상당한 기간이 소요됩니다. 가격 변동에 한발 느린 공급량 변화로 인하여 부동산 시장에서 보일 수 있는 특이한 패턴이 있습니다.

부동산의 또 다른 특징 중 하나로 고가성(高價性)을 들었습니다. 비싸기 때문에 모두가 이사 갈 때마다 새로 지은 아파트를 분양 받아서 입주할 수는 없는 것이고, 다른 사람이 거주했던 중고 주택을 구입하여 들어가는 경우가 훨씬 더 많습니다. 또, 주택을 구입하기 위한 자금력이 부족하여서 다른 사람 소유의 주택을 임차하여 거주하는 경우의 비율도 상당히 많습니다. 그렇기 때문에 부동산 시장은 신축시장과 중고시장, 그리고 매매시장과 임대차시장으로 나눈 다음에 동시에 살펴보아야 합니다. 각 시장에서의 수요와 공급에 의해서 결정된 가격이 다른 시장에 영향을 주기도 하고, 또 반대로, 영향을 받기도 합니다.

여기서는 이와 같이 부동산 시장의 구조적 특징을 약간은 이론적 측면에서 살펴보도록 하겠습니다.

(1) 공급의 비탄력성과 거미집 이론

부동산은 물리적 규모로든 금액적 규모로든 일반 재화와는 비교가 안 될 정도로 하나 하나가 크고 중요하기 때문에, 완성까지의 기간이 웬만한 것은 6개월이 넘어가는 것이 보통입니다. 아파트 단지 건설의 경우 공사 지연 없이 정상적으로 공정이 진행된 경우에도 착공에서부터 완공까지 3년 가까운 기간이 소요되며, 착공 이전의 사업계획 수립, 사업부지 확보, 인·허가 절차까지의 기간까지 포함하면 그 기간은 시행사마다 천차만별로 길어질 수 있습니다.

현명한 부동산 개발사업 시행자라면 자신이 공급하고자 하는 부동산의 시세가 완성 시점에 어떻게 될 것인지를 예측해서 공급여부나 공급량을 결정할 것입니다. 그러나 미래를 예측한다는 것은 너무나 어려운 일입니다. 우리는 미래 예측이 어렵다는 것을 기상청의 일기예보나 증권사 애널리스트 보고서, 경제전문가의 경제전망 인터뷰를 보면서 거의 매일 확인하고 있습니다. 슈퍼컴퓨터를 동원하고 화려한 스펙에 고액 연봉을 받는 전문가를 믿느니, "차라리 동전을 던져라."라는 말도 있습니다.

(『차라리 동전을 던져라』는 『The Fortune Sellers; The Big Business of Buying and Selling Predictions』라는 책의 한국어 번역본입니다. 점쟁이를 영어로 fortune teller 라고 하는데, 이것을 한 번 틀은 The Fortune Seller라는 표현도 센스 있습니다.)

경제학에는 거미집 이론(cobweb theorem)이라는 것이 있습니다. 거미집과는 관련이 없지만, 이 이론으로 그려지는 그래프의 모양이 마치 거미집과 비슷하게 생겨서 이러한 이름이 붙여졌습니다. (경제학에는 톱니바퀴 효과(Ratchet Effect)라는 것도 있습니다. 이것도 톱니바퀴와는 전혀 관련이 없지만, 그래프의 모양이 톱니바퀴와 유사하게 생겨서 붙여진 이름입니다.) 거미집 이론은 원래 미국에서 주기적으로 변동하는 농산물의 가격에 대한 분석에서 시작하였습니다.

미국은 중서부 지역의 대평원에 우리는 상상하기 힘들 정도의 어마어마한 면적의 옥수수 곡창지대를 가지고 있는데, 이 지역을 콘벨트(Corn Belt)라고 부릅니다. 이곳의 옥수수 밭은 성인 키보다도 큰 옥수수로 빽빽하여 한번 길을 잃으면 혼자 힘으로는 밖으로 살아서 빠져나오기를 장담할 수 없을 정도로 농장 규모가 엄청납니다. 미국이 전 세계 옥수수 생산량의 35%를 차지할 정도로 생산량 역시 엄청납니다. 미국은 수요 대비 너무 많은 농산물을 생산하면, 가격 폭락을 방지하기 위하여, 그 잉여생산물을 바다에 폐기하기도 했던 것으로 알려져 있습니다.

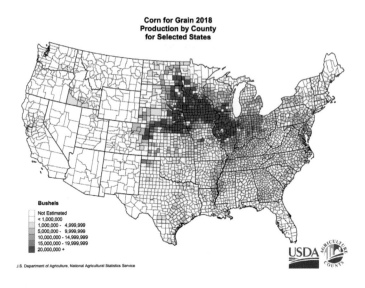

〈Source: Public Domain @Wikimedia Commons〉

그러나 천조국 미국일지라도 자연재해는 어쩔 수 없습니다. 아래의 박스 글은 2008년과 2012년도 경제 기사의 제목입니다. 수해나 가뭄과 같은 자연재해 발생으로 그 해의 예상 생산량이 감소하여 가격이 급등하는 현상을 보여주고 있습니다.

'美 중서부 수해' 옥수수價, 또 사상 최고(머니투데이, 2008. 6. 9.)
美 중서부 지역 가뭄에 옥수수 선물가격 급등(머니투데이, 2012. 7. 10.)

농산물의 특징은 경작하는 데 상당한 기간이 소요된다는 점입니다. 지역별 자연환경 조건에 따라 다르겠지만 우리나라의 경우, 봄에 벼 모내기를 하고 가을에 수확하기까지 6개월 정도 걸립니다. 6개월이라고는 해도 추수 후 다음 해 봄까지 또 벼를 심을 수는 없으니, 경작 기간의 단위는 1년이라고 볼 수도 있을 것입니다. 벼를 심을 당시부터 수확시점의 공급량과 수요량을 추정해서 가격을 예측한다는 것이 쉽지 않습니다. 올해 가뭄이 들 것인지, 태풍이 올 것인지 같은 기상 예측도 어렵고, 가을에 풍년일지 흉년일지, 풍년이라면 나만 풍년일지, 아니면 모두가 풍년이라 공급이 넘쳐나서 가격을 폭락시키고 오히려 나에게 손해가 될지 예측하는 것은 쉽지 않습니다. 예측하는 것은 쉬울 수 있어도, 맞추기는 어렵습니다.

농부가 기댈 수 있는 확실한 정보는 오직 하나, 농산물의 작년 가격입니다. 거미집 이론은 일반적의 재화의 생산자가 올해의 가격에 근거하여 생산량을 결정하는 것과는 달리, 농부는 작년의 가격 정보에 의존하여 올해의 생산량을 결정한다는 가정 하에 만들어진 경제 모델입니다.

어떤 농산물에 대한 수요와 공급 곡선이 아래 왼쪽 그래프에서와 같이 그려지고, 가격과 거래량은 (P_0, Q_0)에서 결정되어 거래가 이루어지고 있습니다. 그런데 어느 해에, 자연재해 또는 어떠한 다른 이유로 인해서 수확량이 급감하였고, 공급이 평년의 Q_0보다 작은 Q_1밖에 이루어지지 않았습니다. 그러면 그 해의 공급곡선은 아래 오른쪽 그래프에서와 같이 Q_1에서 위로 수직으로 그려진 직선 S_1이 됩니다. 그리고 공급곡선과 수요곡선이 만나는 점(P_1, Q_1)에서 가격과 거래량이 결정됩니다.

🏷 첫해

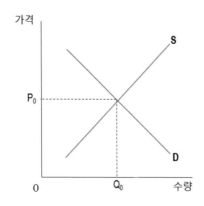
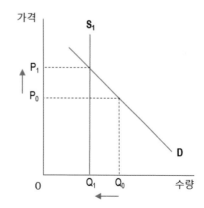

그 다음 해의 봄, 농부는 그 이전 해의 가격이 P_1이었으므로, 아래의 왼쪽 그래프에서와 같이, 원래의 공급곡선에서 P_1에 대응하는 생산량 Q_2만큼 공급하기로 결정합니다. 가을 수확철이 되면 그 오른쪽 그래프에서와 같이 수직선의 공급곡선 S_2와 수요곡선 D가 만나는 점(P_2, Q_2)에서 가격이 결정되어서, 농부의 당초 기대와는 달리, 농산물 가격이 P_1에서 P_2로 폭락합니다.

✒ 두 번째 해

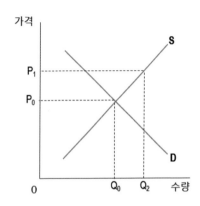
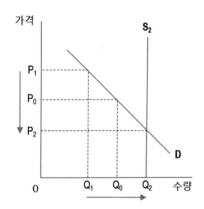

세 번째 해의 봄에 농부는 전년도 농산물 가격이 폭락을 했으니까 이번에는 생산량을 대폭 줄이기로 합니다. 두 번째 해의 가격인 P_2에 맞춰서 생산량을 다시 Q_1으로 감소시킵니다. 그러자 그 해 가을엔 가격이 다시 P_1으로 폭등하게 됩니다.

🏷️ 세 번째 해

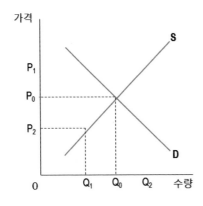 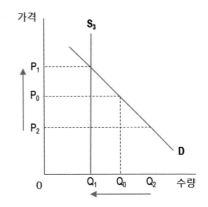

만일 생산자가 전년도 가격에만 기초하여 농산물 생산량을 결정할 경우에는, 가격의 폭등과 폭락이 반복하는 이러한 과정이 영구히 반복 순환되면서 아래와 같은 그래프가 그려집니다.

🏷️ 거미집 모델 그래프(순환형)

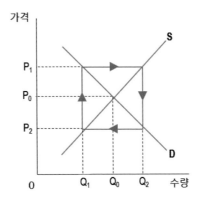

단, 수요 또는 공급의 가격탄력성에 따라, 시간이 지나면서 일정한 균형값으로 수렴할 수도, 아니면 진폭이 더 커지며 발산할 수도 있습니다.

| 거미집 모델 그래프(수렴형) | | 거미집 모델 그래프(발산형) |

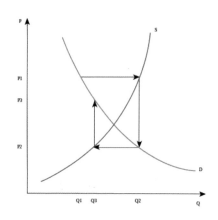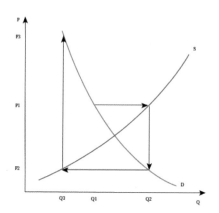

자세한 설명은 생략하겠습니다만, 공급의 탄력성이 수요의 탄력성보다 작으면 결국 일정한 값으로 수렴해 들어가게 되며, 반대로 공급의 탄력성이 수요의 탄력성보다 크면 수렴하지 못하고 발산하게 됩니다. (앞의 그래프에서 수요 또는 공급 곡선 기울기의 경사가 커서 수직선에 가까울수록 가격 변동에 둔감한 것이므로 가격탄력성이 작은 것이고, 기울기가 완만하여 수평선에 가까울수록 가격 변화에 민감하여 가격탄력성이 큰 것입니다.) 쉽게 생각해서, 전년도 가격에 의해서 양이 결정되는 것은 공급이므로, 공급이 탄력적이면 가격의 변화에 민감하게 반응하여 공급량의 변화가 클 것이므로 큰 진폭을 보이며 발산하게 됩니다.

구 분	모델 구조
공급의 가격탄력성 〈 수요의 가격탄력성	수 렴
공급의 가격탄력성 = 수요의 가격탄력성	순 환
공급의 가격탄력성 〉 수요의 가격탄력성	발 산

거미집 모델에서 생산자가 전년도의 가격 정보에 의해서만 올해의 생산량을 결정한다는 가정이 너무나 단순하게 보일 수도 있습니다. 그러나 모든 현실을 반영하여 정확한 예측을 산출해 내는 것보다는, 복잡한 현실 세계를 최대한 단순화함으로써 모델 이용자로 하여금 통찰력을 가질 수 있도록 하는 것이 경제학 모델의 중요한 존재 이유라고 생각합니다. 그런 의미에서 거미집 이론은 부동산을 공부하는 분들께 충분한 인사이트를 줄 수 있는 유용한 모델이라 의심치 않습니다.

(2) 고가성: 신축시장과 중고시장

부동산의 '고가성'이라는 특징으로 인해서 부동산 시장이 가지고 있는 또 다른 특성으로는 '신축시장'과 '중고시장'의 구분과 연계를 들 수 있습니다. 사람은 상황과 형편에 따라 이사를 다니기 마련인데, 고가이기도 하며 내구성도 있는 주택을 그때마다 철거하고 새로 짓는다는 것은 경제적 대(大)낭비입니다. 1년에 주택 시장에 새로 공급되는 물량에는 한계가 있으며, 그렇기 때문에 대부분의 사람들은 부동산 중개업소를 통하여 다른 사람들이 기존에 소유·거주하고 있던 주택을 구매합니다. 이러한 주택은 기축(旣築)주택, 재고주택, 중고주택 등 다양하게 불리는데, 여기서는 '중고주택'으로 통일하여 부르겠습니다. 신규주택 분양시장과 중고주택 매매시장에서 형성된 가격은 서로 영향을 주고받으며 시장이 연계되어 있는데, 여기서는 이에 대해서 살펴보도록 하겠습니다.

신규주택과 중고주택은 서로 대체재 관계에 있습니다. 대체재 관계의 특징은 어느 한 재화의 가격 상승은 다른 재화의 수요 증가를 야기한다는 것입니다. 대체재의 예로 귤과 딸기를 들어보겠습니다. 귤은 겨울이 제철이며, 딸기는 원래 봄이 제철이지만, 하우스 재배로 겨울에 더 쉽게 볼 수 있습니다. 만약 귤 산지에 이상기온 현상이 지속되거나 자연재해 등이 발생하여 귤 생산량이 감소하면 귤의 가격은 올라갈 것입니다. 그렇게 되면 일부 소비자들은 귤 구입량을 줄이는 대신에 딸기를 더 많이 집게 될 것입니다. 이렇게 되면 딸기의 가격도 어느 정도 오르기 마련입니다. 이를 수요-공급 그래프로 그려보면 다음과 같습니다.

✎ 대체재 관계 재화의 가격변동 그래프

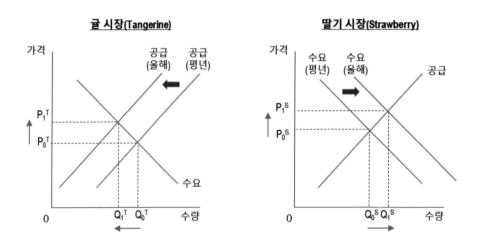

주택시장에서도 신규주택의 가격이 상승하면, 이론적으로, 중고주택의 가격도 따라서 올라갑니다. 그런데 앞서 예로 든 귤과 딸기와 같은 일반적인 대체재 관계의 재화와는 그 가격 상승의 양상이 조금 다릅니다. 가격 상승 메커니즘을 살펴보기 전에 우선 주택시장, 특히 중고주택시장의 특징을 먼저 살펴보도록 하겠습니다.

신규주택시장과 중고주택시장으로 구분되는 주택시장의 특징으로 첫 번째는 중고주택시장의 규모가 신규주택시장보다 훨씬 크다는 점입니다. 1년에 신축되는 주택 수가 수십만 채에 불과한 것에 비해서, 현존하는 주택 1천7백만 채는 모두 중고주택시장의 잠재적 물량입니다. 두 번째 특징은, 신규주택을 비롯하여 일반적인 재화의 공급자는 그 수가 한정적이며 그 한정된 숫자의 공급자가 많은 물량을 공급하는 것과 달리, 중고주택시장의 공급자는 1천만 주택 소유자가 모두 개별적인 공급자라는 점입니다. 세 번째로, 일반적으로 재화는 가격이 상승하면 공급량도 증가하며, 이것은 중고주택시장에서의 공급도 마찬가지이나, 한 가지 추가할 포인트가 있습니다. 중고주택의 공급은 미래의 가격에 대한 예측과 역의 관계에 있습니다. 즉, 현재 가격이 비싸도 미래에 가격이 더 오를 것이라 예상되면 내놓았던 매물을 거둬들이는 경우가 많습니다.

이러한 특성들을 고려하여 그래프로 두 시장의 관계를 살펴보겠습니다.

🔖 신축시장과 중고시장의 수요-공급 그래프

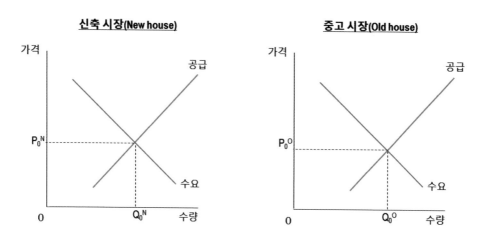

위의 그래프에서 신규주택시장은 P_0^N이라는 가격에서 수요와 공급이 균

형을 이루고 있으며, 중고주택시장은 P_0^O 가격에서 균형을 이루고 있습니다. (P^N과 P^O이 동일해야 할 당위는 없으며, 동일면적, 동일구조, 동일재료의 경우라면 중고주택보다 신축주택이 더 인기가 있을 것이므로 위 그래프에서는 P^N이 P^O보다 약간 더 큰 금액으로 가정하였습니다.) 그런데, 택지나 건축자재의 가격, 또는 인건비 등 생산요소의 가격이 상승하는 경우를 생각해 보겠습니다. 이 경우에 신규주택시장의 공급곡선은 좌측으로 이동하게 됩니다. 그렇게 되면 신규주택시장에서의 가격은 P_1^N으로 상승하고 거래량은 Q_1^N으로 감소합니다. 신규주택시장에서 집을 장만하려다 실패한 사람들은 천상 중고주택시장으로 눈을 돌릴 수밖에 없습니다.

♪ 신축시장과 중고시장의 수요-공급곡선의 이동과 가격변화

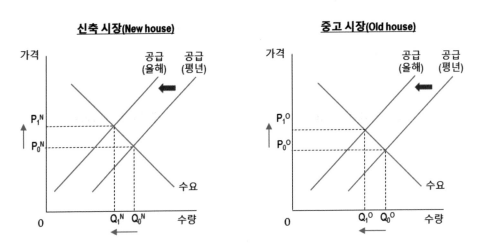

그렇게 되면 중고주택시장에서의 수요가 증가하므로 수요곡선은 우측으로 이동합니다. 그러나 그것보다 더 큰 변화는 공급량의 감소입니다. 신규주택시장에서 가격이 상승하면 중고주택 소유자들은 자신들이 가지고 있는 주택의 가격도 상승할 것이라는 기대를 갖기 때문에, 기존에 주택을 매도할 계획이 있던 소유자들도 계획을 유보하며 향후의 가격 변화를 관망하는 자세로 전환하게 됩니다. 이로 인하여 중고주택시장의 공급곡선은 좌측으로 이동하고, 균형 가격은 상승하게 됩니다. 위 그래프에서는 단순화를 위해서 크지 않은 수요곡선의 이동은 무시하고, 공급곡선의 이동만 나타내었습니다.

마지막으로 제8장 「부동산과 정책」에서 다룰 분양가 상한제에 대해서 간단하게 언급하고 이 파트를 마무리하겠습니다.

앞서의 예에서 신규주택시장에서의 가격이 상승하면 대체재 관계에 있는 중고주택시장에서의 가격도 상승하는 것을 그래프로 보았습니다. 반대로 신규주택시장에서의 가격이 하락하면 중고주택시장에서의 가격도 하락할 것입니다.

신규주택시장에서의 거래가격을 인위적으로 낮추는 정책이 분양가 상한제입니다. 분양가 상한제는 시장균형가격 이하로 거래가격을 통제하여 주택 실수요자들에게 주택을 저렴하게 공급하려는 목적의 정책입니다. 그런데 여기서 가격통제로 인한 신규주택의 가격하락이 중고주택시장의 가격도 안정적으로 만들 것이라는 생각 또는 믿음이 분양가 상한제 정책의 강력한 지지 요인이 되기도 하는 것 같습니다.

그러나 경제학 상식을 가지고서 논리적으로 접근하여 생각해 보면, 이러한 '대중적 믿음'과는 사뭇 다른 결과가 도출되어 나옵니다. 이에 대해서는 다음 장(章)에서 분양가 상한제의 세부적 내용과 함께 다루어 보도록 하겠습니다.

(3) 고가성: 매매시장과 임대시장

"사느냐 마느냐, 그것이 문제로다."

"To buy, or not to buy, that is the question."

– 2017년의 어느 날, 서울의 어느 무주택자

서울의 아파트 중위(Median)가격이 2021년 6월을 기준으로 10억 원을 넘어섰습니다. (참고: KB주택가격동향) 부동산은 대부분 고가(高價)라는 특징이 있기 때문에, 모든 이가 사서 쓰기란 현실적으로 힘들며, 많은 사람들이 빌려서 쓰게 됩니다. 또, 빌려 써야하는 경우에는 전세로 빌릴지, 또는 월세로 빌릴지에 대해서도 고민을 하게 됩니다. 그리고, 돈이 많은 사람이라고 해서 무조건 부동산을 사서 쓰는 것은 아닙니다. 매입과 임차가 각기 장·단점이 있기 때문에, 상황을 고려해서 유·불리를 따져보고 결정을 해야 합니다.

매 입	임 차
· 구입 시 목돈이 필요 · 대출 시 부채비율 증가 및 이자비용 부담 · 주거 안정(이사 불필요) · 자본 이득의 기회(매매 차익) · 가치 하락 리스크 · 매각에 상당 기간 소요될 수 있음 · 취득세·재산세·양도소득세 부담	· 전세의 경우 매입 시보다 상대적으로 적은 자금 필요 · 월세의 경우 초기 목돈 부담 거의 없으나, 매월 정기적 현금지출 부담 · 주거불안정(원하지 않는 잦은 이사) · 자본이득의 기회가 없으나, 대신 손실의 위험도 없음 · 단, 전세의 경우 깡통전세(Under-water Mortgage) 주의 필요 · 월세는 소득공제의 혜택

부동산 가격은 항상 상승한다는 믿음이 널리 퍼져 있지만, 사실 항상 그

랬던 것만은 아닙니다. 1990년대 초반, 주택 200만 호 건설 목표로 수도권 5대 신도시(분당, 일산, 평촌, 산본, 중동)가 건설된 이후로 부동산 가격은 정체되거나 하락하였습니다. 여기에 1997년 IMF 외환위기를 맞게 되자 부동산가격은 더 급락하였습니다. 그후 외환위기 극복 과정에서 정부는 각종 부동산 규제의 폐지 및 세제 혜택 등 지원 정책을 제공하였고, 금리 하락 등 금융 여건의 변화로 주택담보대출이 활성화되기도 하여서, 10년 가까운 기간 동안 부동산 광풍이 불기도 하였습니다. 그러나 2008년에 글로벌 금융위기로 인하여 부동산 시장은 다시 위축되었습니다. 여기에 2010년대 초반, 기존에 개발제한구역('Green Belt')이던 지역에 공공이 저렴한 보금자리주택을 건설하여 공급하였고, 이러한 여파로 이후 주택가격은 정체되었습니다. 특히 서울의 경우는 2016년까지 주택가격이 계속 하락하여서 당시 '하우스 푸어(House Poor)'란 단어가 사회적으로 많이 회자되기도 하였습니다.

그러나, 장기적이 관점에서 봤을 때, 역시 주택가격이 상승하는 추세에 있다는 것을 부인하기는 어렵습니다. 그렇기 때문에 임차인으로서 살고 있는 무주택자의 대부분은 주택을 구입할 것인지 말 것인지, 구입한다면 어느 시기에 사는 것이 가장 적절한지, 항상 고민하면서 지내고 계실 것입니다.

앞서 자본환원율 설명에서 부동산의 가치는 (임대료÷자본환원율)로 계산할 수 있다고 말씀드렸습니다. 부동산의 가격은 자본환원율을 매개로 하여 임대료와 밀접한 관계에 있습니다. 여기서는 임대시장과 매매시장을 동시에 연결하여 살펴보도록 하겠습니다.

우선 임대시장부터 보겠습니다. 임대료는 공간재고에 반비례합니다. 상식적으로 공간의 재고량이 많아지면, 즉 부동산 임대차시장에 임대 목적으로 내놓는 공간의 공급면적이 많아지면, 그만큼 임대료는 낮아지고, 반대로 공간의 재고량이 적어지면 임대료는 올라갑니다. 수평축을 공간재고로,

수직축을 임대료로 하는 그래프로 나타내 보면, 아래 왼쪽의 그래프에서와 같이 우하향하는 직선으로 그려집니다.

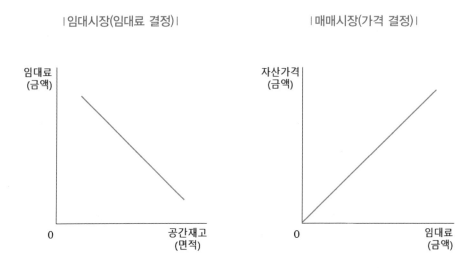

| 임대시장(임대료 결정) | | 매매시장(가격 결정) |

다음은 매매시장을 보겠습니다. 자본환원율에서 보았듯이, 부동산의 가치는 (1/자본환원율)×임대료로 산출됩니다. 즉, 부동산가치는 임대료에 비례합니다. 임대료가 비싼 부동산이 가격도 비싼 것은 상식이므로, 직관적으로도 쉽게 이해되실 것입니다. 단지, 자본환원율에 따라서 그 구체적인 금액이 달라질 뿐입니다. 수평축을 임대료로, 수직축을 자산가격으로 하여 그래프로 그려보면, 오른쪽에서와 같이 원점을 통과하여 우상향하는 직선으로 나타납니다. 자본환원율 수치에 따라 직선의 기울기가 달라질 뿐, 기본적인 형태는 동일합니다.

이번에는 자산가격이 신규 건설을 통하여 일정 기간의 공급량에 미치는 영향을 보겠습니다. 자산가격이 높을수록 공급에 참여하는 건설업체들이 많아질 것이므로, 부동산 신규 건설량은 자산가격에 비례할 것입니다. 수평축을 자산가격, 수직축을 신규 건설량으로 하여서 그래프를 그려보면, 아래 왼쪽 그래프에서와 같이 우상향하는 직선으로 그려집니다.

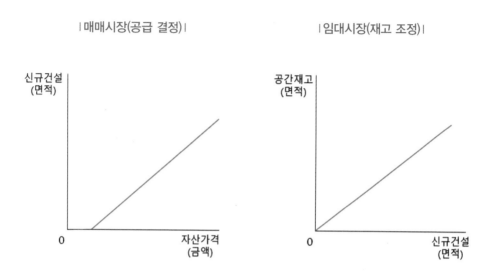

| 매매시장(공급 결정) | | 임대시장(재고 조정) |

마지막으로 일정기간 동안의 신규 건설량과 특정 시점에서의 공간재고량 사이의 관계를 보겠습니다. 건물은 시간의 경과에 따라 감가상각되며, 멸실되기도 합니다. 부동산 임대차시장이 장기적으로 균형을 이루기 위해서는 지속적인 신규건물의 공급을 필요로 합니다. 이러한 소요량을 충족하기 위해서는, 공간재고의 양이 클수록 신규건설의 양도 커야 합니다. 이러한 관계를 수평축을 신규건설량으로, 수직축을 공간재고량으로 하여 그래프를 그리면, 오른쪽의 그래프에서와 같이 우상향하는 직선이 그려집니다.

처음에 공간재고가 임대료에 미치는 영향에서부터 시작하여, 임대료가 자산가격에 미치는 영향, 자산가격이 신규건설에 미치는 영향을 거쳐서, 마지막에 장기적인 균형을 위한 신규건설과 공간재고의 관계까지 쭉 둘러보았습니다. 그러면 이번에는 이 모든 것을 하나로 통합하여 그려보겠습니다.

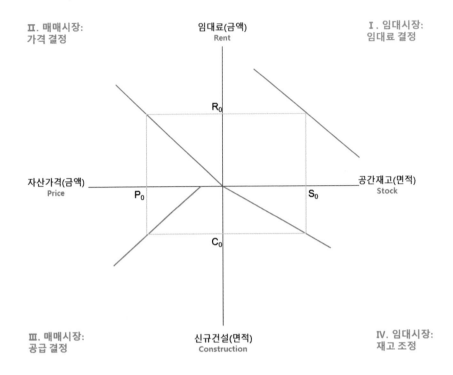

◆ DW의 사분면 모형

Ⅱ. 매매시장: 가격 결정

Ⅰ. 임대시장: 임대료 결정

임대료(금액) Rent

R_0

자산가격(금액) Price

P_0

S_0

공간재고(면적) Stock

C_0

Ⅲ. 매매시장: 공급 결정

신규건설(면적) Construction

Ⅳ. 임대시장: 재고 조정

위 그래프에서 임대료, 자산가격, 신규건설 및 공간재고와의 관계를 모두 충족시키는 (R_0, P_0, C_0, S_0)에서 균형을 이루며 각 수치가 결정됩니다.

지금까지도 어려운 내용이었지만, 이해하신 분들을 위해서 조금 더 나아가 보도록 하겠습니다. 위의 사분면에 함께 그린 그래프는 모델을 개발한 경제학자 DiPasquale와 Wheaton의 이름을 붙여서 보통 'D-W 모델'이라고 줄여 부릅니다. D-W 모델의 유용성은 부동산 시장에서 어느 한 변수가 변동할 때, 그 변동이 전체 부동산 시장에 미칠 영향과 새로운 균형점을 한눈에 파악하는 데에 있습니다. 그러면 각 사분면을 다시 나누어서 살펴보도록 하겠습니다.

임대시장에서 공간재고와 임대료는 반비례 관계에 있어서 우하향하는 그래프가 그려진다고 말씀드렸습니다. 만약, 인구가 증가하거나 경제가 활황기가 되어서 공간에 대한 수요가 증가할 경우 그래프는 아래 왼쪽의 그래프에서와 같이 위로 올라가게 됩니다.

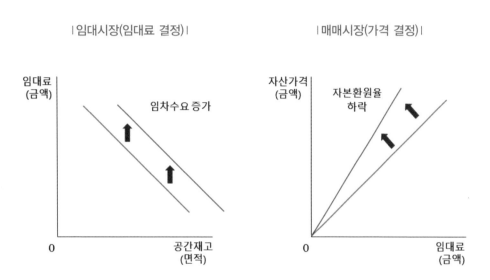

|임대시장(임대료 결정)|　　　　　　|매매시장(가격 결정)|

한편, 매매시장에서는 임대료와 자산가격이 자본환원율로 연결되어 있다고 말씀드렸습니다. 자본환원율은 간단하게 r(할인율)−g(성장율)로 나누어 볼 수 있습니다. 금리가 내려가서 할인율이 작아지는 경우(r↓)나, 공실률이 낮아져서 임대수입의 예상 증가율이 높아지는 경우(g↑)에 자본환원율은 작아지게 됩니다. 그러면 자본환원율의 역수인 그래프의 기울기는 커지면서 위쪽으로 회전하게 됩니다.

|매매시장(공급 결정)|

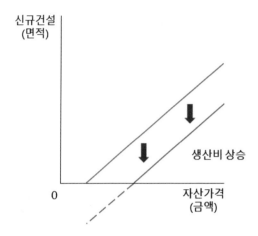

자산가격은 불변인데 택지, 건축자재, 인건비 등 생산요소의 가격이 상승하면 건설업체의 신규 건설에 대한 유인은 줄어들게 됩니다. 그렇게 되면 동일 자산가격에서 신규건설량은 감소하므로 그래프는 밑으로 이동합니다.

앞의 세 종류의 그래프의 이동 중에서 자본환원율이 변화하는 경우만 한번 살펴보도록 하겠습니다. 이자율이 하락하거나 예상성장률이 증가하는 경우 자본환원율은 하락하게 되며, 2사분면에서 직선은 아래 쪽으로 회전합니다. 그러면서 새로운 균형점을 갖게 됩니다.

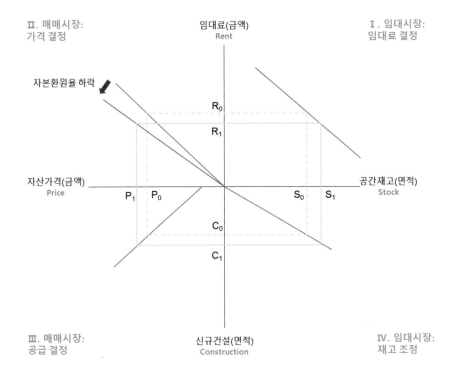

♦ DW의 사분면 모형

Ⅱ. 매매시장:
가격 결정

Ⅰ. 임대시장:
임대료 결정

임대료(금액)
Rent

자본환원율 하락

R_0

R_1

자산가격(금액)
Price

P_1 P_0

S_0 S_1

공간재고(면적)
Stock

C_0

C_1

Ⅲ. 매매시장:
공급 결정

신규건설(면적)
Construction

Ⅳ. 임대시장:
재고 조정

위의 그래프에서 자본환원율이 하락하면서 자산가격은 P_0에서 P_1으로 상승하고, 자산가격이 상승함에 따라 신규건설은 C_0에서 C_1으로 증가합니다. 신규건설이 증가하면서 공간재고는 S_0에서 S_1으로 증가하며, 공간재고가 증가함에 따라 임대료는 R_0에서 R_1으로 하락하게 됩니다.

부동산과 정책

"우리가 한 끼의 식사를 할 수 있는 것은 정육업자나 양조업자, 또는 제빵사와 같은 사람들이 가지고 있을 타인을 위하는 따뜻한 마음씨 덕분이 아니다. 단지, 그들 스스로의 이익을 좇아서 한 행위의 결과 덕분에 우리는 저녁을 기대할 수 있는 것이다. 우리는 그들의 인류애적 자비심(慈悲心)에 기대는 것이 아니라, 그들이 가진 자애심(自愛心, self-love)에 호소한다. 우리는 그들에게 어떻게 이익이 되는지를 전달하면 될 뿐, 우리의 처지에 대해서는 설명할 필요도 없다."

- 『국부론』, 아담 스미스

"It is not from the benevolence of the butcher, the brewer, or the baker that we expect our dinner, but from their regard to their own self-interest. We address ourselves not to their humanity but to their self-love, and never talk to them of our own necessities, but of their advantages."

- 「An Inquiry into the Nature and Causes of the Wealth of Nations」, Adam Smith

1. 부동산 정책의 개관

시장과 정부

영국에서 산업혁명이 진행되던 18세기 후반, 정확하게는 1776년에 아담 스미스의 저서 『국부론』이 출간되었고, 이때부터 경제학은 하나의 독립된 학문으로서 발전하기 시작하였습니다. 아담 스미스는 그의 책에서 누군가의 개입이 필요없이 '보이지 않는 손'에 비유된 가격기구(price mechanism)에 의하여 경제활동이 자율적으로 조절되는 자유방임주의 시장경제체제 이론을 체계화하였습니다. 그러면서 그는 정부의 역할이 ① 국방, ② 사법제도, ③ 공공토목사업의 유지, ④ 주권유지를 위한 재정권의 행사에만 국한되는, 이른바 '작은 정부'를 강조하였습니다.

19세기에 영국은 산업혁명과 시장경제체제라는 두 축으로 생산성 측면에서 전 세계의 다른 모든 나라를 월등히 앞서 나갈 수 있었습니다.

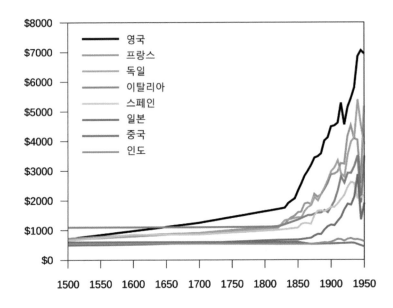

◆ 대분기(大分岐, Great Divergence)와 1인당 GDP(1990년 구매력 기준)

(Source: Wikipedia, Maddison's estimates of GDP per capita at purchasing power parity in 1990 international dollars)

시장경제체제는 역사상 그 어떤 다른 체제도 필적하지 못할 정도로 차원이 다른 경제적 효율성을 이루어 냈습니다. 위의 그래프에서 볼 수 있듯이, 인류의 오랜 역사동안 1인당 소득수준은 크게 늘어남 없이 그저 간신히 먹고 사는 수준에서 유지되어 왔으나, 19세기 전후 영국을 필두로 유럽의 몇몇 국가에서는 그 이전, 또는 동시대의 중국이나 인도와는 비교할 수 없을 정도의 현격한 차이를 보이며 생산력이 증가하기 시작하였습니다. 이처럼 동양의 대국이었던 중국·인도와 큰 차이가 벌어졌던 이 시기를 가리켜 경제사에서는 대분기(大分岐, Great Divergence)라 부릅니다.

물론 급격한 GDP 상승의 원인 중 8할은 기술혁신에서 시작된 산업혁명으로 돌려야 할 것입니다. 그러나 경제체제의 역할도 무시할 수는 없습니다.

1917년 레닌의 러시아 혁명에서부터 시작되어 1985년 이후 고르바초프의 글라스노스트(개방) 및 페레스트로이카(개혁) 정책을 거쳐 1991년 소비에트 연방(소련)이 해체될 때까지, 기초적인 생필품마저 부족했던 계획경제체제 실험의 결과를 보면서 우리는 경제체제의 중요성을 다시금 확인할 수 있습니다.

그러나 경제적 효율성 측면에서는 역사상 가장 성공적인 시장경제체제도 여러 단점을 가지고 있으며, 이를 시장의 실패(market failure)라고 부릅니다. 산업혁명 이후 공해를 비롯한 무분별한 환경파괴, 노동자 인권의 경시와 극심한 빈부격차, 주기적으로 찾아오는 경기침체와 그 끝판왕이라고 할 수 있는 1930년대의 대공황 등, 더 이상 시장 기능에만 전적으로 맡길 수는 없고 정부의 개입이 불가피하다는 인식이 대두되기 시작하였습니다.

런던 스모그(넬슨 기념탑)
〈Source: (CC BY-SA 2.0) N T Stobbs
@Wikimedia Commons〉

탄광에서 일하는 1910년대 미국 소년들
〈Source: Public Domain @Wikimedia
Commons〉

세계 대공황에서 완전히 벗어나지 못하고 있던 1936년, 경제학자 존 메이너드 케인즈는 저서 『고용, 이자 및 화폐의 일반이론』을 발표하며, 대공황에 대한 해법으로 정부의 개입을 강조하였습니다. 이후 자본주의 주류 경제학에는 큰 수정이 가해지게 되었습니다. 현대 사회에 완전히 자유방임적인 시장경제체제를 추구하는 국가는 없으며, 대부분의 현대인은 정도의 차이가 있을 뿐 정부가 개입하는 혼합경제체제 속에서 살고 있습니다.

♦ 경제체제의 구분

| 계획경제체제
Planned economy | 혼합경제체제
Mixed economy | 시장경제체제
Market economy |

Left ←——————————————————————————→ Right

부동산 정책의 개관

한 사람이 샤워실로 들어갑니다.

샤워기의 온수 밸브와 냉수 밸브를 모두 돌려서 틀었으나, 샤워헤드에서는 차가운 물만 나옵니다. "앗, 차가!"라는 탄성과 함께 몸을 움츠리며, 냉수는 안 나오는 쪽으로 끝까지 돌리고 온수는 많이 나오는 쪽으로 끝까지 돌립니다. 이번엔 뜨거운 물이 한꺼번에 쏟아집니다. 화상을 입을 것 같이 뜨거운 물에 데인 그는, 이번에는 온수를 끄고 냉수를 최대한으로 켭니다. 이번엔 얼음장 같이 차가운 물이 쏟아집니다.

– 『샤워실의 바보』(A Fool in the Shower)

언제부터인지 샤워기의 냉·온수를 하나의 밸브로 조절하는 방식의 샤워 수전이 보편화되면서, 물 온도를 적당하게 맞추는 일이 옛날보다 쉬워진 것 같습니다. 어렸을 때에는 냉수 밸브와 온수 밸브가 분리되어 있는 것이 일반적이었던 것 같은데, 그때는 물 온도 맞추려면 꽤 신경을 써야 했던 것으로 기억됩니다.

노벨상 수상 경제학자이며 통화주의학파의 거두인 밀턴 프리드먼이 처음 사용했던 '샤워실의 바보' 비유는 원래 1970년대 중앙은행의 과도한 경제 조작(操作)을 비판하며 빗댄 표현입니다. 완전 고용을 이끌겠다며 온수 꼭지를 열어젖혔던 중앙은행이 뜨거운 물(인플레이션)에 화들짝 놀라 다시 냉수 꼭지를 급히 열어젖힘으로써 경기 침체와 실업을 일으킨다는 것입니다.

부동산 관련 기사를 평소에 많이 보시는 분이라면 아시겠지만, 이 표현은 현재 우리나라의 부동산 정책을 빗댄 표현으로도 매우 빈번하게 사용되고 있습니다. '냉탕과 온탕을 오가는 부동산 정책'이라는 표현도 같이 많이 들어 보셨을 것입니다. 왜 이런 표현이 쓰일까요?

제가 급수 배관 시스템에 대해서는 잘 모르지만, 대체로 온수는 틀고나서 나오기까지 상당 시간 기다려야 하고, 밸브를 막은 후에도 어느 정도의 시간 동안은 계속 나오는 경향이 있는 것 같습니다.

부동산, 특히 부동산의 공급과 급수 사이에는 상당한 유사성이 있습니다. 앞서 「제7장 부동산과 시장」에서 거미집 이론에 대한 설명을 드리면서 말씀드렸듯이 부동산의 공급은 비탄력적이며, 상당한 기간이 소요됩니다. 아파트 단지 하나를 건설하기 위해서는 착공시점부터 2~3년의 기간이 소요됩니다. 사업계획을 세워서 토지를 확보하고 인·허가를 받는 기간까지 고려하면 훨씬 더 긴 시간이 소요됩니다. 그렇기 때문에 부동산 시장 안정기에 공급 규제를 심하게 할 경우 시간이 지나서 공급 부족으로 부동산 가격이 급등할 수 있습니다. 반대로 부동산 과열기에 대규모 공급을 늘리는 한편, 수요 억제 정책까지 과도하게 사용할 경우, 결국 시간이 흘러서 부동산 가격이 폭락할 수도 있습니다. 공급 조절이 온수 조절이라면, 수요 조절은 냉수 조절이라 할 수 있을 것입니다.

「제3장 부동산의 특성」 - 3. 고가성 - (3) 금융의 중요성에서는 일본의 기준금리 변화 및 부동산 시장의 폭등 후 폭락에 대해서 살펴봤습니다. 당시 일본은 계속적인 금리 인하와 함께 부동산 가격도 계속 상승하다가, 금리는 인상으로 방향을 바꾸었는데도 부동산 가격은 상당기간 계속 상승하였습니다. 그러나, 어느 순간 임계점을 지나자 폭락을 하였고, 이후 회복하지 못하여 일본은 '잃어버린 20년'이라는 경기침체기를 맞았습니다. 미국도 비슷한 행로를 밟으며 글로벌 금융위기를 맞았으나, 기준금리 인하뿐만 아니라 양적완화(QE: Quantitative Easing) 정책을 통해 달러를 무한정 찍음으로써, 일본과 달리, 경제 위기를 탈출할 수 있었습니다. 이는 기축통화국(Key Currency Country)에서만 할 수 있었던 정책으로, 다른 나라였더라면 하이퍼 인플레이션이 발생하였을 것입니다.

정책 당국 입장에서는 부동산 가격이 올라도 고민, 떨어져도 고민입니다. 국민의 주거권을 보장해줘야 할 의무가 있는 국가의 입장에서는 부동산 가격, 특히 주택 가격의 급등은 막아야 합니다. 그러나 잘못된 정책 입안으로 부동산 가격이 폭락할 경우 일본의 전철(前轍)을 밟을 수도 있습니다. 부동산 시장에는 사이드카(side car, 선물 가격이 전일 종가에 비하여 일정 수준을 넘어 급등하거나 급락하는 상태가 1분 이상 지속될 경우에 프로그램 매매를 5분 동안 정지하는 제도)도 서킷브레이커(circuit breake, 증권 시장에서 가격 변동 폭이 확대되어 지수가 크게 급락하는 경우, 시장 참여자에게 투자에 대해 냉정하게 판단할 수 있는 시간을 제공하기 위하여 거래를 일시적으로 중단하는 제도)도 없습니다.

부동산 정책에는 앞의 제4장에서 살펴봤던 부동산 공법도 포함이 됩니다. 부동산 공법은 토지 소유자의 행위를 제한하는 법률이기 때문에, 법 개정으로 완화하거나 강화함으로써 부동산 시장을 규제하거나 활성화할 수 있습니다. 그러나 부동산 공법과 관련된 내용은 이미 살펴보기도 하였고, 법의 핵심 내용이 자주 바뀌는 것은 아니기 때문에, 여기서는 정부에서 정책 수단으로 빈번하게 사용하는 것들 위주로 살펴보겠습니다.

2. 부동산 정책 수단

'올라도 고민, 떨어져도 고민'이라고는 하지만, 아무래도 부동산 정책, 특히 주택 정책은 가격이 오르는 것을 꺾는 데에 그 초점이 맞춰져 있습니다. 여기서 경제학의 기초 지식을 통하여, 재화의 가격을 낮추는 방법으로 세 가지 방식을 생각해 볼 수 있습니다.

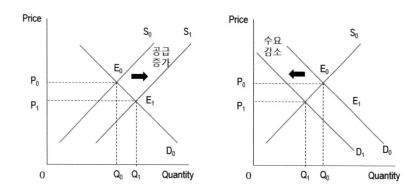

첫 번째 방법은 공급을 늘리는 방법입니다. 이 경우 위의 왼쪽 수요-공급 그래프에서와 같이 공급곡선이 우하향 이동하면서 균형가격은 감소하고 균형수량은 증가합니다. 두 번째 방법은 수요를 줄이는 방법입니다. 이 경우 위의 오른쪽 수요-공급 그래프에서와 같이 수요곡선이 좌하향 이동하면서 균형가격은 감소하고 균형수량도 감소합니다.

마지막으로, 정부가 최고가격(Price Ceiling)을 설정하여 그 이상의 가격으로의 거래를 금지하는 방법입니다. 이 경우에 다음의 그래프에서 보듯이, 균형가격인 P_0보다 낮은 가격에서 설정된 가격상한 P_1에서만 거래할 수 있으므로 수요량은 Q_0에서 Q_1^D로 증가하나, 공급량은 Q_0에서 Q_1^S로 감소하기 때문에, 결국 Q_1^S에서 거래수량이 결정됩니다.

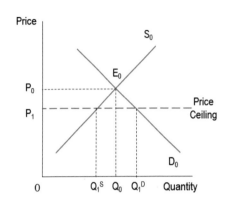

이때 Q_1^S~Q_1^D 만큼의 초과 수요가 발생하는데, 이를 해결하기 위해서는 선착순, 추첨, 구매자격 제한 등의 방법으로 배급을 해야 합니다.

우리나라의 아파트 청약-추첨 시스템은 자격제한 방식이 가미된 추첨 방식이라 할 수 있습니다.

여기서는 부동산 가격 안정화를 위하여 정부가 선택할 수 있는 세 가지 방식을 차례로 살펴보겠습니다. 현실 세계에서는 정책 효과의 시차 발생(Time lag), 풍선효과와 같이 하위 세부 시장 상호간 미치는 영향, 시장 참여자들의 기대 심리가 시장에 미치는 영향 등으로 인하여 정책을 세우거나 이로 인한 결과를 예상하는 것이 쉽지 않습니다. 그러나 이러한 세 가지 모델을 통해서 정책 체계 이해의 틀을 잡는 것이 복잡한 현실 세계를 이해하기 위한 첫 걸음이 될 것입니다.

(1) 공급 정책

부동산 가격을 안정화하기 위하여 정부가 취할 수 있는 정책 중 한가지는 공급을 늘리는 방법입니다. 1990년대에 주택 가격이 안정화된 데에는 1990년대 초반 수도권 5대 신도시 건설을 포함한 전국 주택 200만 호 건설 계획의 달성이 큰 역할을 했다고 판단됩니다.

앞서 다뤘던 「부동산 공법」에 대해서 잠깐 다시 정리해보겠습니다. 국가는 개인의 건축 행위 또는 부동산 개발행위를 사전적으로 금지하고, 건축법과 국토계획법에서 정한 기준을 충족할 경우에만 허가를 내줍니다. 국토계획법에는 용도지역이라 하여 각 토지의 이용 및 건축물의 용도, 건폐율, 용적률, 높이 등을 제한하고, 이러한 용도지역제에 의한 규제만으로 부족한 경우에는 용도지구 및 용도구역을 지정하여 행위 제한을 강화 또는 완화합니다. 한편, 국가가 직접 나서서 도시개발사업이나 택지개발사업을 통하여 주거에 필요한 기반시설(Infrastructure)과 택지를 개발하여 공급합니다. 정부가 부동산 가격 안정을 위하여 하는 공급 증대 정책은 부동산 공법을 통하여 하였던 행위 제한 규제를 완화하여 주고, 개발 사업을 통하여 보다 적극적으로 공급량을 늘리는 데 개입하는 것입니다.

아파트 단지와 같이 30세대 이상의 주택건설사업을 하는 경우에는 주택법에 따라 지자체로부터 사업계획의 승인을 받아야 하고, 재건축·재개발 사업을 추진하는 경우에는 도시 및 주거환경정비법에 따라 지자체로부터 사업시행계획인가를 받아야 합니다. 개별 건축행위와 달리 지자체가 이러한 사업을 승인·인가해주는지에 따라서 공급량에 미치는 영향이 클 수 있습니다.

또, 용적률 상한을 올림으로써 공급 증대를 꾀할 수 있습니다. 앞서 부동산 공법 편에서 살펴보았듯이, 용적률은 국토계획법과 그 시행령으로 테두리를 정하고, 그 범위 안에서 지자체의 조례를 통하여 결정이 됩니다. 국회에서 통과되어야 하는 개정이 가능한 법률과 달리, 대통령령인 시행령과 지자체의 조례는 상대적으로 개정이 용이합니다. 아래는 최근 국가나 지자체에서 용적률 상한 증대 추진과 관련된 기사 제목입니다.

"공공재개발, 용적률 법적 상한보다 20% 더 짓는다."(아시아경제, 2020.

09. 02.)

"경남도, 용적률 상향으로 청년·신혼부부 주택 특별공급 확대."(뉴시스,
2020. 08. 23.)

"서울 도심 용적률 규제 완화 … 상업지역 주거용 400%→600%로 높
여."(한국경제, 2018. 09. 21.)

개발제한구역 설정을 해제하여 개발가능지를 늘리는 방법도 있습니다.
그러나 개발제한구역은 '도시의 허파'이자 미래 세대를 위한 최후의 보루로
써 보존해야 할 필요성이 있기 때문에 해제에 어려움이 있습니다.

마지막으로, 앞서 말씀드린 바와 같이 신도시 건설 등을 통해 국가가 공
급 확대에 적극적으로 개입하는 방법이 있습니다.

(2) 수요 정책

수요 정책에 대해서는 거래규제, 금융규제, 조세규제, 이와 같이 크게 3
가지의 방법으로 나눠서 살펴보겠습니다.

거래규제

수요를 제한하기 위한 첫 번째 방법으로 부동산의 소유 또는 거래를 규
제하는 방법이 있습니다. 우리나라에서 농지는 경자유전(耕者有田)의 원칙에
입각해서 직접 농사를 짓는 사람 이외에는 원칙적으로 취득을 금지하고 있
습니다. 농지 취득은 농지취득자격증명서를 관할 시·구·읍·면장으로부터
받아야만 가능합니다. 그리고 현재는 위헌판결로 폐지되어 더 이상 존재하

지 않지만, 1990년대에는 토지공개념 3대 제도의 하나로서 택지소유상한제라는 것도 있어서 대도시에서 개인의 택지 소유를 일정 면적 이하로 제한하던 시절도 있었습니다. 지금의 우리나라 국민들이 일반적으로 관심 가질 만한 거래규제 제도로 토지거래허가제와 전매제한제도를 들 수 있을 것입니다.

토지거래허가제는 토지의 투기적인 거래가 성행하거나 지가(地價)의 급등 또는 그러한 우려가 있는 지역 중 국토교통부장관 또는 시·도지사에 의해 토지거래계약에 관한 허가구역으로 지정되면, 그 지역에서 토지를 거래하고자 할 때에는 지자체로부터 허가를 받도록 하는 제도입니다.

토지거래허가구역으로 지정된 지역에서 허가 없이 체결된 거래 계약은 무효로 등기 이전이 안됩니다. 토지 거래의 허가를 받기 위해서는 주거용지의 경우 2년간 자기거주, 복지시설 또는 편익시설의 경우는 2년간 자기경영 등 일정한 이용의무기간 요건을 충족해야 하며, 미충족 시에는 이행강제금이 부과됩니다. 토지거래계약을 체결하는 경우에 적용하므로 상속이나 증여, 또는 경매에 의하여 취득하는 경우에는 허가를 받을 필요가 없습니다. 또한 일정 면적 이하의 토지에 대한 토지거래계약에 관해서도 허가가 필요하지 않습니다.

토지거래허가제도는 1978년에 처음 도입되었으며, 국토이용관리법, 국토계획법을 거쳐서 현재는 「부동산 거래신고 등에 관한 법률」에서 관련 내용을 규정하고 있습니다. 도입 당시인 1978년은 중동 오일머니 특수로 풍부해진 유동성을 배경으로 전년대비 지가상승률이 48.9%를 기록하기도 하였고, 박정희 대통령의 행정수도 이전 추진, 압구정동 현대아파트 특혜분양 사건 등으로 부동산 시장은 물론 사회 전체가 떠들썩 하던 해입니다.

전매제한제도는 주택법 제64조(주택의 전매행위 제한 등)에 따라서, 주택법상의 사업주체가 투기과열지구, 조정대상지역, 분양가상한제 적용 대상, 또는 공공택지 이외의 택지에서 건설·공급하는 ① 주택 또는 ② 주택의 입주자로 선정된 지위를 일정기간동안 전매(轉賣) 또는 전매의 알선을 할 수 없도록 규제하는 제도입니다.

주택의 입주자로 선정된 지위는 입주자로 선정되어 그 주택에 입주할 수 있는 권리·자격·지위 등을 말하는 것으로 보통 재건축·재개발 사업에서 조합원이 가지는 것은 '입주권', 아파트 청약에서 당첨된 사람이 가지는 것은 '분양권'이라고 흔히 불립니다.

이와 같이 실수요자 이외의 가수요 층이 부동산을 취득하는 것을 제한하거나 유인을 감소시키는 것이 거래 규제 방식입니다.

금융규제

앞서 「제3장 부동산의 특성」 - 3. 고가성 - (3) 금융의 중요성에서 살펴봤듯이 현대의 부동산 시장은 금융과 떼려야 뗄 수 없는 관계에 있습니다. 우리나라도 IMF 외환위기 이후 2000년대 초반부터 은행 영업에서 주택담보대출이 차지하는 비중이 크게 올랐으며, 주택가격 상승과 주택담보대출 금액의 증가가 닭과 달걀의 관계처럼 누가 먼저인지 모를 밀접한 관계에 있게 되었습니다. 정부는 다주택자 등 일정한 요건에 해당되는 사람에게는 대출을 금지하기도 하며, 주택가격 상승기에는 언제나 LTV·DTI 카드를 만지작거립니다. 여기서는 LTV 및 DTI를 중심으로 알아보도록 하겠습니다.

LTV는 국민의 정부(김대중 대통령) 시절 말기인 2002년 9월에 처음 도입되었습니다. 당시 한·일 월드컵의 열기만큼이나 뜨겁게 달아올랐던 부동산 시장의 열기를 식히기 위하여 '투기과열지구내 LTV를 60%로 제한'하면서 첫 시행되었고, 이후 점차 전 지역으로 확대되었습니다.

DTI는 참여정부(노무현 대통령) 시절인 2005년 8월에 처음 도입되었습니다.

2003년에 발발했던 카드대란(LG카드 사태)으로 사회 분위기도 저하되었고, 2002년에 7.7%에 달했던 실질경제성장률이 3.1%로 떨어지면서 부동산 시장도 침체를 겪었습니다. 2003년 10월에 66.9까지 올랐던 KB주택매매가격지수(2019. 01. = 100.0)가 2005년 1월에는 64.6까지 떨어졌습니다. 그러나 이후 다시 상승하기 시작하여 2005년 7월에는 다시 66.8까지 올랐습니다. 이에 정부는 그 다음달에 '투기과열지구 내에서 30세 이하 또는 배우자가 주택담보대출이 있는 경우 DTI를 40%로 제한'함으로써 첫 시행을 하였고, 이후 추가로 확대되며 시행되었습니다.

LTV·DTI 규제는 가격 급등기에 열기를 식히고, 가계부채 문제에 있어서 최소한의 안전핀 역할을 하는 정책으로 긍정적인 평가를 받고 있습니다. 특히 2008년 글로벌 금융위기로 전 세계 경제가 침체되었던 시기에 우리나라가 입은 타격이 상대적으로 적었던 원인 중 하나로도 꼽히고 있습니다. 그러나 LTV·DTI를 비롯한 대출 규제가 젊은 세대의 주택시장 진입의 장벽을 높이고, 제 2, 3금융권으로 내몬다는 비판도 받고 있습니다.

조세규제

현재 우리나라의 실정법상 부동산과 관련하여 과세되는 세금의 내용에 대해서는 「제6장 부동산과 세금」에서 알아봤으니, 여기서는 조세의 전가와 귀착에 대해서만 추가로 살펴보겠습니다.

조세의 전가란 조세의 부담이 세법상의 납세의무자에게서 다른 사람에게로 이전되는 현상을 말합니다. 그리고 이러한 조세의 전가를 통해 조세의 실질적인 부담이 담세자에게 귀속되는 것을 가리켜 조세의 귀착이라고 합니다.

납세자

조세의

담세자

전가 ——▶ 귀착

법적·형식적
납부

경제적·실질적
부담

　예를 들어 임대료를 매월 100만 원씩 받고 있는데, 임대인의 세금 부담이

소득세·부가가치세·재산세 등 어떠한 명목으로든 매월 10만 원씩 증가한 상

황을 생각해 보겠습니다. 이런 경우 임대인에게는 보통 임대료를 인상하고자

하는 유인이 있는데, 10만 원 전액을 올리기는 현실적으로 힘들고, 0원~10

만 원 사이 중간에 어떤 금액을 올릴 것입니다. 여기서는 5만 원 인상한다고

가정하겠습니다. 그렇게 되면, 임대인에게서 징수하기 위한 과세인데, 임차

인은 월세가 105만 원으로 인상되어 결국 세금의 절반은 임차인이 실질적

으로 부담하는 형국이 되었습니다.

　이를 그래프를 통해서 살펴보겠습니다.

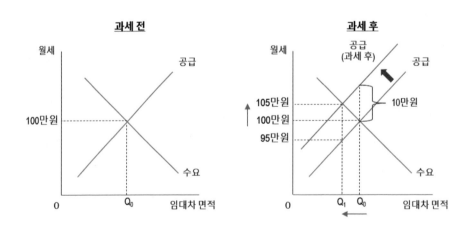

　위 왼쪽의 그래프에서와 같이 과세 전에 월세는 100만 원에서 균형을

이루고 있습니다. 그러나 임대인에게 세금이 부과되면 공급곡선은 오른쪽 그래프에서와 같이 좌상향 이동합니다. 월세를 기존의 금액과 동일하게 받아도 실수령액이 전보다 적으므로 공급의향자가 감소하여 좌측으로 이동하는 것으로 이해해도 되고, 아니면 공급곡선이 10만 원만큼 상향 이동하는 것으로 이해하셔도 됩니다. 그렇게 되면, 공급곡선의 이동에 따라 가격은 더 높은 수준에서 결정되는데 10만 원까지는 아니고, 0원과 10만 원 사이의 중간 어느 지점에 결정될 것입니다. 위에서는 5만 원이라고 가정했지만, 실제 인상 금액은 공급의 가격탄력성과 수요의 가격탄력성에 따라 정해집니다.

탄력성이라는 것은 공급자 또는 수요자의 협상력(bargaining power)과 같습니다. 공급보다 수요가 탄력적이면 가격을 조금만 올려도 수요량이 큰 폭으로 감소하기 때문에 공급자가 가격 인상하기가 어렵습니다. 그렇기 때문에 대략 0원과 5만 원 사이에서 인상폭이 결정될 것입니다. 반대로, 수요가 상대적으로 비탄력적이면 가격을 올려도 수요량의 변화가 작기 때문에 공급자에게 가격 인상이 상대적으로 용이합니다. 그렇기 때문에 인상 폭은 대략 5만 원과 10만 원 사이에서 결정될 수 있습니다.

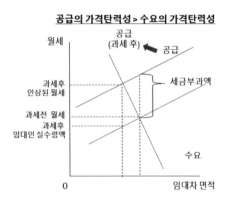

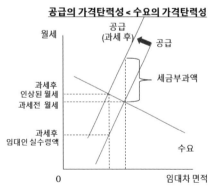

앞의 그래프를 육안으로 보아도, 공급의 가격탄력성이 수요의 가격탄력성보다 큰 왼쪽 그래프에서는 세금부과액의 상당액이 월세 인상으로 전가되어 과세 후에도 임대인이 받는 실수령액은 다소 감소하기는 했지만 과세 전과 큰 차이는 없습니다. 반대로 오른쪽 그래프에서와 같이 공급의 가격탄력성이 수요의 가격탄력성보다 작은 경우에는 과세 전 동일한 월세 금액에 동일한 세금을 부과하여도 월세를 인상하기 힘드므로 세금부과액의 대부분을 전가하지 못하고 임대인이 그대로 부담하게 됩니다.

(3) 가격 상한제

정부가 시장에서 거래되는 재화나 생산요소의 가격을 규제하는 경우로 최고가격제(Price ceiling)와 최저가격제(Price floor)가 있습니다.

우선, 최저가격제의 대표적인 경우로는 최저임금제도를 들 수 있습니다. 노동시장에서 수요와 공급의 균형점에서 결정된 시장 가격(임금)이 인간으로서 기본적인 생활을 영위해 나가기가 어려울 때에는, 정부가 시장 가격보다 높은 금액에서 최저 가격을 정하여 그 이상의 임금을 지급하게 합니다.

반대로 최고가격제는 시장의 균형가격보다 낮은 금액에서 설정이 됩니다. 이 책을 쓰고 있는 2020년에는 COVID-19 전염병 창궐로 마스크에 대한 수요가 폭등했으며, 마스크 사재기 및 매점매석 등, 시장교란행위가 일부 발생하기도 하였습니다. 이에 정부는 공적 마스크 제도를 도입하여 한동안 마스크 가격을 장당 1,500원으로 일원화하였습니다. 이 경우도 실질적으로 최고가격제의 적용이라고 볼 수 있습니다.

부동산 시장에서의 최고가격제로 「분양가 상한제」와 「임대료 규제」를 들

수 있습니다. 그런데 부동산은 '개별성'이란 것이 있어서, 같은 단지내 같은 구조와 같은 면적의 아파트라고 해도 몇 층에 위치하는지, 전면창이 어느 방향을 향하고 있는지에 따라서 가격이 다양합니다. 그렇기 때문에 다른 재화와 같이 하나의 가격으로 제한하지는 않고, 분양가 상한제의 경우 원가에 일정 이윤을 가산한 금액을 가격 상한으로, 임대료의 경우 전년도 임대료에서 일정 비율만큼 상승한 금액을 가격 상한으로 하고 있습니다.

임대료 규제(Rent Control)

우선 임대료 규제에 대해서 살펴보겠습니다. 2000년 전후부터 우리나라에서도 『맨큐의 경제학』이 교재로 많이 사용되었는데, 그 책으로 공부하신 분 중에 임대료 규제와 관련된 부분이 기억나시는 분도 계실 것입니다.

부동산의 특징 중 하나는 공급의 비탄력성입니다. 단기적으로는 공급이 고정되어 있으며, 장기적인 관점에서는, 일반적인 재화에 비할 바는 못되겠지만, 단기에 비해 상대적으로 탄력성이 있어서 가격의 상승·하락이 공급량의 증가 또는 감소로 영향을 미칠 수 있습니다.

부동산에 대산 수요도 다른 재화에 비해서는 비탄력적이라고 할 수 있습니다. 부동산 중 주택은 필수재로써, 누구나 발붙여 지낼 곳은 있어야 합니다. 그러나 임차료가 오르면 부모님 집에서 함께 캥거루 족으로 지내거나 친구들과 룸메이트로서 집을 공유할 수도 있고, 반대로 임차료가 내려가면 직장이나 학교에서 부모님 집이 멀지 않아도 더 가까운 곳에 원룸 등을 구해 독립하여 지낼 수 있으므로, 공급에 비해서는 상대적으로 탄력적입니다. 그리고, 주거비용이 저렴한 지역은 타 지역에서 이주해 오는 경우도 있을 것입니다.

이러한 점들을 고려하여 임대용 주택의 수요와 공급 그래프를 단기와 장기로 나누어서 그려보면 아래의 그림과 같습니다.

　단기에 임대용 주택의 공급은 완전 비탄력적이므로 수직선으로 그려지며, 수요곡선도 다소 비탄력적이므로 가격 변화에 수요량의 변화가 적게, 즉 선이 가파르게 그려집니다.

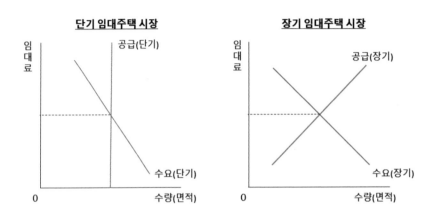

　장기에서는 공급곡선과 수요곡선 모두 단기에 비해 탄력적이므로 가격 변화에 공급량과 수요량이 모두 민감하게 반응하여 큰 폭으로 변화할 수 있도록, 즉 완만하게 그려집니다.

　균형 가격은 단기에서나 장기에서나 모두 동일하다고 가정하여 그렸으며, 이러한 상황에서 정부가 균형가격보다 낮은 수준의 금액에서 임대료 상한선을 그었다고 가정하겠습니다. 다음의 그래프처럼 같은 금액 수준으로 임대료 규제를 하여도 단기에서는 공급부족/초과수요의 크기가 작으나, 장기에서는 그 크기가 매우 커지게 됩니다.

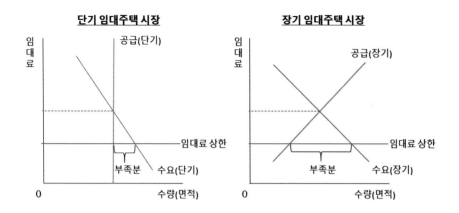

단기의 경우에는 공급자나 수요자, 특히 공급자의 경우는 운신의 폭이 작으므로, 정부의 규제를 그냥 받아들이는 것 외의 방도를 찾기 힘듭니다. 그러나 장기의 경우에는 잠재적 임대인들에게 더 이상 새로운 임대용 주택을 공급할 유인이 사라지게 되며, 기존의 임대용 주택도 노후화되어 가치가 하락하여도 방치할 뿐, 비싼 비용을 들여 하자보수나 환경개선을 할 유인이 없어집니다. 결과적으로 임차인들은 열악해져 가는 상태의 주택에서 거주하게 됩니다.

일반적으로 대학생이 직장인이 되고, 신입사원이 계속 승진해 나감에 따라 더 비싸더라도 더 넓고 더 좋은 수준의 주택으로 옮겨가는 것이 정상적인데, 저소득층을 위해 임대료 규제를 받는 주택에 한번 입주를 하고 나면 이사 나가지를 않아서, 오히려 더 어려운 경제여건의 사람들이 집을 구하느라 힘들어하는 사례가 외국에서 보고되기도 합니다.

이렇게 공급부족/초과수요가 있음에도 규제로 인해 낮은 임대료를 고수해야만 하는 상황에서는 임차인 줄 세우기가 발생할 수 있습니다. 어린 자녀 유무, 인종, 출신 등에 대한 선호가 임차인 선택에 영향을 줄 수 있으며, 계약서 상 임차료 이외에 비공식적인 방식으로 추가적인 금액이 수수(授受)

될 수도 있습니다. 우리나라에서도 최근 임대차법 개정으로 규제를 강화하자, 집을 구하려는 예비 임차인들이 줄을 서서 대기하는 사진이 뉴스 기사로 화제가 된 적이 있습니다.

경제학자들마다 진보-보수, 좌-우 등, 이념에 따라 생각과 주장이 다를 수 있는데, 임대료 규제에 대해서는 대부분의 경제학자들이 부정적이다라는 것에 일치하는 이슈입니다.

분양가 상한제

분양가 상한제는 중동 오일머니 특수로 지가가 급등하고, 압구정동 현대아파트를 비롯하여 지금도 강남의 대표 아파트라 할 수 있는 여러 아파트들이 건설되고 있던 1977년에 처음 도입되었습니다. 초기에는 단일 금액에 의해 획일적으로 규제되다가 1989년에 원가연동제 방식으로 전환되었으며, 이후 자율화, 재도입, 자율화를 반복하여 왔습니다. 현재는 국가·지자체나 한국토지주택공사(LH)와 같은 공공기관이 택지개발촉진법·도시개발법(수용 방식에 한정) 등에 의하여 조성한 공공택지의 경우는 모두 적용되고, 민간택지의 경우는 주택가격 상승 우려가 있어서 국토교통부장관이 주거정책심의 위원회를 거쳐 지정하는 지역에서만 분양가 상한제가 적용이 됩니다.

처음 도입하였을 때만 하더라도 별도의 법적 근거없이, 20호 이상을 건설하려는 민간 주택건설업자가 주택건설촉진법에 정한 사업계획을 승인 받는 과정에서 사업계획승인권자가 행정지도하는 방식으로 운영되었습니다. (참고: 『분양가 자율화와 주택가격』, 서승환) 또 다음 표에서와 같이 처음에는 어떠한 상세 구분도 없이 하나의 금액만을 가지고 획일적으로 규제가 이루어지다가, 5년이 경과하고 나서야 국민주택규모(전용면적 85㎡) 초과 여부에 따라 두 분류로 구분하여 규제하였습니다.

◆ 아파트 분양가 상한선의 변천

(단위: 만 원/평)

구 분	1977	1978	1979	1980	1981	1982	1985	1988
85㎡ 이하	55	68	78	90	105	105	115	127
85㎡ 초과						134	134	134

(Source: 건설교통부, 대한민국부동산 40년에서 재인용)

◆ 분양가 상한제의 역사

시 기	구 분	비 고
1977~1988	분양가 상한제	획일적으로 분양가 행정지도
1989~1999	원가연동제	주택 200만 호 건설 계획 당시 주택공급 활성화를 위하여 민간주택건설업체의 수익성 보장
2000~2006	분양가 자율화	IMF 외환위기 당시 건설업체의 연 이은 부도와 김대정 정부의 부동산 규제 완화 정책 국민주택기금 지원받는 60㎡ 제외 전면 자율화 2005년 판교신도시 등 원가연동제 부분 재도입
2007~2014	분양가 상한제	2007년 9월 분양가 상한제 전면 적용 글로벌 금융위기 후 일부 예외를 둬서 자율화
2015~현재	분양가 자율화	공공택지는 계속 분양가 상한제 적용 민간택지 분양가 자율화 (예외: 주택 가격 상승 우려 지정 지역) → 2020. 7. 29. 지정된 민간택지 상한제 시행

이후 제6공화국(노태우 대통령) 정부가 들어서면서 주택 200만 호 건설 계획을 수립하여 추진하였고, 그 당시인 1989년 11월에 민간주택건설업체의 공급 활성화를 위한 유인책으로서 이전까지 획일화된 금액으로 규제하던 분양가 상한제를 원가연동제 방식으로 전환하였습니다. 이후 주택가격이 안정

화되었던 1990년대에 집권했던 문민정부(김영삼 대통령) 시절에는 원가연동제마저 단계적으로 폐지하면서 분양가 자율화의 방향으로 가고 있었습니다.

1997년말 외환위기가 닥치고 건설사들이 줄줄이 부도를 맞는 상황에서 집권한 국민의 정부(김대중 대통령)는 1998년에 토지거래 허가구역 전면 해제, 분양권 전매 한시 허용, 양도세 한시 면제 등 대대적인 부동산 규제 완화 정책을 펼쳤고, 개발제한구역 해제를 위한 작업도 착수하였습니다. 분양가 자율화 정책도 이때 추진되어서, 국민주택기금의 지원을 받아서 건설되는 전용면적 60㎡(약 18.1평) 이하의 소형 주택을 제외하고는 전면 자율화되었습니다.

참여정부(노무현 대통령) 시절, 2005년 3월 공공택지 내 소형 아파트에 대해서, 2006년 2월에는 공공택지 내 중대형 아파트에 대해서 분양가 상한제가 도입되었으며, 결국 2007년 9월에는 신규 분양되는 모든 주택에 대해서 분양가 상한제가 도입되게 되었습니다.

이후 글로벌금융위기를 겪던 이명박 대통령 집권기에 예외를 두어서 상한가 규제를 일부 풀었고, 박근혜 대통령 집권기인 2015년 4월에는 공공택지에 대해서는 분양가 상한제를 유지하되, 민간택지에 대해서는 자율화로 돌아갔습니다.

2015년 분양가 자율화 당시에 민간택지에 대해서도 주택가격 상승 우려가 있어서 국토교통부장관이 주거정책심의위원회를 거쳐 지정하는 지역에서 공급하는 주택의 경우에는 분양가격을 제한하는 조항을 두었습니다. 그러나 그동안은 적용지역 지정요건을 충족하기가 어려웠으나, 2019년 10월에 주택법 시행령 개정으로 지정요건을 완화하였고, 2020년 7월 29일부터 다음과 같은 지역에서 민간택지 분양가상한제가 적용되고 있습니다.

🏷️ 민간택지 분양가상한제 적용지역

구 분		지 정	
집값 상승 선도 지역	서울	강남, 서초, 송파, 강동, 영등포, 마포, 성동, 동작, 양천, 용산, 중구, 광진, 서대문	
	경기	광명(4개 동)	광명, 소하, 철산, 하안
		하남(4개 동)	창우, 신장, 덕풍, 풍산
		과천(5개 동)	별양, 부림, 원문, 주암, 중앙
정비 사업 등 이슈 지역	서울	강서(5개 동)	방화, 공항, 마곡, 등촌, 화곡
		노원(4개 동)	상계, 월계, 중계, 하계
		동대문(8개 동)	이문, 휘경, 제기, 용두, 청량리, 답십리, 회기, 전농
		성북(13개 동)	성북, 정릉, 장위, 돈암, 길음, 동소문동2·3가, 보문동1가, 안암동3가, 동선동4가, 삼선동1·2·3가
		은평(7개 동)	불광, 갈현, 수색, 신사, 증산, 대조, 역촌

현재 분양가 상한제는 주택법 제57조(주택의 분양가격 제한 등), 제58조(분양가상한제 적용 지역의 지정 및 해제), 제59조(분양가심사위원회의 운영 등)에 의해 규율되고 있습니다. 그러나 분양가 상한제 적용대상이 아니더라도 다른 방식에 의해 간접적인 규제를 받기도 합니다. 대표적인 예가 주택도시보증공사(HUG)의 분양가 심사입니다. 우리나라는 아파트 선분양이 일반화되어 있는데, 이를 위해서는 주택도시보증공사에서 분양보증서를 받는 것이 필수입니다. HUG의 분양보증서가 없다면 어느 누구도 만들어져 있지도 않은 아파트를 구입하기 위하여 계약금과 중도금을 납부하지 않을 것입니다. 공사에서는 보증서를 발급하기 전에 분양가가 인근 주택 시세와 비교하여 적정한지를 심사하는데, 분양가가 높아서 심사를 통과하지 못한다면 보증서를 발급받지 못하므로 실질적으로 분양가를 규제하는 기능을 하고 있습니다.

그러면 앞서 「제7장 부동산과 시장」의 신축시장과 중고시장 설명에서 언급했던 분양가 상한제의 경제적 효과에 대해서 살펴보겠습니다.

앞서 신규주택시장에서 가격이 상승하면 중고주택시장에서의 매물, 즉 공급은 감소하고, 신규주택시장에서의 주택구매실패자가 중고주택시장으로 넘어와 수요가 증가하므로 중고주택시장에서의 균형가격이 상승하는 모습을 보여드렸습니다. 반대로 신규주택시장에서의 가격이 하락하면 중고주택시장에서의 공급이 증가하고, 수요는 신규주택시장으로 일부 넘어감에 따라 감소하게 되어 중고주택시장에서의 균형가격은 하락합니다. 대체재 관계에 있는 두 재화 중 어느 하나의 가격이 변동하면, 다른 재화의 가격도 같은 방향으로 가격이 변동합니다.

이번에는 신축시장에서의 거래가격, 즉 분양시장에서의 분양가격을 정부가 강제적으로 시장균형가격 이하의 수준으로 제한한 경우에 발생하는 효과를 살펴보겠습니다. 아래 왼쪽에서의 그래프와 같이 P^*보다 낮은 P^C에서 분양가 상한을 정하는 경우, Q_1만큼의 수요만 충족시킬 수 있고 초과수요인 $Q_1 \sim Q_2$만큼은 신축주택 구매에 실패합니다.

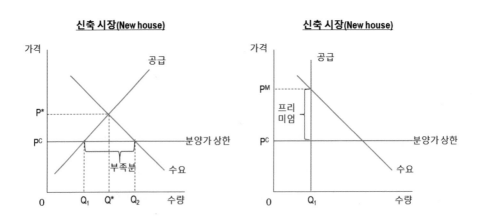

공급은 Q_1만큼 이루어지므로 앞의 오른쪽 그래프에서와 같이 Q_1에서 수직으로 그린 직선이 공급곡선이 되고, 공급곡선과 수요곡선이 만나는 점에 해당하는 가격인 P^M이 실질적인 시장가치가 됩니다. 공급은 제한되어 있는데 낮은 가격으로 수요가 초과하니 수요자들은 웃돈을 더 주고서라도 신축주택을 취득하려 합니다. 이 때 수요자들이 지불할 용의가 있는 최대 금액 P^M과 공식적인 분양가격 P^C와의 차이가 흔히 말하는 프리미엄입니다.

중고주택시장으로 눈을 돌려보면, 신축시장에서의 가격이 자연발생적으로 하락하는 경우에 중고주택시장에서 공급(매물)이 증가하였던 것과는 달리, 반대로, 공급이 감소하여 중고주택시장 균형가격이 상승합니다. 신축시장에서의 저렴한 공식가격이 수요와 공급에 힘에 의해 결정된 실제의 가치가 아니라는 것과 초과수요와 프리미엄이 존재한다는 것을 인지하면, 공급자는 자신이 소유하고 있는 주택을 매물로 공급하는 경우에도 더 높은 금액을 기대합니다. 그렇기 때문에 중고주택시장에서의 공급곡선은 좌상향 이동하며, 거래량은 감소하고 가격은 상승하게 됩니다.

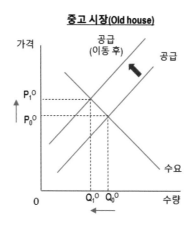

3. 지역·지구 지정을 통한 규제 정책

우리나라 정부는 부동산 시장, 특히 주택 시장의 안정화를 도모하기 위하여 지역·지구를 지정하여, 사전에 정해진 일종의 규제 패키지를 적용합니다. 이러한 지역·지구로 현재 투기지역과 투기과열지구, 그리고 조정대상지역이 있습니다. 각각의 지역·지구는 도입시기, 도입목적, 지정기준, 지정권자에 있어서 차이가 있으며, 각기 다른 히스토리를 가지고 있습니다. 그러나 2017년부터는 체계화되어 관리되는 모습을 보이며, 규제 강도에 따른 피라미드 구조, 또는 삼중구조로 볼 수 있을 것 같습니다.

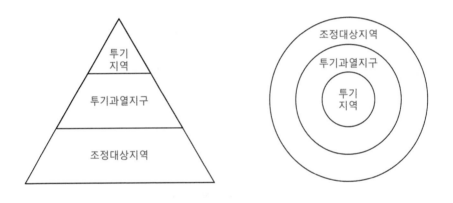

조정대상지역은 가장 광범위하게 지정되며, 조정대상지역으로만 지정되어도 세법상의 모든 투기 억제 조항, LTV·DTI와 같은 금융규제 및 분양권 전매 제한 등 전방위적 규제를 받습니다. 투기과열지구로 지정되면 조정대상지역에서보다 한층 더 강화된 규제를 받거나 다른 종류의 규제를 추가적으로 받게 됩니다. 대구 수성구같이 한때 투기과열지구로 지정되었으나, 조정대상지역으로 지정되지 않은 예외적인 경우도 있어서 혼동을 주었으나, 현재 투기과열지구로 지정된 지역은 모두 조정대상지역으로도 지정되어 있습니다. 투기지역으로 지정되면 투기과열지구보다 더 강도가 세거나 추가적인 규제를 받습니다.

투기지역(지정지역)

투기지역 규정은 한·일 월드컵으로 전국이 달아오르고 부동산 시장도 뜨거웠던 2002년, '부동산가격이 급등하는 지역에 소재하는 부동산에 대하여 기준시가 대신 실지거래가액으로 과세하도록 하여 투기지역의 가격상승 이득을 적절히 과세함으로써 투기억제에 효과적으로 대처'하기 위한 목적으로 소득세법에 관련 조항을 신설하여 도입되었습니다. (원래 소득세법에서의 정식 용어는 '지정지역'인데 보통 투기지역이라 부르며, 정부에서 발표하는 부동산 관련 대책 자료에서도 투기지역이라 칭하므로 여기서도 그렇게 부르겠습니다.) 투기지역은 기획재정부장관이 국토교통부장관의 요청 또는 직권으로 부동산가격안정심의위원회의 심의를 거쳐 지정하게 되어 있습니다.

소득세법

제104조의 2(지정지역의 운영)

① 기획재정부장관은 해당 지역의 부동산 가격 상승률이 전국 소비자물가 상승률보다 높은 지역으로서 전국 부동산 가격 상승률 등을 고려할 때 그 지역의 부동산 가격이 급등하였거나 급등할 우려가 있는 경우에는 대통령령으로 정하는 기준 및 방법에 따라 그 지역을 지정지역으로 지정할 수 있다.

현재는 양도소득세 산출시 실지거래가액을 이용하여 양도차익을 계산하는 것이 당연하게 여겨지나, 2006년까지만 하더라도 기준시가를 이용하여 양도차익을 계산하였기 때문에 세금 부담이 상대적으로 적었습니다. 그러나 2002년 11월부터 투기지역으로 지정된 지역에 소재하는 부동산에 대

해서는 실지거래가액으로 양도차익을 계산하도록 개정되었습니다.

투기지역에 대한 규제는 실지거래가액 과세를 비롯해서 1세대 3주택자 또는 법인 보유 비사업용 토지에 대한 가산세율 적용, LTV·DTI 규제와 같은 조세 규제 및 대출규제를 통해서 이루어졌습니다. 그러나 후술할 조정대상지역 규제가 2017년에 주택법에 추가된 이후, 세금을 통한 규제는 모두 조정대상지역인지 여부에 의해 행하여지고 있습니다.

투기지역으로 지정하기 위해서는 기본적으로 해당 지역 직전 월의 주택 매매가격상승률 또는 지가상승률이 전국소비자물가상승률의 130%보다 높은 지역으로서 아래 조건 중 어느 하나를 추가로 충족하여야 합니다. (개발 사업이 진행되는 곳은 별도의 기준 적용)

① 직전 2개월간 월평균 가격상승률 〉 (동기간) 전국가격상승률×130%
② 직전 1년간 가격상승률 〉 직전 3년간 연평균 전국가격상승률

◆ 서울특별시 투기지역 지정 현황

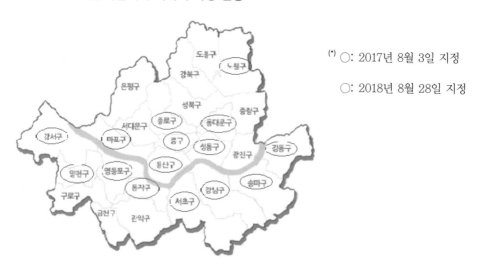

(*) ○: 2017년 8월 3일 지정

○: 2018년 8월 28일 지정

(*) 서울특별시 이외의 지역 중에서는 세종특별자치시가 투기지역으로 지정되어 있습니다.

투기과열지구

투기과열지구 규정도 투기지역 도입과 같은 해인 2002년, 분양권의 전매 행위 제한을 목적으로 주택법에 조항이 추가되면서 신설되었습니다.

주택법

제63조(투기과열지구의 지정 및 해제)

① 국토교통부장관 또는 시·도지사는 주택가격의 안정을 위하여 필요한 경우에는 주거정책심의위원회의 심의를 거쳐 일정한 지역을 투기과열지구로 지정하거나 이를 해제할 수 있다. *(이하 생략)*

② 제1항에 따른 투기과열지구는 해당 지역의 주택가격상승률이 물가상승률보다 현저히 높은 지역으로, 그 지역의 청약경쟁률·주택가격·주택보급률 및 주택공급계획 등과 지역 주택시장 여건 등을 고려하였을 때 주택에 대한 투기가 성행하고 있거나 성행할 우려가 있는 지역 중 국토교통부령으로 정하는 기준을 충족하는 곳이어야 한다. *(제3항 이하 생략)*

투기과열지구로 지정하기 위해서는 해당 지역에서 주택공급이 있었던 2개월 동안 공급되는 주택의 청약경쟁률이 아래 두 조건 중 어느 하나를 충족해야 합니다.

① 주택의 월평균 청약경쟁률이 모두 5:1 초과
② 국민주택규모 주택의 월평균 청약경쟁률이 모두 10:1 초과

그 외에 (i) 주택공급 위축 우려가 있는 경우 및 (ii) 신도시 개발이나 주택의 전매행위 성행 등으로 주거불안의 우려가 있는 경우에는 별도의 기준에 의하여 투기과열지구로 지정할 수 있습니다.

✍ 투기과열지구 및 조정대상지역 지정 현황(2020. 6. 19. 기준)

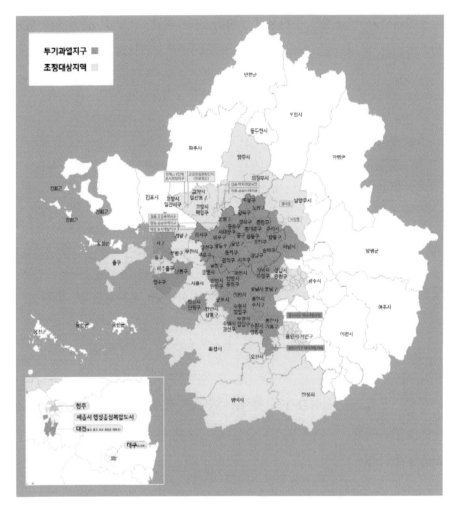

(출처: 『주택시장 안정을 위한 관리방안』, 국토교통부, 2020. 6. 17.)

(*) 2020. 6. 19. 이후 2020. 11. 20. 및 2020. 12. 18. 조정대상지역의 추가적인 지정 및 해제가 있었으며, 최종 현황은 「부동산과 세금」을 참조하시기 바랍니다.

조정대상지역

조정대상지역은 박근혜 정부 시절이던 2016년 11월 3일에 서울 전 지역, 경기·부산 중 일부 지역, 그리고 세종시를 대상으로 지정되며 첫 도입되었습니다. 그 후 문재인 정부 집권 첫해인 2017년 8월, 주택법에 관련 조항이 추가되면서 법제화되었습니다.

주택법

제63조의 2(조정대상지역의 지정 및 해제)

① 국토교통부장관은 다음 각 호의 어느 하나에 해당하는 지역으로서 국토교통부령으로 정하는 기준을 충족하는 지역을 주거정책심의위원회의 심의를 거쳐 조정대상지역으로 지정할 수 있다. 이 경우 제1호에 해당하는 조정대상지역은 그 지정 목적을 달성할 수 있는 최소한의 범위에서 시·군·구 또는 읍·면·동의 지역 단위로 지정하되, 택지개발지구 등 해당 지역 여건을 고려하여 지정 단위를 조정할 수 있다.
  1. 주택가격, 청약경쟁률, 분양권 전매량 및 주택보급률 등을 고려하였을 때 주택 분양 등이 과열되어 있거나 과열될 우려가 있는 지역
  2. 주택가격, 주택거래량, 미분양주택의 수 및 주택보급률 등을 고려하여 주택의 분양·매매 등 거래가 위축되어 있거나 위축될 우려가 있는 지역

조정대상지역에는 과열지역과 위축지역이 있는데, 위축지역이 지정된 경우는 없으므로 과열지역에 대한 시행령의 기준만 보면, 주택가격상승률이 소비자물가상승률의 1.3배를 초과한 지역으로서, 월평균 청약경쟁률이 5:1을 초과(국민주택규모 10:1) 또는 3개월간 분양권 전매거래량이 전년 동기 대비 30% 증가한 경우 등에 조정대상지역으로 지정됩니다.

박근혜 정부는 취임 이전 글로벌 금융위기의 여파 및 '반값 아파트'라고 불렸던 보금자리주택의 영향, 취임 2년 후에는 세월호 참사로 인한 분위기 침체와 내수 부진 등 여러 요인으로 인하여 서울을 비롯한 수도권 일대의 주택 가격이 계속 하락 추세에 있었습니다. 일각에서는 일본의 잃어버린 20년을 답습할 가능성에 대한 우려도 있었습니다.

이러한 배경 속에서 박근혜 정부는 역대 정권 중에서 드물게 주택시장

부양 정책을 추진하였습니다. 2014년 7월 24일, 소위 '초이노믹스'라고 불리는 「새 경제팀의 경제정책방향」을 발표하였고, 여기서 내수활성화의 일환으로 주택시장 정상화를 목표로 하였습니다. 구체적으로는 LTV·DTI 규제 완화, 분양가 상한제 탄력 운영, 재건축 초과이익 환수제 폐지 등 규제완화 정책을 수립하였으며, 이후 주택가격은 상승 기조로 전환되었습니다.

2016년도에 들어서 주택가격은 전반적인 안정세 속에서 소폭으로 상승하는 추세를 이어갔으나, 일부 지역의 청약 시장과 재건축 추진 기대 아파트 단지에서 국지적으로 이상 과열 현상이 나타났습니다. 이에 정부는 2016년 11월 3일 「실수요 중심의 시장형성을 통한 주택시장의 안정적 관리방안」을 발표하였고, 앞서 언급한 지역을 조정대상지역으로 지정하였습니다.

기존의 투기과열지구로 지정할 경우에는 금융, 청약, 조합과 관련하여 수많은 규제가 자동적으로 적용됩니다. 조정대상지역은 불필요한 규제의 적용을 최소화하면서, 다음의 표에서와 같이 반드시 필요하다고 판단한 규제만 선별적 맞춤형으로 적용하려는 의도에서 도입되었습니다.

✏ 맞춤형 청약제도 조정

전매제한기간: 1년 연장 또는 소유권이전등기까지로 조정
1순위 제한: 세대주 외, 5년 내 당첨자, 2주택 이상 소유자를 제한
재당첨 제한: 조정대상 당첨자는 1~5년간 동일대상 당첨 금지

✏ 과도한 투자수요 관리

중도금 대출보증요건 강화(계약금 5% → 10%)
2순위에도 청약통장 필요
1순위 청약일정을 '당해/기타'로 분리
청약가점제 자율시행 유보

2017년 5월 9일 선거에서 당선되어 이튿날 취임한 문재인 정부는 한달여 후인 2017년 6월 19일에 첫 부동산 정책인 「주택시장의 안정적 관리를 위한 선별적 맞춤형 대응방안」을 발표하였습니다. 이 때 경기도 광명시 및 부산광역시 일부 지역을 구 조정대상지역을 추가로 지정하였으며, 규제 대상도 기존의 것에 LTV·DTI 규제, 재건축 조합원당 주택 공급 수 제한까지 포함시켜 영역을 확장하였습니다.

2017년 8월 2일에 발표한 「실수요 보호와 단기 투기수요 억제를 통한 주택시장 안정화 방안」(이른바 '8·2 대책')에서는 조정대상지역 소재 주택에 대해 양도소득세 관련 규정을 비롯해서 몇 가지 규정을 추가하였습니다. 이후에도 계속 규제 항목을 추가해 갔으며, 「주택시장 안정을 위한 관리방안」을 발표한 2020년 6월 17일 이전 기준으로 조정대상지역과 투기과열지구의 주요 지정효과를 비교하여 보면 다음의 표에서와 같습니다.

◆ 조정대상지역·투기과열지구 주요 지정 효과(2020. 6. 17. 이전)

구 분		조정대상지역	투기과열지구
금융	가계대출	· 2주택 이상 보유세대는 주택신규 구입을 위한 주담대 금지(LTV 0%) · 1주택 세대는 주택신규구입을 위한 주담대 원칙적 금지 　– (예외) 기존주택 2년(투기과열은 1년) 내 처분 및 전입 조건, 　　무주택 자녀 분가, 부모 별거봉양 등 · 고가주택(시가 9억 초과) 구입 시 실거주목적 제외 주담대 금지 　– (예외-조정) 무주택 세대가 구입 후 2년 내 전입, 　　1주택 세대가 기존 주택 2년 내 처분 및 전입 시 　– (예외-투기) 무주택 세대가 구입 후 1년 내 전입, 　　1주택 세대가 기존 주택 1년 내 처분 및 전입 시	
		· LTV: 9억 이하 50%, 9억 초과 30% · DTI 50%	· LTV: 9억 이하 40%, 9억 초과 20%, 15억 초과 0% · DTI 40%

구 분		조정대상지역	투기과열지구
금융	사업자대출	· 주택매매업·임대업 이외 업종 사업자의 주택구입목적의 주택담보 기업자금대출 신규 취급 금지	
		· LTV: 9억 이하 50%, 9억 초과 30%	· LTV: 9억 이하 40%, 9억 초과 20%, 15억 초과 0% · 개인 주택매매·임대사업자의 고가주택 (시가 9억 초과) 구입 시 신규 주담대 금지
세제·정비사업		· 다주택자 양도세 중과·장특공 배제 　– 2주택 +10%p, 3주택 +20% 　* 다만, 2020년 6월까지 10년 이상 보유 　　주택 양도시 중과 배제, 장특공 적용 　** 분양권도 주택 수에 포함 · 2주택 이상 보유자 종부세 추가과세 　– +0.2~0.8%p 추가과세 · 2주택 이상 보유자 보유세 세부담 상한 상향 　– 2주택자(300%), 3주택자(300%) · 일시적 2주택자의 종전주택 양도기간 　– (기존) 2년 이내 양도 　→ (변경) 1년 이내 신규 주택 전입 및 1년 이내 양도	· 재건축 조합원 지위양도 제한 　– 조합설립인가~소유권이전등기 · 재개발 조합원 분양권 전매제한 　– 관리처분계획인가 ~ 소유권이전등기 · 정비사업 분양 재당첨 제한
전매제한		· 분양권 전매 제한 　– (1지역) 소유권이전등기 　　(2지역) 1년 6개월 　　(3지역) 공공택지 1년, 　　　　　민간택지 6개월	· 주택·분양권 전매 제한 　– 소유권이전등기(최대 5년) 　– 분양가상한제 적용주택 　　전매제한기간 강화(수도권은 비투기과열지구 대비 2년 가산)
기타		· 3억 이상 주택 취득 시 자금조달계획서 신고 의무화 　– 기존 주택보유현황, 현금증여 등 신고항목 확대 　– 투기과열지구는 9억 원 초과 시 증빙자료 제출	

(*) 주담대: 주택담보대출

(*) 장특공: 장기보유특별공제

4. 최근의 부동산 정책 현황

문재인 정부가 집권한 2017년 5월 10일 이후 4년여 기간 동안 정부는 수십 차례에 걸쳐 크고 작은 부동산 정책을 발표하였습니다. 「대한민국 정책브리핑」 사이트(www.korea.kr)의 「정책위키」에서는 현 정부에서 발표한 부동산 정책을 아래와 같이 26개의 목록으로 정리하였습니다.

✎ 문재인 정부 부동산 정책 발표 목록

발표일자	정책 명
2017. 6. 19.	주택시장의 안정적 관리를 위한 선별적·맞춤형 대응방안
2017. 8. 2.	실수요 보호와 단기 투기수요 억제를 통한 주택시장 안정화 방안 ('8·2 대책')
2017. 9. 5.	8.2 대책 후속조치
2017. 10. 24.	가계부채 종합대책
2017. 11. 29.	주거복지로드맵
2017. 12. 13.	임대주택 등록 활성화 방안
2018. 6. 28.	2018년 주거종합계획, 제2차 장기 주거종합계획(2013~2022) 수정계획
2018. 7. 5.	신혼부부·청년 주거지원 방안
2018. 8. 27.	수도권 주택공급 확대 추진 및 투기지역 지정 등을 통한 시장안정 기조 강화
2018. 9. 13.	주택시장 안정대책('9·13 대책')
2018. 9. 21.	수도권 주택공급 확대방안
2018. 12. 19.	2차 수도권 주택공급 계획 및 수도권 광역교통망 개선방안
2019. 1. 9.	등록 임대주택 관리 강화방안
2019. 4. 23.	2019년 주거종합계획

2019. 5. 7.	제3차 신규택지 추진계획
2019. 8. 12.	민간택지 분양가상한제 적용기준 개선 추진
2019. 10. 1.	부동산 시장 점검 결과 및 보완방안
2019. 11. 6.	민간택지 분양가상한제 지정
2019. 12. 16.	주택시장 안정화 방안('12·16 대책')
2020. 2. 20.	투기 수요 차단을 통한 주택시장 안정적 관리 기조 강화
2020. 5. 6.	수도권 주택공급 기반 강화 방안
2020. 5. 20.	2020년 주거종합계획
2020. 6. 17.	주택시장 안정을 위한 관리방안('6·17 대책')
2020. 7. 10.	주택시장 안정 보완대책
2020. 8. 4.	서울권역 등 수도권 주택공급 확대방안
2021. 2. 4.	공공주도 3080+, 대도시권 주택공급 획기적 확대방안

　　문재인 정부에서 발표한 여러 부동산 정책 중 핵심은 투기지역·투기과열지구·조정대상지역에 대한 규제의 강도를 계속해서 강화해 나간 수요억제 중심의 부동산 종합대책이라 할 수 있습니다. 2017년부터 2020년까지 이른바 8·2 대책, 9·13 대책, 12·16 대책, 6·17 대책이라 불리는 '주택시장 안정화 방안' 또는 그와 비슷한 이름으로 매년 종합대책을 발표했습니다. 다음 페이지에서는 이러한 대책들을 전후로 서울지역 아파트의 매매가격이 어떻게 변동했는지와 함께 간략히 살펴보도록 하겠습니다.

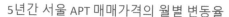

5년간 서울 APT 매매가격의 월별 변동율

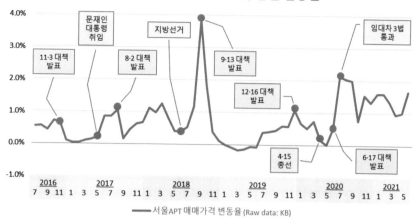

서울APT 매매가격 변동율 (Raw data: KB)

촛불 열기로 뜨거웠던 2016년, 주택시장도 일시적으로 과열될 조짐을 보였지만 2016년 11월 3일 「실수요 중심의 시장형성을 통한 주택시장의 안정적 관리방안」의 발표 이후 주택시장은 다시 가라앉아 안정된 모습을 보였습니다. 서울지역 아파트 매매가격의 월별 변동율(이하 여기서의 '변동율'은 서울지역 아파트 매매가격의 월별 변동율을 의미합니다.)은 이듬해 1월에 0%까지 내려갔습니다. 문재인 대통령이 취임한 5월에 0.2%로 소폭 상승했을 뿐입니다.

취임 초기 주택가격이 상승하기 시작하자 세 달 동안 두 번의 부동산 종합대책이 발표되었습니다. 그 결과 2017년 8월에 1.1%까지 상승했던 변동율이 8·2 대책 발표 직후인 9월에는 0.1%까지 하락하였습니다. 주택가격은 다시 상승하기 시작하여 2018년 3월에는 1.3%을 기록하기도 하였으나, 이후 상승세가 꺾여서 지방선거가 있었던 6월에는 0.4%로까지 하락하여 일시적인 안정을 되찾는 듯했습니다.

그러나 지방선거 이후에는 다시 상승세로 전환되어 2018년 9월에는 변동율이 3.8%까지 폭등하였습니다. 이에 정부가 9·13 대책을 발표하자 폭등세는 꺾이게 되었으며, 2019년 2월부터 6월까지 5개월 동안 변동율이 마이너스를 기록하기도 하였습니다.

2019년 7월부터는 다시 상승세로 전환되어 12월에는 1.1%까지 변동율이 상승하였습니다. 이에 정부가 12·16 대책을 발표하였고, 이듬해부터 전반적으로 하락하는 모습을 보이면서, 4·15 국회의원 총선거를 지나면서 2020년 5월에는 0%를 다시 찍기도 하였습니다. 그러나 COVID-19 창궐 이후 통화 완화정책의 일환으로 기준금리가 인하되고 시장 유동성이 풍부해진 상황에서 주택가격도 이내 곧 상승세로 전환되게 됩니다.

2020년 6월, 주택가격이 아직 크게 상승하지는 않았으나, 이전 12·16 대책의 효과가 다 되어간다고 판단한 듯한 정부는 선제적인 대응을 위하여 6·17 대책을 수립하여 발표하였습니다. 그럼에도 상승세는 오히려 가팔라져 임대차 3법이 통과되기도 했던 7월부터 세 달동안 변동율이 2%대에서 유지되기도 하였습니다. 정부가 7·10 보완대책을 후속 발표하여 상승세는 일시적으로 꺾이기도 하였으나, 변동율은 2020년 7월부터 2021년 6월까지 1년의 기간 동안 대략 1%에서 2% 사이의 범위에서 등락을 거듭하며 유지하는 모습을 보여주고 있습니다.

2017년 이후 수 차례에 걸쳐 수요억제 중심의 부동산 종합대책을 수립하였고, 그 결과 일시적으로 과열을 진화(鎭火)하는 효과를 보기도 하였습니다. 그러나 대세적인 흐름이나 거시경제적 여건의 변화에 대하여 근본적인 해결책으로서의 역할을 하기에는 한계가 있어 보입니다. 수요억제를 통한 부동산 대책은 물 끓는 냄비 뚜껑 위에 돌 몇 개 올려놓은 것뿐입니다. 뚜껑을 들썩이지 않게 하는 방법으로 돌을 올려 놓는 것만 있는 것이 아니라 불의 세기를 줄이든가, 물의 양을 조절하든가, 수증기를 빼내든가, 여러 가지가 있을 것입니다.

당연한 이야기지만 물건의 가격은 수요와 공급에 의하여 형성됩니다. 수요 억제를 통하여 가격이 안정화될 경우 균형 거래량은 감소합니다. 가격이 하락하였음에도 불구하고 사회적 후생이 증가하였다고 볼 수는 없습니다. 그러나 공급이 확대되어 가격이 안정화되는 경우에는 균형 거래량이 증가하여 더 많은 사람들이 주거 안정에서 오는 기쁨을 누릴 수 있습니다.

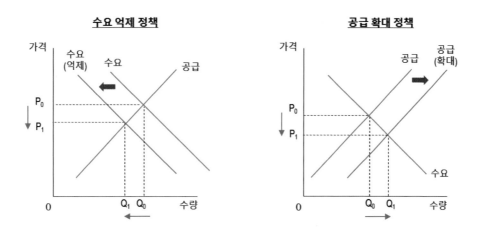

흔히 토목·건설사와 그 주변에서 이권(利權)을 챙기려는 집단을 토건족(土建族)이라고 합니다. 토건족에 대한 부정적인 인식이 있는 데에는 국내외 역사를 통틀어 봤을 때 그럴 만한 이유가 있어서 일지 모르겠습니다. 주택의 공급을 확대하였을 때 물리법칙인 마냥 교과서의 모델대로 가격이 반드시 하락할지는 모르겠습니다. 주택보급율이 100%를 넘은 시대의 주택난 문제는 단순하지 않고 매우 복잡합니다. 그러나 혹시라도 토건족에 대한 부정적 감정으로 인하여, 또는 국민의 자가주택점유를 선호하지 않는 정치 전략적인 이유에서 국민을 위한 주택 공급을 소홀히 여기는 정책을 펼쳐서는 안 될 것입니다.

평소에 다른 사람들이 말하는 것을 가만히 들으면서 관찰해보면, 서로 상반되는 주장이 각자 생명력을 가지고 서로 대립하며 존재하는 경우를 많이 보게 됩니다. 예를 들면, "아는 것과 가르치는 것은 별개다."라는 말과 "오직 제대로 이해하고 가장 잘 아는 사람만이 쉽게 가르칠 수 있다."라는 말은 각기 적절한 상황에서 별다른 심각한 고민 없이 반복되어 사용됩니다.

어릴 적에는 거의 전자의 말만 들었던 것 같고, 또 필자 역시 공감하기도 했는데, 성인 이후에는 후자의 말을 듣는 경우도 꽤 되고, 필자 개인적으로는 전자보다는 후자에 한 표를 던지고 있습니다. 아인슈타인은 데이트 중인 애인이나 주변의 평범한 일반인에게도 물리학 이론을 설명해 주곤 했다고 하는데, 그들이 아인슈타인의 설명을 얼마나 이해할 수 있었는지는 모르겠지만, 그 어떤 다른 과학자의 설명보다도 쉬웠을 것이라는 것은 믿어 의심치 않습니다.

시중 서점에는 이미 부동산 관련 서적들로 차고 넘칩니다. 그러나 소위 '부동산학'으로 분류될 책들은 일반인이 느끼기에 딱딱하고 어려워서 접근하기가 쉽지 않고, 일반인을 위한 책들은 재테크에만 초점이 맞춰져 있다 보니, 부동산을 이해하기 위한 포괄적이면서도 체계적인 지식을 기본에서부터 쌓아 올리기에는 부족함이 많다고 생각되었습니다. 부동산의 문제가 중요해지고 전문가들도 각기 다른 주장을 펼쳐 혼란스러운 환경에서, 일반인이 부동산에 관한 전반적인 내용을 습득하는 데 도움을 드리려는 '대담한' 목표를 가지고서 부족한 실력이지만 부동산 서적 출간에 도전해 보았습니다.

처음에는 일반인들도 읽고 쉽게 이해할 수 있을 책을 쓰겠다는 목표로 호기롭게 시작하였지만, 역시 역부족을 많이 느꼈습니다. 평소에 어떤 책을 읽고 내용을 이해할 수 없으면 그 책 저자의 실력 부족을 탓했는데, 저 역시 그러한 대열에 합류하게 되는 것 같아 염려됩니다. 그래도 앞으로 부동산 관련 실무 경험도 더 쌓고 공부도 계속해 나아가 몇 년 후에는 내공이 더 쌓인 상태에서 개정판을 낼 수 있기를 희망해 봅니다.

한 권의 책을 탈고할 수 있도록 도움을 주셨던 많은 분들께 감사의 말씀을 드려야 할 것 같습니다. 우선, 일일이 열거하기는 힘들지만, 제가 사회생활을 시작한 이래 업무 현장에서 가르침을 주신 직장 상사 및 선·후배, 그리고 대학원의 교수님들, 모든 분들께 감사의 말씀 드립니다. 특히, 필자와 한영회계법인 TAS부서 부동산팀 OB이고 서강대학교 경제대학원 부동산경제전공과정 원우이기도 하면서, 필자에게 이 책의 집필을 권유해준 류진호와 김희연에게 특별한 감사 전합니다.

부동산 서적의 특성상 독자의 이해를 돕기 위해서 텍스트 뿐 아니라 사진, 그림 등의 비주얼 이미지를 많이 사용하였고, 또 기존의 다른 서적에서 좋은 문구가 있으면 많이 인용하였습니다. 제 졸저를 읽고 독자분께서 쉽게 이해할 수 있는 부분이 있으면, 이는 그러한 이미지나 문구의 사용을 승낙한 원작자 덕분일 것입니다. 필자와 일면식도 없는 관계이지만 사용을 흔쾌히 승낙해주신 임종철 교수님, 이찬근 교수님, 그리고 서울대학교 출판문화원, 비봉출판사, 푸른길 출판사 관계자분께 감사의 말씀드립니다.

필자와 평소에 부동산과 관련된 대화도 많이 나누면서 지적 자극도 주고, 초보 작가의 서툰 원고를 읽으며 의견과 조언을 주신 가족과 친구 등 지인분들에게도 이 지면을 빌어서 감사의 뜻을 전합니다. 상당한 분량의 쉽지 않은 원고를 읽느라 고생했을 누나들과 매형들, 조카들, 그리고 친구 동헌, 순묵, 지훈, 지홍, 용, 그리고 KJ& Partners의 이기호 대표님께도 감사의 말씀드립니다. 특히 문장 하나 하나 꼼꼼히 검토하면서 필자도 놓친 부분을 찾아준 조카 한비에게 특별히 고마움을 전하고 싶습니다. 그리고 세법 파트를 검토해준 박종민 회계사와 계명대학교의 임상종 교수, 책을 쓰면서 필요한 일본 관련 자료를 수집하는 데 도움을 준 전주대학교의 편용우 교수, 저작권 관련 상담을 해준 김민기 변리사에게도 감사하다는 말을 하고 싶습니다.

그리고 출간 경력이 없는 필자의 책을 출판하도록 해주신 도서출판 생각나눔의 이기성 대표님, 필자의 서툰 문장을 교정·교열하고 원고를 편집하느라 고행하셨을 김성욱 님, 이윤숙 편집 팀장님께도 이 지면을 빌어 감사의 말씀드립니다.

그러나 누구보다도 부모님께 감사의 말씀을 올리고 싶습니다. 비록 아버지와 같이 부동산 관련 일을 해 볼 수 있는 기회는 없게 되었지만, 필자가 부동산 업무로 경력을 쌓고 공부를 하게 된 인연도, 어떻게 생각해보면, 건축업을 하셨던 선친의 영향이 무의식적으로 작용한 결과라 생각됩니다. 제가 졸저이지만 한 권의 책을 결국 탈고할 수 있는 현 시점까지 올 수 있었던 것은 모두 선친 덕분이라 생각하면서, 아버지를 추억해봅니다. 그리고 집필을 시작한 이후로 일정이 계획보다 계속 늘어지며 힘들어하는 아들을 계속 격려해주시고 북돋워주신 어머니께도 감사드립니다. 그리고, '이야기로 배우는' 부동산학 개론의 책을 쓰다 보니 필자가 아직 태어나기 전이었거나 아주 어렸을 적의 과거 이야기도 쓰게 되는데, 어머니와의 대화가 당시 시대상이나 분위기를 이해하는 데 텍스트 자료만으로는 얻을 수 없는 큰 도움이 되었습니다. 늦은 나이에도 아직 철이 덜 든 아들을 계속 정신적으로 지지해주신 어머니께 감사의 말씀 올리면서 글을 마칩니다.

2022년 3월

박지만

참고 문헌

제1장 들어가는 글

석준원 외, 「증권사 리서치보고서 제도 운영현황 분석」, 금융감독원, 2019

봉인식 외, 「기획부동산의 실태와 경기도 대응방향」, 경기연구원, 2020

제2장 부동산 히스토리

오건영, 「환율과 금리로 보는 앞으로 3년 경제전쟁의 미래」, 지식노마드, 2019

제3장 부동산의 특성

이준구, 「미시경제학」, 법문사, 2004

조주현, 「부동산학원론」, 건국대학교출판부, 2010

제4장 부동산 공법

김종보, 「건설법의 이해」(제6판), 피데스, 2018

마강래 외, 「부동산 공법의 이해」, 홍문사, 2017

이재인, 「그림으로 이해하는 건축법」, 서울특별시, 2020

윤혁경, 「알기 쉽게 풀어쓴 건축+법 이야기」, 기문당, 2010

손정목, 「서울 도시계획이야기」 1~5권, 한울, 2003

대한국토·도시계획학회, 「도시계획론」,(5정판), 보성각, 2009

제5장 부동산과 금융

이찬근, 「금융경제학 사용설명서」, 부키, 2011

손재영 외, 「한국의 부동산 금융」, 건국대학교출판부, 2008

노상범 외, 「부동산 금융법」(제3판), 박영사, 2017

반기로, 「프로젝트 파이낸스」(제6판), 한국금융연수원, 2010

신충태 외, 「부동산 PF의 정석」

한국주택학회, 「한국의 주택금융 70년」, 건국대학교출판부, 2016

이철송, 「어음·수표법」(제11판), 박영사, 2011

리츠저널, 2021 봄호, Vol.38, 한국리츠협회, 2021

제6장 부동산과 세금

이창희, 「세법강의」(제12판), 박영사, 2014

김낙회, 「세금의 모든 것」, 21세기북스, 2019

지병근 외, 「부동산 세금의 정석」, 더존테크윌, 2021

국세청 외, 「주택과 세금」, 더존테크윌, 2021

국세청, 「2020 부동산과 세금」, 2020

제7장 부동산 시장

임종철, 「경제학개론」(제3판), 서울대학교출판부, 1998

김경환 외, 「부동산경제학」, 건국대학교출판부, 2010

김지현, 「부동산경제학의 이해」(제3판), 부연사, 2010

제8장 부동산 정책

국정브리핑 특별기획팀, 「대한민국 부동산 40년, 한스미디어」, 2007

이태교 외, 「부동산 정책론」(제4판), 법문사, 2018

김효명, 「경제정책의 이해」, 박영사, 2003

이야기로 배우는

부동산학개론

펴 낸 날 2022년 4월 25일
2쇄발행 2022년 11월 15일

지 은 이 박지만
펴 낸 이 이기성
편집팀장 이윤숙
기획편집 윤가영, 이지희, 서해주
표지디자인 이윤숙
책임마케팅 강보현, 김성욱
펴 낸 곳 도서출판 생각나눔
출판등록 제 2018-000288호
주　　소 서울 마포구 잔다리로7안길 22, 태성빌딩 3층
전　　화 02-325-5100
팩　　스 02-325-5101
홈페이지 www.생각나눔.kr
이 메 일 bookmain@think-book.com

• 책값은 표지 뒷면에 표기되어있습니다.
　ISBN 979-11-7048-384-7(13320)